YR

미지의 늑대

미지의 늑대

김영록 지음

변방에서 중심으로
아세안의 맹진격

쌤앤파커스

오세훈

서울특별시 시장

급변하는 세계 정세 속에서 대한민국의 역할과 미래, 그리고 우리가 나아갈 길이 무엇인지 이 책을 통해 다시금 생각해봅니다.

스타트업 생태계와 디지털 혁신을 중심으로 한 저자의 통찰은 대한민국이 창업국가 **Startup Nation**로 도약하는 데 중요한 영감을 제공합니다. 그리고 한-아세안과 만들어나갈 상생과 협력의 구체적인 청사진도 함께 제시하고 있습니다.

특히, 아세안을 '미지의 늑대'로 비유하며 그 역동성과 잠재력을 조명한 부분은 인상적입니다. 아세안과의 협력을 통해 대한민국이 나아가야 할 구체적인 방향과 가능성을 제시하며, 새로운 시각과 희망을 불러일으킵니다.

이 책이 제시하는 미지를 향한 도전, 그리고 인류와 지구를 위한 지속 가능한 미래에 대해 고민하면서 독자 여러분도 깊은 울림을 느껴보시길 바랍니다.

임병택
경기도 시흥시 시장

디지털 대전환 시대,《미지의 늑대》는 우리가 주목해야 할 새로운 기회의 땅, 아세안을 생생하게 조명합니다. 저자는 7억 인구의 젊은 시장인 아세안이 지닌 무한한 잠재력과 디지털 혁신의 현장을 예리하게 포착했습니다. 특히 스타트업 생태계를 통한 도시혁신 사례들은 우리 시흥시가 추구해야 할 미래의 청사진을 제시합니다. 한국과 아세안의 협력이 만들어낼 시너지야말로 인공지능 시대를 헤쳐 나갈 새로운 동력이 될 것입니다. 이 책은 지방정부가 나아가야 할 혁신의 방향을 제시하는 귀중한 나침반이 될 것입니다. 우리 시흥시도 이제 글로벌 혁신생태계와 연결되어 세계를 향해 나아가야 할 때입니다. 이 책이 제시하는 통찰과 비전은 우리의 여정에 든든한 이정표가 되어줄 것입니다.

이석구

제15대 아랍에미리트 대사
현 아시아아너스소사이어티 협회 회장

인류가 기술 문명의 특이점을 향해 달려가는 이 시대, 저자는 한국과 아세안의 협력을 통한 새로운 미래 비전을 제시합니다. 우리는 더 이상 '나만 잘살면 된다'는 좁은 시각에서 벗어나, 인류 공동의 번영을 위한 새로운 길을 모색해야 하며, 이 책은 그 해답을 아세안과의 협력에서 찾고 있습니다. 특히 '스타트업'을 단순한 기업의 형태가 아닌, 인공지능 시대를 살아가는 새로운 사고방식으로 재해석한 점은 대한민국의 미래 전략에도 중요한 통찰을 제공합니다. 이제 대한민국은 실리콘밸리를 모방하는 것을 넘어, 아부다비와 두바이가 만들어낸 기적의 상상력을 배워서 'KOREA STARTUP WAY'라는 독자적인 혁신 생태계를 만들어가야 합니다. 이 책은 단순한 창업 백서를 넘어, 인류의 미래를 위한 희망을 보여줍니다. 대한민국이 세계를 향해 나아가는 길목에서, 이 책이 주는 영감과 통찰은 대한민국 국민 모두에게 큰 힘이 될 것입니다.

셰이크 살렘 모하메드

아랍에미리트 왕족

SHEIKH SALEM MOHAMMED S. AL QASSEMI

Member of Ruling Family, Sharjah
Chairman of Albatha group

يعد هذا الكتاب تحفة فنية ثاقبة تحلل ببراعة صعود قوة رقمية جديدة تسمى آسيان. ويلتقط
المؤلف بدقة التغييرات التي ستجلبها التكنولوجيا الرقمية عند نقطة تحول جديدة في
الحضارة الإنسانية وإمكانات آسيان داخلها. وعلى وجه الخصوص، دبي ومن المثير للإعجاب أن يتم
التالي يمكنه أي آسيان أن المؤلف، وترى وربما الابتكار، على قوة أمثلة ذكر خلال من الخيال على قوة أيضا
خلق معجزات جديدة من خلال الابتكار الرقمي تماما مثل الإنجازات التي حققتها دبي والتي تسمى
"نيويورك العالم" الشرق الأوسط" و"معجزة الصحراء في العمق". أنا موافق.
يتجاوز هذا الكتاب التحليل الإقليمي البسيط ويعرض بشكل مقنع أهمية الابتكار الرقمي والنظام
البيئي للشركات الناشئة باعتباره "قوة جديدة" من شأنها أن تغير مستقبل البشرية. وأنا واثق
من أن هذا الكتاب، الذي يعرض إمكانات آسيان والإمكانية التعاون مع دولي، سيوفر إلهاما جديدا للعديد
من القراء.

이 책은 아세안이라는 새로운 디지털 강국의 부상을 탁월하게 분석한 통찰력 있
는 걸작입니다. 저자는 인류 문명의 새로운 전환점에서 디지털 기술이 가져올 변
화, 그리고 그 속에서 아세안의 잠재력을 예리하게 포착했습니다. 특히 두바이의
혁신 사례를 언급하며 상상력의 힘을 강조한 점이 인상적입니다. 우리 두바이가
'중동의 뉴욕' '사막의 기적'이라 불리며 이룩한 성과처럼, 아세안도 디지털 혁신
을 통해 새로운 기적을 만들어낼 수 있다는 저자의 통찰에 깊이 공감합니다.
이 책은 단순한 지역 분석을 넘어 인류의 미래를 바꿀 '새로운 힘'으로서의 디지털
혁신과 스타트업 생태계의 중요성을 설득력 있게 제시합니다. 아세안의 잠재력과
한국과의 협력 가능성을 제시한 이 책이 많은 독자에게 새로운 영감을 줄 것이라
확신합니다.

Do Tien Thinh

베트남 기획투자부 국가혁신센터 NIC 부원장

《The Unknown of Wolf》 đi sâu vào hệ sinh thái khởi nghiệp năng động và đang phát triển của các nước ASEAN. Khả năng quan sát sâu sắc của tác giả về bối cảnh công nghệ và tinh thần kinh doanh được thể hiện rõ ràng trên từng trang, đặc biệt là đổi mới kỹ thuật số và khởi nghiệp. Thật ấn tượng khi nó nắm bắt được tiềm năng của ASEAN và đề xuất các khả năng hợp tác với Hàn Quốc, cung cấp những hiểu biết sâu sắc có giá trị cho bất kỳ ai quan tâm đến tương lai của công nghệ và đổi mới ở Đông Nam Á, bao gồm cả hệ sinh thái đổi mới của Việt Nam. Cuốn sách này rất đơn giản. "Nó sẽ là một chiếc la bàn có giá trị kết hợp hài hòa giữa trí tuệ Đông Nam Á và sự đổi mới hiện đại."

《미지의 늑대》는 아세안 국가의 역동적이고 급성장하는 스타트업 생태계를 심도 있게 탐구합니다. 저자의 기술적 풍경과 기업가 정신에 대한 예리한 관찰은 모든 페이지에서 분명하게 드러납니다. 특히 디지털 혁신과 스타트업을 통한 아세안의 잠재력을 포착하고, 한국과의 협력 가능성을 제시한 점이 인상적입니다. 베트남의 혁신 생태계를 포함한 동남아시아의 기술과 혁신의 미래에 관심이 있는 모든 이에게 귀중한 통찰을 제공합니다. 이 책은 단순한 기술과 경제의 분석을 넘어, 동남아시아의 지혜와 현대 혁신을 조화롭게 융합한 귀중한 지침서입니다.

Le Toan Thang

베트남 과학기술부 산하 국가창업지원센터 NSSC 부센터장

Khởi nghiệp là biểu tượng của khát vọng, kết hợp giữa ý tưởng đột phá và tinh thần tiên phong nhằm tạo ra giá trị mới và thúc đẩy sự phát triển bền vững của xã hội. Dành cho những ai đang tìm kiếm cơ hội mới trong kỷ nguyên Cách mạng công nghiệp lần thứ tư, 《Sói Vô danh》 giống như trí tuệ cổ xưa của thế hệ East, Wolf trình bày cái nhìn sâu sắc để phát hiện những cơ hội tiềm ẩn trong thời kỳ thay đổi. Cũng giống như 'nước tốt và nước tốt' được nhắc đến trong 《Đạo Đức Kinh》 của Lão Tử, các công ty khởi nghiệp ASEAN đang theo dòng thời gian linh hoạt như nước và tạo ra những sáng tạo mới. Đó là một kiệt tác kết hợp chiều sâu triết học với góc nhìn thực tế về tiềm năng của những vùng đất chưa được khai thác của ASEAN.

스타트업은 열망의 상징으로, 획기적인 아이디어와 개척 정신이 융합되어 새로운 가치를 창출하고 사회의 지속 가능한 발전을 촉진합니다. 4차 산업혁명 시대에 새로운 기회를 찾는 사람들에게, 《미지의 늑대》는 동양의 오랜 지혜처럼, 변화의 시기에 숨어있는 기회를 포착하는 혜안을 제시합니다. 노자의 《도덕경》에서 말하는 '상선약수 上善若水'처럼, 아세안의 스타트업들은 물처럼 유연하게 시대의 흐름을 따르며 새로운 혁신을 만들어내고 있습니다. 철학적 깊이와 아세안의 잠재력에 대한 실용적인 관점을 결합한 걸작입니다.

이용득
베트남 정보통신부 산하 국영기업 VTC online 부사장

Cuốn sách này là một kiệt tác sâu sắc, cung cấp những phân tích xuất sắc về cách ASEAN và Việt Nam nói riêng đang nổi lên như một cường quốc kinh tế mới thông qua đổi mới kỹ thuật số. Tác giả nắm bắt chính xác rằng Việt Nam đang nhảy vọt trở thành một 'trung tâm sản xuất kỹ thuật số' bằng cách dẫn đầu quá trình chuyển đổi kỹ thuật số của các doanh nghiệp nhà nước, số hóa nhanh chóng ngành sản xuất và thúc đẩy hệ sinh thái khởi nghiệp. Đặc biệt, tôi đồng ý sâu sắc với những lời khen ngợi dành cho các doanh nghiệp nhà nước như Viettel vì dẫn đầu sự đổi mới trong các lĩnh vực mở rộng cơ sở hạ tầng 5G, trí tuệ nhân tạo và thành phố thông minh. Điều rất ấn tượng là các công ty Việt Nam như Tập đoàn VinGroup nhấn mạnh những thách thức đổi mới và tầm quan trọng của cải cách giáo dục. "Tôi nghĩ cuốn sách này thể hiện tiềm năng của Việt Nam và khả năng hợp tác với Hàn Quốc, đồng thời thể hiện rõ hơn tầm nhìn của chúng tôi trong việc dẫn đầu đổi mới kỹ thuật số của ASEAN.

이 책은 아세안, 특히 베트남이 디지털 혁신을 통해 어떻게 새로운 경제 강국으로 부상하고 있는지를 탁월하게 분석한 통찰력 있는 걸작입니다.
저자는 우리 베트남이 국영기업들의 디지털 전환 선도, 제조업의 빠른 디지털화, 그리고 스타트업 생태계 육성을 통해 '디지털 제조 허브'로 도약하고 있음을 정확히 포착했습니다. 특히 비엣텔과 같은 국영기업들이 5G 인프라 확장과 인공지능, 스마트시티 분야에서 혁신을 주도하고 있다는 점을 높이 평가한 것에 깊이 공감합니다. 또한 빈그룹과 같은 베트남 기업들의 혁신적 도전과 교육 개혁의 중요성을 강조한 점은 매우 인상적입니다. 이 책이 베트남의 잠재력과 한국과의 협력 가능성을 제시하며, 아세안의 디지털 혁신을 이끌어갈 우리의 비전을 더욱 선명하게 보여주었다고 생각합니다.

성상엽

벤처기업협회 회장

《미지의 늑대》는 디지털 시대의 새로운 기회의 땅, 아세안의 잠재력과 도전을 생생하게 포착한 탁월한 안내서입니다. 특히 7억 인구의 젊은 시장에서 펼쳐지는 스타트업 생태계의 역동성과 디지털 혁신의 현장을 예리하게 분석했습니다. 인공지능 시대를 맞아 한국과 아세안이 함께 만들어갈 창업국가로의 도약 가능성을 설득력 있게 제시합니다. 이 책은 우리 벤처기업들이 글로벌 시장으로 나아가는 데 있어 아세안이라는 새로운 영토가 지닌 무한한 가능성을 보여주는 방향타가 될 것입니다.

윤건수

한국벤처캐피탈협회 회장

《미지의 늑대》는 특이점 시대에 아세안이라는 미지의 영토가 지닌 무한한 가능성을 설득력 있게 제시하는 책입니다. 디지털 혁신의 힘으로 세계 경제의 중심으로 부상하는 아세안 국가들의 스타트업 생태계를 예리하게 분석하고, 한국과의 협력을 통해 새로운 투자 기회를 모색할 수 있는 통찰력을 제공합니다. 벤처캐피탈 업계에 미래 투자 전략을 위한 등불이 되어줄 것입니다.

윤미옥

한국여성벤처협회 회장

급변하는 디지털 시대, 아세안이라는 새로운 기회의 땅을 여성 기업가의 시각으로 날카롭게 조명합니다. 아세안 7억 인구의 젊은 시장에서 펼쳐지는 스타트업 생태계의 역동성과 잠재력을 생생하게 보여주며, 여성 벤처기업인들에게 글로벌 시장 진출의 새로운 비전을 제시합니다. 특히, 아세안과의 협력을 통해 벤처기업인들이 아세안 진출의 구체적인 방안을 제시하는 점이 인상적입니다. 이 책은 한국 여성 벤처기업 도약을 위한 훌륭한 길잡이가 될 것입니다.

김현우

SBA서울경제진흥원 대표

인류 산업 발달의 역사는 혁신을 기반으로 발전되어왔습니다. 산업혁명 이후 서구 국가들이 그 혁신 생태계를 발전시키면서 주도권을 가지고 세계를 리드했습니다. 이제는 아세안 각국도 혁신 생태계의 중요성을 잘 알고 있고 또 다른 형태의 혁신을 추구하고 있습니다. 이런 변화에 대한 트렌드를 잘 정리한 김영록 대표의 내공에 찬사를 보냅니다.

장흥순

前 벤처기업협회 회장, 서강대 기술경영(MOT) 교수, 시그넷파트너스 대표

《미지의 늑대》는 탐험과 발견을 통해 세상의 경계를 허무는 혁신의 여정을 안내합니다. 특히 인공지능과 디지털 기술이 만드는 특이점의 시대에서, 아세안의 스타트업 생태계가 지닌 무한한 가능성을 바라봅니다. 지정학적 중요성과 디지털 혁신이 만나는 교차점에서, 아세안의 부상을 날카롭게 분석하고 기업가정신이 갖는 도전정신을 전파하는 시의적절한 통찰서입니다.

박경분

여성경제인연합회 특별부회장, (주)자코모 대표이사

그동안 변방이었던 아세안 10개국의 미래 디지털 시대에 중심이 될 수밖에 없는 잠재력과 성장 가능성을 예리하게 파헤치고 포착한 안내서입니다. 국가나 개인이 미래에 대한 방향을 어떻게 설정해야 하는지를 현명하고 알기 쉽게 제시하며 혁신과 혼돈의 시대에 해안을 주는 필독서입니다.

Karen Lau Kai Zhia
말레이시아 선웨이대학교 아이랩스 COO

Like a wolf that instinctively identifies opportunities and manages obstacles, this work delivers insights relevant to our ever-changing world. Rocky relates multi-angle insights between the shifting landscapes of Southeast Asia and South Korea, making it an essential reading for strategists and visionaries in search of their next challenge that capitalises on the region's vast potential.

본능적으로 기회를 파악하고 장애물을 관리하는 늑대처럼, 이 책은 끊임없이 변화하는 세상에 관련된 통찰력을 제공합니다. 저자는 동남아시아와 한국의 변화하는 풍경 사이에서 다각적인 통찰력을 연결하여, 이 지역의 광대한 잠재력을 활용하는 다음 도전을 찾는 전략가와 비전가에게 꼭 필요한 해법을 제시합니다.

Khairul Rusydi
싱가포르 리액터 스쿨 CEO

"A Journey into ASEAN's Digital Future"
In an era of profound change, The Unknown Wolf stands out as a roadmap to ASEAN's rise, emphasizing its role as a hub of digital innovation and youthful economic potential. Rocky Kim offers a compelling exploration of the under-tapped potential of ASEAN nations as they harness digital power to redefine their global standing. An intriguing read at the intersection of technology, geopolitics, and economic transformation.

"아세안의 디지털 미래로의 여정"
심오한 변화의 시대에, 《미지의 늑대》는 아세안의 부상을 위한 로드맵으로 두드러지며, 디지털 혁신과 젊은 경제적 잠재력의 허브 역할을 강조합니다. 저자는 아세안 국가들이 디지털 파워를 활용하여 세계적 입지를 재정의하는 과정에서 활용되지 않은 잠재력에 대한 설득력 있는 탐구를 제공합니다. 기술, 지정학, 경제적 변화의 교차점에서 흥미로운 읽을거리입니다.

김월용

공학박사, 전 한국폴리텍 권역대학장, 전 인천인재평생교육원장

'해봤다! 안다! 정석이다!' 이런 말은 김영록 대표에겐 통하지 않습니다. 늘 새로운 도전, 새로운 꿈, 새로운 세상을 디자인하여 세상에 제시하는 저자의 당찬 신념에서 무한한 발전할 미래를 봅니다. 위대한 문명이 시작되는 미지의 탐험지 아세안. 저자의 변화무쌍한 창의성에서 폭발한 화두는 예측과 상상도 초월하는 힘을 대중에게 던집니다. 미래는 지금 시작하는 도전의 강도에 따라 바뀝니다. 진화를 거듭하며 거침없는 진격을 하던 늑대가 아세안으로 방향을 잡고 표효합니다. 이 사자후에 자극을 받을 도전자들을 생각하면 가슴이 벅찹니다.

변주영

전 인천광역시 일자리경제본부장, 현 인천광역시 민생체감정책추진단장

초지능Super Intelligence, 초연결Hyper-Connected의 4차 산업혁명 시대에 새로운 기회를 찾는 이들에게 사막의 샘물과 같이 갈증을 풀어줄 탁월한 길라잡이가 될 것이라고 믿습니다. 아세안이라는 미개척지의 가능성을 철학적인 깊이와 현실적인 전망이 어우러진 걸작입니다. 작가의 혜안이 돋보입니다.

박호선

몽골한인회 회장, 시그마 몽골리아 회장

광활한 초원을 누비는 몽골 늑대처럼, 《미지의 늑대》는 아세안이라는 새로운 영토를 향해 과감히 도전하는 정신을 담고 있습니다. 디지털 시대의 새로운 사냥터에서 아세안 10개국의 스타트업들은 마치 늑대 군단처럼 예리한 감각으로 기회를 포착하고 있습니다. 이 책은 세계 경제의 중심축이 아시아로 이동하는 결정적 시기에, 한국과 아세안이 함께 만들어갈 미래의 청사진을 제시하는 탁월한 안내서입니다.

이남주
인천광역시 미래산업국 국장

《미지의 늑대》는 전 세계의 중심이 아시아로 기울어지고 있다는 것을 증언하고 있으며 창업국가에 대한 원대한 비전과 방향성 그리고 대안까지도 설명하고 있는 미래의 통찰서입니다. 지정학적 중요성과 디지털 혁신이 만나는 교차점에서, 아세안의 부상을 날카롭게 분석한 작품입니다. 인천시가 대한민국 글로벌 중심에 서 있기에 이 책은 한-아세안과의 공조를 통한 미래 출구 전략을 얘기하고 있습니다. 인공지능 시대가 도래한 지금 우리는 양질의 일자리를 만들기 위한 새로운 미래 도시를 이 책을 통해 그려보시기 바랍니다.

문희
조각가, 듀센버그 한국 콜라보 작가

《미지의 늑대》는 미켈란젤로가 대리석 속에서 형상을 발견했듯, 아세안이라는 미지의 영토에서 디지털 르네상스의 새로운 형상을 조각해내는 탁월한 작품입니다. 니체가 '신은 죽었다'고 선언했듯이, 이제 우리는 기술이라는 새로운 신神의 시대를 마주하고 있습니다. 그러나 저자는 단순히 기술만을 이야기하지 않고, 노자의 '도道'처럼 자연스러운 혁신의 흐름을 포착합니다.
특히 동양의 음양陰陽 사상처럼, 한국과 아세안의 조화로운 협력을 통해 새로운 문명의 지평을 열어가는 과정을 예술적 감성으로 그려냅니다. 이는 마치 한 폭의 동양화처럼 여백의 미를 담아내며, 미래를 향한 창조적 영감을 일깨웁니다.

박성혁
KAIST 경영공학부 교수

《미지의 늑대》는 아세안의 역동적 스타트업 생태계와 디지털 혁신의 잠재력을 탐구하며, 한국과 아세안 협력을 통해 창업국가로 도약할 비전을 제시합니다. 기술, 경제, 지정학의 교차점에서 아세안을 새로운 성장 동력으로 조명하며, 독자들에게 미래를 향한 통찰과 영감을 제공합니다. 특히, 창업과 혁신을 인류와 지구의 지속 가능한 미래를 위한 사고방식으로 재해석한 점이 돋보입니다.

고영경
연세대 국제통상대학원 연구교수

《미지의 늑대》는 아세안 지역의 변화와 도전을 새로운 시각으로 풀어낸 안내서입니다. 지정학적 위험과 디지털 혁신이 공존하는 이 시대에, 아세안의 부상을 이해하는 깊이 있는 통찰을 제공합니다.

조은주
디지틀조선일보 C&M 대표이사

《미지의 늑대》는 인공지능 시대, 아세안의 디지털 혁신 현장을 생생하게 포착한 현장 르포르타주입니다. 7억 인구의 젊은 시장, 급성장하는 디지털 경제, 그리고 한-아세안 협력의 새로운 가능성을 날카로운 시선으로 해부했습니다. 특히 베트남, 인도네시아, 싱가포르 등 주요국의 스타트업 생태계를 깊이 있게 분석하며, 디지털 실크로드의 새로운 지평을 제시합니다.

정무용
매일미디어그룹 매경비즈 부장

언론과 미디어가 반드시 주목해야 할 미래의 중심, 아세안의 디지털 혁신을 심층적으로 분석한 걸작입니다. 《미지의 늑대》는 급변하는 글로벌 미디어 환경 속에서 아세안의 도약을 생생하게 담아내며, 디지털 시대가 가져올 지형 변화를 예리하게 포착합니다.

김정래
아주경제 기자

인공지능을 필두로 한 4차 산업혁명은 과거의 산업 발전을 넘어, 사람의 사고방식, 일하는 방식, 삶의 방식까지 탈바꿈하고 있습니다. 그 중심에 '디지털의 힘'이 자리하고 있습니다. 김영록 작가의 《미지의 늑대》는 미지의 영토에서 피어나는 디지털 르네상스, 그 중심에서 아세안의 미래를 읽어내는 탁월한 안내서입니다.

남승완
한국디지털미디어고등학교 교장, 전국청소년기업가정신교육연구회장

미지의 영토에서 피어나는 디지털 르네상스의 향연, 그 중심에서 2050년 미래 주요국으로 피어날 아세안의 새로운 힘을 찾아 나서는 여정과 열정. 시대 변화의 흐름과 미래를 읽어내는 혜안이 돋보이는 안내서입니다.

최성호
법무법인 비트 대표 변호사

《미지의 늑대》는 디지털 혁신과 법의 교차점에서 아세안의 역동적 변화를 예리하게 포착한 탁월한 작품입니다. 저자는 아세안이 지닌 무한한 잠재력과 한국과의 협력 가능성을 법적, 제도적 관점에서 설득력 있게 제시합니다. 특히 스타트업을 단순한 기업 형태가 넘어 인공지능 시대의 새로운 패러다임으로 재해석한 점은 미래 법제도 설계에도 중요한 시사점을 제공합니다. 이 책을 통해 급변하는 글로벌 환경 속에서 한국과 아세안이 함께 만들어갈 법적, 제도적 프레임워크의 청사진을 확인할 수 있습니다.

CONTENTS

Chapter 1

인류의 위기를 이겨낼 한국과 아세안

Chapter 2

숨죽이며 미래를 준비해온 아세안의 늑대 군단

Chapter 3

새롭게 꾸려진 늑대들의 베이스 기지

Chapter 4

늑대 군단의 우두머리가 되기 위한 새로운 리더십, 스타트업 DNA

인류의 미래를 바꿀
'새로운 힘'을 찾아서

인류의 역사는 늘 힘을 중심으로 전개되었다. 누가 어떤 시기에 어떤 종류의 힘을 장악하느냐에 따라 역사의 중심 무대에 서기도 하고 변방으로 밀려나기도 했다. 고대에는 '무기의 힘'을 가진 자가 제국을 이룰 수 있었고, 근대에 들어서는 '산업의 힘'을 가진 자가 패권을 장악했다. 유럽이 세계 무대의 중심에 설 수 있었던 것은 바로 1, 2, 3차 산업혁명을 토대로 비약적인 발전을 해왔기 때문이다. 미국과 중국의 성장에도 역시 산업의 힘이 주효했다.

그런데 지금 전 세계가 쫓고 있는 새로운 힘이 있다. 바로 인공지능을 필두로 4차 산업혁명의 다양한 기술을 아우르는 '디지털의 힘'이다. 이 힘은 인류의 운명 자체를 바꿀 정도로 강력한 영향력을 가지고 있다. 전 세계 강대국들이 필사적으로 이 힘을 갖추려고 노력하는 것은 결코 세계사의 변방으로 밀리지 않겠다는 결연한 의지의 표명이다.

지금 이 디지털의 힘을 향해 전진하는 또 하나의 군단이 있다. 이제까지 세계사의 중심에 선 일이 많지 않은 아세안**ASEAN** 10개국이다. 싱가포르, 인도네시아, 베트남, 말레이시아, 필리핀, 태국, 캄보디아, 라오스, 미얀마, 브루나이까지 아세안 국가 대부분은 서구 열강의 식민 통치를 경험했다. 그들은 지난 세기 동안 열강에 의해 경제 착취를 당하면서 자국의 미래를 위한 생산적인 발전에 뒤처져 왔다. 하지만 인류가 '특이점**Singularity**의 시대'를 향해 나아가고 있는 지금, 그들은 '디지털의 힘'에 올라타면서 세계의 중심 무대를 향해 맹렬하게 진격하고 있다.

2045년, 얼마 남지 않은 인류 역사의 분기점

'특이점'은 지난 30년간 인류의 미래를 예언해온 미래학자이자 구글 이사인 레이 커즈와일이 제시한 개념이다. 그는 기술 발전이 가속화되고 인공지능이 인간의 지능을 넘어서면 인류가 새로운 진화의 단계에 올라선다고 예언했다. 실제로 그는 1980년대부터 미래 사회의 변화에 대한 예언을 시작해 147개 중에 무려 126개를 맞추는 탁월한 혜안을 자랑한다. 인터넷과 스마트폰의 보급, 가상현실과 홀로그램, 자율 주행, 인공지능의 혁신 등은 모두 그가 오래전부터 예언한 내용이다.

무엇보다 중요한 것은 특이점이 완성되는 2045년경에 완전히 새로운 국면으로 접어든다는 예상이다. 그때가 되면 나노로봇이 신체의 면역체계 역할을 하면서 인간은 질병으로부터 완전히 해방되고, 두뇌가 인터넷에 연결되면서 영생을 할 수 있다고 한다. 그의 예언이 얼마나 정확한지는 차치하더라도, 지금 진행되고 있는 특이점의 궁극적인 지향점이 신神의 영역에 접근하는 것임은 확실해 보인다. 지금 인류는 지구에 출현한 이후 400만 년 동안 한 번도 경험하지 않았던 완전히 새로운 분기점을 향해 달려가고 있다. 그리고 이 모든 변화의 배경에 디지털의 힘이 존재한다.

아세안 국가들의 새로운 움직임도 바로 이런 연장선에서 파악해야 그 실체와 본질을 정확하게 알 수 있다. 디지털 경제로 향하는 그들의 새로운 도전은 자국의 경제 발전 말고도 특이점을 향해 달려가는 인류의 움직임에서 이탈하지 않고 중심으로 진입하려는 노력으로도 읽을 필요가 있다.

그간 아세안 국가들이 경제적으로 뒤처진 데에는 분명한 이유가 있다. 기원후 1세기부터 2000년까지 전 세계의 GDP를 조사했던 영국의 경제학자 앵거스 매디슨Angus Maddison은 아시아가 산업혁명에 동참하지 못하면서 1950년대까지 전 세계 GDP의 19%밖에 차지하지 못했다고 밝혔다. 한번 뒤처진 경제 상황의 여파가 그때부터 70여 년이 지난 지금까지도 사라지지 않고 있다.

하지만 이제까지 그랬다고 앞으로도 그럴 것이라고 보기는 힘들다. 몇십 년 전만 해도 한국이 지금과 같은 높은 세계적 위상을 가지리라고 생각한 사람은 거의 없었다. 마찬가지로 아세안의 위상이 혁신적으로 변할 가능성도 충분히 열어두어야 한다. 무엇보다 세계 곳곳에서 다음 세상의 중심 무대는 아시아가 될 것을 천명하고 있으며, 특히 아세안 10개국이 새로운 힘의 원천이 될 것을 예견하고 있기 때문이다.

지정학적으로 그 중요성이 급부상

세계 3대 투자가 가운데 한 명으로 알려진 짐 로저스James Rogers는 "19세기는 유럽의 시대였으며, 20세기는 미국의 시대였다. 그리고 21세기는 아시아의 시대다"라고 말했다. 경제의 무게 중심이 어디로 흐르는지를 누구보다 민감하게 알아차리는 투자가가 아시아의 시대를 예견했다는 점은 매우 주목할 만하다. 또 영국의 싱크탱크인 경제경영연구소CEBR에서도 '2030년 글로벌 경제활동의 중심지는 아시아 신흥국이 될 것'이라고 발표한 바가 있다.

현실적인 지표만 봐도 아세안이 가지고 있는 잠재력과 비전은 지금의 세계 지형을 바꾸기에 충분하다. 아세안 국가들은 세계 5위의 GDP, 세계 3위의 무역 규모, 세계 3위의 인구 규모를 자랑한다. 미국과 중국, 그리고 유럽에 뒤지지 않는 수준이다. 또한 여러 선진국이 고령화 시대로 접어들고 있는 것과 달리 아세안 국가들에서는 여전히 20~30대가 경제의 핵심축을 이루고 있다. 앞으로 15년 이내에 25세로 진입하는 인구만도 2억 명이 될 것으로 전망된다. 더 나아가 디지털의 힘을 이끌어나가는 유니콘 기업의 탄생은 압도적인 속도와 규모로 이루어지고 있다. 현재 아세안 국가의 유니콘 기업은 43개인데, 그중 24개가 2021년 단 한 해에 탄생했다. '폭발적인 성장세'라고 해도 무리가 없다. 또 2030년 중산층 인구는 3억 4,000명으로 늘어날 것으로 전망한다. 현재 미국 중산층 인구가 대략 1억 6,000만 명인데 그 두 배가 넘어가는 셈이다.

심지어 이제 아세안 국가는 지정학적으로도 매우 중요한 곳이다. 중국은 미국과의 무역 마찰로 인해 새로운 시장을 확보할 필요가 있다. 여기에서 아세안은 매우 유력한 대안이 되고 있다. 이뿐만 아니라 아프리카나 유럽과의 해상 교역을 유지하기 위해서라도 아세안 지역은 요충지가 될 수밖에 없다.

미국 역시 아세안이 절실하기는 마찬가지다. 중국 대신 저가 상품들을 공급할 수 있고, 지정학적으로도 중국을 견제할 수 있는 아세안 국가들과 우호적인 관계를 유지해야 한다. 여기에 한국, 일본 역시 아세안과의 협력을 무척 중요하게 여기고 있다. 이제 아세안은 디지털의 힘과 함께 지정학의 힘까지 동시에 얻어나가며 순항하고 있다.

저자는 2019년 《변종의 늑대》, 2022년 《진격의 늑대》를 출간하면서 어떻게 스타트업 기업들이 세상을 바꾸는 파괴적인 힘을 발휘하는지를 살펴보았고, 그 역량을 통한 대한민국의 패러다임 전환을 제시한 바 있다.

이번에 출간하는《미지의 늑대》는 코로나19 팬데믹 이후 아세안 국가의 스타트업이 어떻게 새로운 도약을 하고 있으며 디지털의 힘을 향해 견고하게 전진하고 있는지를 체계적으로 알아보려고 한다. 인류가 특이점의 시대로 나아가고 있는 지금, 아세안 국가의 상황을 살펴보는 것은 그것을 우리 자신과 대한민국의 새로운 성장 도약대로 삼는 일이 될 것이다.

《미지의 늑대》에서 '미지'는 두 가지 의미를 지니고 있다. '가보지 않은 땅'이라는 의미에서 미지未地이며, '아직 알지 못한다'라는 의미에서 미지未知이다. 가보지 않았고, 잘 알지 못하는 새로운 곳으로 향하는 발걸음은 늘 가슴 두근거리는 기대감을 주는 여정이다. 이 책이 아세안이라는 미지의 세계를 탐험하고 통찰하고 새로운 기회를 얻는 중요한 계기가 될 수 있기를 기대한다.

김영록

한눈에 보는
아세안 스타트업 생태계

아세안ASEAN, Association of Southeast Asian Nations은 미얀마, 베트남, 라오스, 태국, 캄보디아, 필리핀, 싱가포르, 말레이시아, 브루나이, 인도네시아 10개국으로 구성된 동남아시아국가연합이다. 동티모르가 2022년 '원칙적in practice' 가입을 승인받으며 곧 동남아시아 11개국 전부 회원국인 진정한 아세안이 탄생할 전망이다.

• 국가별 정치 상황

: 어느 강대국의 지배를 받았느냐에 따라 동남아 개발국의 정치, 사회, 문화가 확연히 달라진다. 미얀마, 말레이시아, 싱가포르, 브루나이는 영국, 인도네시아는 네덜란드, 필리핀은 미국, 동티모르는 포르투갈의 식민지를 경험하고 독립했다. 이 국가들은 대부분 왕정이 무너진 뒤 의회제와 선거제을 받아들여 정권 교체가 비교적 순조롭다. 단, 선거는 하더라도 일당 독주가 계속되는 싱가포르, 2020년 2월 쿠데타 이후 군부정권과 민간정권의 대립으로 내전 양상을 보이는 미얀마, 이슬람 왕국을 유지하는 브루나이는 열외다. 식민 통치를 받지 않은 태국은 입헌군주제를 유지하고 있다. 왕의 권력이 막강하고 군대가 쿠데타를 자주 일으키면서 완전한 민주주의가 아닌 태국식 민주주의로 평가받고 있다. 한편 프랑스 식민 지배를 받은 나라들은 오직 수탈에만 몰두한 프랑스로 인해 민주주의를 전혀 경험하지 못한 채 독립했다. 이러한 영향으로 독립 후 모든 국가가 공산정권을 경험했다. 그중 베트남과 라오스는 여전히 일당이 지배하며, 캄보디아에 야당이 존재하지만 정권교체가 현실적으로 불가능하며 왕실도 남아 있다. (출처: 아세안연구원)

· 아세안 스타트업 활성화 6개국

: 싱가포르, 베트남, 인도네시아, 말레이시아, 필리핀, 태국

이스라엘 연구 조사 기관인 스타트업 블링크Startup Blink는 매년 6월 전 세계 국가와 도시를 대상으로 생태계의 양과 질, 사업환경을 연구해 〈글로벌 스타트업 생태계 보고서Global Startup Ecosystem Index〉를 발표한다. 가장 최근 자료인 2024년 보고서에서 순위를 살펴보면 다음과 같다. 함께 제시하는 스타트업 수는 '나라별 스타트업 랭킹Startup Ranking, countries, 2024'를 따랐다.

· 아세안 국가 글로벌 생태계 순위와 스타트업 개수

1위 싱가포르(전 세계 5위)   4위 태국(전 세계 54위)

2위 인도네시아(전 세계 35위)   5위 베트남(전 세계 56위)

3위 말레이시아(전 세계 43위)   6위 필리핀(전 세계 60위)

Chapter 1

인류의 위기를 이겨낼
한국과 아세안

앞으로 25년,
인류는 자멸하지 않을 수 있을까?

철학자 니체는 '신神은 죽었다'고 선언했다. 이는 정점에 달했던 서구 문명의 낡은 가치를 폐기하고 인간 스스로가 초인Übermensch이 되어 새로운 시대를 개척하자는 제안이었다.

그의 말은 오늘날에도 고스란히 적용된다. 인류 문명은 '새로운 신'이라고 할 수 있는 기술에 절대적으로 의존하기 시작했고, 그 결과 그 '기술의 가치'가 '인간의 가치'를 압도하는 시대가 되어버렸다.

레이 커즈와일이 말한 '특이점' 역시 인공지능의 능력이 인간의 능력을 초월하는 것을 의미하며, 오늘날 인공지능을 비롯한 최첨단 기술이 우리의 새로운 신이 되었음을 말한다. 문제는 이러한 상황이 인류의 자멸을 초래할 수 있다는 점이다.

지금의 인류는 역사상 가장 고도로 발전한 상태이지만, 역설적으로 가장 위험한 상황에 처해 있다. 전쟁, 생태계 붕괴의 위협, 그리고 기술의 발전이 주요한 원인으로 지목되고 있다. 이것은 막연한 두려움이나 단순한 가능성이 아닌, 현실적이고 분명한 징후로 드러나고 있다.

《총, 균, 쇠》의 저자 재레드 다이아몬드Jared Diamond 미국 UCLA

지리학과 교수는 이미 2013년에 '우리 문명에 주어진 시간이 50년 남았다'고 진단했다. 그렇다면 운명의 시간은 2063년 정도가 된다. 그는 기후 변화로 인한 인류의 점진적인 죽음, 불평등과 자원 고갈, 핵무기의 위험성을 경고했다. 그런데 이후 그가 입장을 바꿨다. 2021년 국내 언론과의 인터뷰에서, 13년이나 더 빨라진 2050년을 인류 붕괴의 서막으로 수정했다.[1] 이유는 간단하다. 인류가 가진 문제가 해결되지 않았을 뿐더러 더 가속화되었기 때문이다. 이제 고작해야 25년 정도밖에 남지 않았다. 상상하지 못한 세계는 언제나 불현듯 찾아온다.

빌 게이츠는 이미 2015년부터 "세계가 대규모 전염병을 대비하지 못하고 있으며 이는 핵전쟁보다 더 큰 위험이 될 수 있다"고 경고했다. 당시에는 '왜 전염병일까?'라고 생각했지만, 그로부터 5년 뒤, 정말로 코로나19 바이러스가 인류를 공격했다. 전 세계 사망자가 700만 명, 경제적 손실이 4,566조 원이었으며 1억 5,000만 명이 일자리를 잃었다. 이 정도면 '핵전쟁급'이라고 해도 지나치지 않다.

인류 문명의 붕괴까지 이제 25년밖에 남지 않았다는 것은 지금 대한민국이 과연 무엇을 해야 하는지에 대해 심각하게 고민해야 한다는 사실을 의미한다. 그런데 이러한 상황에서 우리는 그리 깊게 고민하지 못하고 있는 것 같다. 세계적 추세를 따라가고는 있지만, 주체적으로 대안을 내거나 이끌지는 못하고 있다. 오랜 세월 동안 우리나라가 세계사의 변방에 있었기 때문에 주도적인 의식을 갖지 못했을 수 있다. 하지만 이제 한국은 모두가 인정하는 선진국이자 세계적인 강국이 되었다. 여기에는 막중한 책임감도 함께 따른다. 더구나 이제 '혼자 잘 사는 나라'라는 것은 존재하지 않는다. 한국의 생존을 위해서라도 전 세계가 함께 사는 길을 주도해나가야 한다.

과거로부터의 해방,
그리고 도전

'인류 문명의 위기와 한국의 역할'이라는 주제가 다소 낯설거나 적절하지 않아 보일 수도 있다. 미국도 있고, 유럽도 있고, 우리보다 행복하게 산다는 북유럽 사람들도 있는데, 굳이 한국인이 이런 문제에 나서야 하나? 나라 경제도 어려운 상태에서 이웃의 북한은 끊임없이 긴장을 유발하고 있는데, 왜 우리가 나서서 인류 문명을 걱정해야 하느냐는 얘기를 할 수도 있다. 물론 한국이 과거 미국이 했던 '세계의 경찰'이 되려 하거나, 인류의 구원자가 되어야 한다는 의미는 아니다.

우리에게는 세계적으로 영향력을 미칠 충분한 능력이 있고, 함께 힘을 보태줄 친구들도 있다. 이런 상태에서 적극적으로 나서지 않는 것은 직무 유기라는 점이 문제다. 단순한 인류애나 타인에 대한 도덕적 책임을 이야기하는 것이 아니다. 한국인은 지구의 200개 국가와 따로 떨어져 살아가는 다른 세상 사람들이 아니다. 결국 인류 문명의 위기는 곧 한국 문명의 위기다. 이제 우리는 스스로의 문제를 해결하기 위한 길에 지금보다 훨씬 적극적으로, 더 강한 책임감을 갖고 나서야 한다. 그리고 그 길 위에는 바로 아세안이라는 든든한 친구이자 동반자이자 조력자가 존재하고 있다.

상처 많은 사람이 먼저 해야 할 일

상처받은 아이가 올바른 성인으로 성장하기 위해서 가장 첫 번째로 해야 할 일은 바로 '과거로부터의 해방'이다. 그래야 트라우마가 해결되고, 더 나은 성장 잠재력을 가질 수 있다. 이는 국가 단위에서도 마찬가지다. 역사적으로 상처를 많이 받은 나라일수록 과거 자국을 바라보았던 인식과 지배력에서 벗어나야 한다. 바로 한국이 그러한 상황에 있다.

역사학자 유발 하라리는 "역사의 진정한 가치는 우리를 과거로부터 해방하는 것에 있다"고 말했다. 그의 말을 조금 더 자세하게 들어보자.

우리가 세상을 이해하는 방식, 우리가 우리 자신을 이해하는 방식은 우리가 모르는 사이에 형성됩니다. 과거에 살던 사람들이 만든 이야기나 개념에 큰 영향을 받아서 형성되죠. 마치 과거에서 온 손이 현재 우리의 머리를 움켜쥐고 특정 방향을 바라보도록 강요하는 것 같아요. 우린 평생 이 손에 영향을 받았지만 그 존재를 인식하지 못합니다. 하지만 역사를 공부해서 과거에 이미 주변 사람들이 어떻게 우리를 지배하고 통제하는지 이해한다면 우린 이 영향력을 약화시킬 수 있죠. 더 많은 걸 보고 다양한 선택지를 찾으면서 우리가 세상을 지금과는 다른 모습으로 바꿀 수 있다는 걸 알게 됩니다.[2]

지금 전 세계가 처해 있는 큰 위험을 한국은 적극적으로 해결하려 나서지 않고 있다. 강대국들의 틈새에서 전략적 모호성을 유지하거나, 혹은 한쪽 편에 약간의 힘을 실어주면서 동맹의 울타리 안에 머무를 뿐이다. 경우에 따라 이러한 처세도 필요하지만, 이는 자신을 스스로 나약하게 인식하고 있기 때문이기도 하다. 일제의 식민 통치를 당하면서 민족적 자존심에 상처를 받았고, 한국전쟁의 폐허에서 쌓인 한恨과 오랫동안 약소국으로 있었던 서러움을 겪어왔기에 한국인에게 '세계를 이끌어갈 주도적인 위상'은 부담스러운 일이기도 할 것이다. 여기에 유교적 문화에 따른 겸손과 절제의 미덕이 더해지면서 '나를 따르라'는 리더십에 익숙하지 않다. 이것은 어쩌면 '과거로부터의 해방'을 오롯이 이뤄내지 못한 결과라고도 볼 수 있다. 그러나 계속해서 과거에 갇혀 소극적인 자세를 취하기에는 우리 지구가 처한 문제가 너무나 심각하다.

유발 하라리가 말하는 인류의 위협

유발 하라리는 전 세계를 위협하는 세 가지 위험 요소를 설명한다.

첫 번째는 대규모 전쟁의 가능성이다. 지난 20년 이상 전 세계는 놀라울 정도로 평화로운 시대를 지나왔다. 1, 2차 세계대전이라는 전 지구적 재앙이 막을 내린 뒤, 드디어 '인류애를 중심으로 하는 공존과 평화의 시대'가 찾아온 것처럼 생각하고 있다. 전쟁이란 교과서에서나 찾아볼 수 있는 20세기의 유산 정도로 여기는 사람이 많다. 그러나 이미 우크라이나-러시아 전쟁, 이스라엘-하마스 전쟁을 비롯한 수많은 분쟁과 충돌, 테러가 서서히 세계적 긴장을 높이고 있다. 강경 극우 세력의 등장, 강대국 사이의 화해 없는 이기주의, 끊임없는 군비 경쟁이 과거 2차 세계대전이 일어나기 직전을 연상시킨다. 언제든 전 세계가 전쟁과 파괴의 소용돌이에 휘말려도 이상할 것이 없는 상태로 달려가고 있다.

두 번째는 생태계의 파괴다. 이미 많은 사람이 느끼고 있듯 전 세계적인 생태계 파괴가 진행되고 있다. 인류 문명의 근간이 파괴되고 동식물이 사라지고 있는 속도가 너무 빠르다. 단지 기후문제에 국한된 것이 아니다. 사람들이 안정적이고 평화롭게 살아갈 수 있는 기반을 인간 스스로 망가뜨리고 있다. 인간은 여전히 '파괴와 멸종의 주도자'로 군림하고 있다. 2023년 룩셈부르크 국립자연사박물관 연구진들은 전 세계적으로 멸종위기에 처한 동식물이 무려 200만 종에 이른다는 연구 결과를 발표했다. 이 비극적인 결과는 거의 대부분 인간의 활동에 따른 것이었다.

마지막 위험 요소는 바로 기술의 발전이다. 이제 인간의 기술은 생명체를 창조할 수 있는 수준에 이르고 있다. 유전공학의 다양한 분야에서는 신체와 뇌, 심지어 정신까지 재구성하는 연구를 하고 있다. 실험실에서 고기를 생산하고, 인간의 유전자를 편집하고, 세포를 조작하는 능력이 나날이 발전하고 있다. 신과 인간이 구별되는 지점은 '생명 창조'에 있었다. 하지만 점차 인간이 신의 영역으로 진입하고 있다.

특히 기계와 인간의 통합이 이루어진 시대가 눈앞에 다가왔다. 일론 머스크가 2016년 설립한 신경기술회사 '뉴럴링크'는 이미 본격적인 임상 실험을 하고 있다. 그들이 목표하고 있는 것은 바로 '뇌-컴퓨터 인터페이스BCI, Brain-Computer Interface'다. 이제까지 과학과 의학은 인체의 구조나 각 장기, 신경의 구조를 파악하는 데 큰 지적을 이뤄왔지만, 뇌에 칩을 심거나 뉴런을 컴퓨터와 연결하는 일에는 성과를 내지 못했다. 하지만 뉴럴링크는 이미 뇌 속에 이식할 수 있는 칩을 개발했고, 이를 통해 뇌의 특정 신호를 읽거나 컴퓨터 같은 디지털 기기에 연결할 수 있게 되었다. 이를 활용하면 척수 손상과 같은 신경계 질환, 알츠하이머, 파킨슨병을 치료하거나 시각과 청각을 회복시키는 일도 가능하다. 나아가서는 인간의 기억을 디지털 방식으로 증강할 수 있다. 곧 향후 수많은 분야의 지식과 정보를 두뇌에 업로드할 수 있다는 것을 의미한다. 이들의 최종 목표는 인간과 기계의 완벽한 통합이다. 이는 인간의 뇌가 인공지능과 직접 연결되는 상태다. 이렇게 되면 인간의 육체는 사라지고 두뇌만 남아 세상과 교감하는 진정한 의미의 '디지털 영생'이 가능해진다. 드디어 '죽지 않는 인간의 시대'가 펼쳐지는 것이다.

지난 2024년 10월에는 드디어 실험실의 로봇이 야외로 나와 사람들과 어울리는 모습까지 포착됐다. 일론 머스크가 만든 휴머노이드 로봇 '옵티머스'가 미국 로스앤젤레스 길거리에서 수백 명의 관중 사이를 걸어 다니며 셀피를 찍어주기도 하고, 가위바위보 내기도 하고, 기념품을 나눠주며 대화를 했다. 이제껏 연구실이나 기술 발표회에서 보았던 로봇이 사람들과 대화하고 어울리는 모습은 사뭇 충격적이었다. 이런 로봇을 2026년이면 대중들이 구매해서 상용화할 수 있다고 한다. 우리가 봐오던 SF영화의 한 장면이 실제로 구현된다는 이야기다.

그러나 이러한 놀라운 기술 발전이 꼭 긍정적으로만 작용할 리는 없다. 특정 국가에서만 이러한 기술적 진보가 빠르게 이루어진다면 다른 국가는 이를 따라가기 힘들게 되고 결국에는 글로벌 안전망의 붕괴가 생긴다. 가난한 나라는 더욱 가난해지고 나아가 성장의 기회 자체를 빼앗기게 된다. 예를 들어 미국 캘리포니아의 회사에서 연구하는 인공지능 기술은 미국 내의 일자리도 빼앗지만, 멀리 있는 과테말라나 방글라데시 노동자의 일자리도 빼앗는다. 개발도상국에서 주요한 일자리가 되는 콜센터나 데이터 입력, 제조업 등의 단순 노동은 인공지능과 스마트팩토리의 발전으로 확연하게 줄어들 것이다. 그나마 미국 안에서 일자리를 잃은 사람들에게는 안전망이 존재한다. 정부가 나서서 인공지능 개발회사에서 더 많은 세금을 거두고, 노동자들에게 재교육과 새로운 일자리를 제공할 수 있기 때문이다. 하지만 미국 정부가 과테말라나 방글라데시 노동자에게 그런 혜택을 주는 일은 벌어지지 않는다.

이처럼 전쟁의 위험, 생태계의 파괴, 최첨단 기술이 만들어낸 전례 없는 현상은 이제 비극의 총구를 인간에게 겨누고 있다.

나만 잘살면 되는 세상이 아니다

이런 상황에서 해법은 크게 두 가지로 나뉜다. 하나는 긴장을 완화하고 불평등을 해소하면서 공동 발전을 추구하는 일이다. 또 하나는 이러한 방법을 외면한 채 홀로 더 높은 성장의 사다리로 올라가는 일이다. 우리나라가 더 잘살게 되고, 더 부유해지면 최소한 우리 국민은 지킬 수 있지 않겠냐고 생각할 수 있다. 하지만 이제 나만 안전하게 살아남을 수 있는 세상이 아니다. 재레드 다이아몬드도 이 점을 지적한다. "제가 로스앤젤레스에 사는 동안 세 번이나 큰 폭동이 있었습니다. 가난한 지역에서 일어난 폭동입니다. 부자 동네 사람들은 곧 폭도가 자기 집으로 몰려와 파괴를 일삼을 거라며 두려움에 떨었죠. 실제 그런 일은 일어나지 않았습니다. 그래도 우리는 알고 있습니다. 지금보다 더 심각한 불평등으로 빠진다면 부자 동네의 저택들이 불타오르기 시작할 것이라는 걸요. 시간문제일 뿐입니다. 이

현실은 우리에게 가난한 미국인들이 안전할 때까지 부자 미국인들은 안전하지 않을 것이며, 또한 몽골이 안전하고 볼리비아가 안전할 때까지 결코 미국은 안전할 수 없다는 것을 보여줍니다."

1992년 로스앤젤레스 폭동에서 한인 사회가 엄청난 공격을 당했던 일은 잘 알려졌다. 한인들은 자경단을 만들어 총을 들고 사업장을 지켰다. 그런데 당시 폭동의 원인과 한국인은 아무런 관련이 없었다. 그런데 왜 한인들이 공격당했을까? 이유는 쉽고 간단하다. '잘사는 것처럼 보였기 때문'이다. 어처구니없고 황당하지만, 세상이 그렇게 돌아간다는 점을 인정하지 않을 수 없다.

결국 문제의 해법은 전 지구적 차원에서 만들어져야 한다. 지금은 나만 잘살고, 우리나라만 안전하면 된다는 사고방식으로는 침몰을 피할 수 없다. 게다가 한국의 리더십을 요구하는 세계의 목소리가 점점 더 커지고 있다. 여러 전문가들이 한국에 던지는 질문을 단 한마디로 요약하면 이렇다.

"한국은 부유하고, 군사력도 대단하며, 문화적으로도 강력한데 도대체 세계를 위해 무엇을 하고 있는가?"

이제는 한국이 나서야 할 때

우리는 은연중에 미국이 세계 최강대국이며, 산업의 선진국이며, 민주주의 국가이기 때문에 세계의 많은 문제를 해결할 수 있다고 믿고 있다. 하지만 부자 나라라고 해서 인류의 모든 문제를 제대로 해결할 수 있는 것은 아니다. 미국은 자국의 고질적인 총기 규제 문제마저 해결하지 못하고 있다. 매번 충격적인 사건이 벌어지고 여론이 들끓지만, 언제나 여론이 사그라들고 시간이 지나면 다시 총기 사고가 발생한다.

미국이 선진국이라는 것을 부인하는 사람들은 없다. 하지만 미국에서는 폭동과 약탈이 주기적으로 발생한다. 2023년 4월 15일에는 미국 청소년 1,000명이 도심 한복판에서 차량을 공격하고 불을 지르기도 했다. 과연 한국에서 이런 일이 벌어질 수 있을까? 한국인이라면 누구라도 '그럴 리 없다'고 단언할 것이다.

재레드 다이아몬드 교수는 이렇게 말한다. "한국과 미국에는 서로 확연히 다른 부분이 있습니다. 미국 인구는 약 3억 3,000만 명입니다. 한국 인구는 약 5,000만 명이죠. 그런데 사실 미국은 3,000만 명의 나라입니다. 미국은 3억 명을 내다 버렸어요. 엄청난 불평등이 존재합니다. 한국에 있는 불평등보다 더 큰 불평등이 미국에 있습니다. 대다수의 미국인은 좋은 교육을 받지 못합니다. 이와 달리 한국인은 대부분 좋은 교육을 받을 수 있습니다."

국민 대부분을 등지고 있는 나라 미국. 그에 비해 국민 개개인이 훨씬 더 문명화되었다고 할 수 있는 한국. 우리가 인류 문명의 위기에 나서질 못할 이유도 없고, 나서지 않아서도 안 된다.

거인이 될 수 있는
한국과 아세안

전 지구적 위협을 해결하는 데 한국이 나서야 한다는 당위성과 타당성을 부인하기 힘들다. 중요한 것은 현실적으로 그것이 어떻게 가능하냐는 문제다. '한국이 도대체 뭘 어떻게 할 수 있는가?'라는 질문이 나올 법하다. 핵무기가 단 하나도 없는 한국이 어떻게 핵전쟁을 막을 수 있으며, 글로벌 안전망 붕괴를 어떻게 해결할 수 있을까? 최첨단 기술에 대해서도 마찬가지다. 한국도 중국, 미국의 기술 발전을 따라가는 추세인데, 그다지 할 수 있는 역할이 없는 것처럼 보인다. 어쩌면 이제까지 한국이 인류 문명의 위기에 소극적인 자세만 추구했던 것도 바로 이런 이유 때문일 것이다. 하지만 우리가 아세안과 협력하면 이러한 문제들에 대처할 수 있는 여러 방법을 구상

할 수 있으며, 지금보다 훨씬 더 적극적으로 목소리를 높일 수 있다. 무엇보다 한국과 아세안은 패권주의에 대한 경험이 없기 때문에 평화를 추구하는 아시아적 가치로 결속할 수 있다. 그러면 전쟁의 위협 속에서도 지속적으로 평화에 대한 메시지를 내면서 안전지대 역할을 해낼 수 있다. 또한 아세안 국가의 디지털화를 가속화할 수 있다면 최첨단 기술에 의한 부작용인 '데이터 독재'와 글로벌 안전망의 붕괴를 막아낼 수 있다. 더 나아가 아세안 국가와 한 몸처럼 협력하면 세계 최상위권의 광활한 영토와 7억 명의 인구를 확보할 수 있다. 아세안과 한국이 서로에게 '거인'이 되어주면서 그 어깨에 올라탈 수 있다면, 지금보다 훨씬 높은 위상에서 인류 문명의 위기에 대처할 수 있게 된다.

세계 평화를 위한 단일 대오

늘 학교에서 싸움을 일삼고 말썽을 일으키는 문제아가 다른 친구들이 싸우는 모습을 보면서 "야, 그만 싸우고 사이좋게 지내"라고 말한다면 과연 설득력이 있을까? 비웃음과 조롱을 당할 가능성이 크다. 하지만 공부도 잘하고 싸움 실력도 좋지만, 친구와 싸우지도 않고 말썽도 부리지 않는 친구가 있다고 해보자. 이 친구가 "얘들아, 그만 싸우고 사이좋게 지내"라는 말을 하면 어떨까? 지지와 존경을 동시에 받을 것이다.

한국과 아세안의 협력은 이처럼 똑똑하고, 덩치 크고, 싸움도 잘하는 존경받는 국가연합이 될 수 있다. 한국과 아세안은 패권주의로 세계를 뒤흔든 적이 없다. 다른 국가를 때린 경험이 없으니 그 자체로 모범적이다. 한국의 경제력은 이제 일본을 제칠 정도가 되었고, 군사력은 세계 5위로 평가받는다. 소프트파워 측면에서는 현재 한국을 따라잡을 정도로 매력적인 나라가 많지 않다.

물론 한국과 아세안이 나선다고 해서 세계에 분쟁과 전쟁이 단숨에 사라지지는 않을 것이다. 이건 한국이 아닌 어떤 강대국이 나서도 마찬가지다. 그렇다고 해서 강 건너 불구경하듯 가만히 있을 수는 없다. 조만간 그 불길이 강을 건너 이곳에 닥칠 것이기 때문이다. 빠르게 소리치며 사람들을 깨우기라도 해야 한다.

한국과 아세안은 전 세계의 긴장을 완화하면서 평화의 한 축을 담당할 최적의 국가연합이다. 경제력, 군사력, 문화적 영향력 등에서 세계 최강국 가운데 하나가 된 한국, 세계 질서의 캐스팅 보트가 된 아세안 10개국의 만남이다.

미국과 중국 모두가 아세안에 적극적인 구애를 하고 있다는 점에서 시간이 흐를수록 아세안의 위상은 더욱 높아질 수밖에 없다. 중국은 일대일로一帶一路를 통한 인프라 구축과 대규모 건설 사업을 지원하는가 하면, 또 한편으로는 역내포괄적경제동반자협정RCEP을 통해 경제적으로 접근하고 있다. 또한 아시아정상회의 등을 통해서도 외교적 영향력을 확대해나가고 있다.

미국도 마찬가지다. 인도-태평양 전략FOIP을 통해 중국의 군사적 압박에 대응할 수 있도록 협력 방안을 제시해 아세안 국가들의 안보 욕구를 자극하고 있다. 또한 2022년에 인도-태평양 경제 프레임워크IPEF를 발표하면서 경제적인 협력 체계를 구축해나가고 있다.

이러한 아세안의 위상에 한국의 힘이 더해진다면 세계적 위기의 뜨거운 열기를 식히는 냉정한 균형추 역할을 충분히 해낼 수 있다.

데이터를 차지한 자가 미래를 차지한다

심지어 아세안은 한반도의 평화와 안정에도 일정한 기여를 할 수 있다. 현재 북한은 아세안 지역 포럼ARF에 참여하고 있다. 세계에서 몇 안 되는 다자간 외교 플랫폼이다. 이뿐만 아니라 아세안 국가 중 일부는 평양에 대사관을 두고 있다. 적대적 관계 때문에 한국은 할 수 없는 일을 캄보디아, 인도네시아, 라오스, 말레이시아, 베트남 등이 하고 있다. 유사시에 이들 아세안 국가의 대사관은 북한과의 소통 창구가 될 수도 있다.

말레이시아 출신의 국제 정치학자인 탕시우문Tang Siew Mun 박사는 기고문을 통해서, 북한과 아세안 회원국의 협력이 확대된다면 지역 평화와 안정을 유지하는 것에 도움이 되며, 또한 이를 통해 북한의 평화 프로세스를 수행할 수 있다고 말한다.

나아가 한국과 아세안은 가속화되는 디지털 사회의 부작용을 완화할 수 있다. 현재 인류는 인공지능의 급속한 발전으로 인한 데이터 독점 위기 국면에 접어들었다. 이는 '현대판 소유의 불평등'이라고 할 수 있다.

프랑스 철학자 장 자크 루소는 《인간 불평등 기원론》에서 '소유'가 불평등의 기원이자 '악의 출발점'이라고 말했다. 그리고 그것이 법과 제도로 보호받으면서 소수의 엘리트 계층이 부와 권력을 독점했다고 봤다. 산업혁명이 시작되고 민주주의가 확산하면서 이러한 독점은 일부 완화되는 모습을 보였다. 그런데 디지털 사회의 가속화는 이러한 문제가 다시 불거지게 만들었다. 그리고 이제는 자국 내에서의 불평등은 물론이고 선진국과 개발국 사이의 불평등이 더욱 강해지면서 글로벌 안전망을 붕괴시키고 있다.

유발 하라리는 "데이터를 차지하는 자가 미래를 차지한다"며 '데이터 권력'의 등장을 전망했다. 고대에는 토지가, 근대에는 기계와 공장이 문명의 토대였지만, 미래 세계에서는 데이터가 그 역할을 대신하게 된다는 이유 때문이다. 데이터를 통한 알고리즘의 추출은 인류를 더 발전시킬 수도 있지만, 만약 누군가 그것을 독점한다면 부와 권력이 편향적으로 집중될 수 있다고 경고한다.

실제 인간의 판단, 소비, 이동 등 모든 행동은 물론이고 심장박동 데이터까지 파악된다면, 이것은 곧 생산과 통제의 수단이 될 수 있다. 문제는 이러한 데이터를 구글과 마이크로소프트, 바이두와 텐센트와 같은 미국과 중국의 몇몇 기업이 장악하고 독점하고 있다는 점이다.

인공지능, 때로는 생태계 보호의 동반자

데이터 독점을 막기 위해서는 전 세계 디지털 산업의 균형적인 발전이 필요하다. 미국과 중국의 몇몇 기업이 데이터를 장악하는 것에 맞서 여러 나라에서 디지털 성장이 일정하게 뒷받침된다면 독점을 막을 수 있다. 그런 점에서 아세안 스타트업들이 인공지능을 기반으로 하는 디지털 경제를 성장시키는 것은 단순한 산업적 발전 이상의 의미를 지니고 있다.

이미 아세안 국가들은 자국의 산업과 국가 기간 시스템에 인공지능을 빠르게 적용시키고 있다. 베트남은 인공지능에 기반해 사기와 각종 위험을 방지하는 거래 모니터링 시스템, 고객 관리 챗봇 플랫폼, 지능형 교통 시스템을 사용하고 있다. 싱가포르는 군용과 상업용 인공지능 개발을 위해 막대한 투자를 하고 있으며, 생성형 인공지능을 연구해나가고 있다. 인도네시아에서도 마찬가지다. 인공지능 시장이 연간 30%씩 가파르게 성장하면서 주요, 은행, 통신사 등에서 활용되고 있다. 말레이시아는 경제 회복, 혁신, 정보 격차 해소의 핵심 동력으로 인공지능을 사용하고 있다.

아세안의 스타트업들은 인공지능 산업을 빠르게 성장시키면서 전 지구적 차원에서 데이터가 극소수의 나라와 기업에 집중되는 것을 막는 다양성과 분산화의 기수로 자리매김하고 있다. 여기에 한국이 힘을 보탠다면 그 성장세와 힘은 더욱 강해질 수 있다.

생태계 파괴를 해결하는 데에도 한국과 아세안이 상당 부분 기여할 수 있다. 아세안 국가의 생태계는 서구권의 생태계와 적지 않은 차이를 보인다. 풍부한 열대 우림을 갖고 있어 생물 다양성이 매우 높다. 생물 다양성은 인류가 이용할 수 있는 자원 문제와도 연결된다. 특정한 종이 멸종하더라도 다른 종이 이를 대신할 수 있기 때문에 생태계 전체의 안전성 유지하는 데 매우 유리하다.

또, 전 자연환경은 관광 산업에 큰 도움을 준다. 아세안 국가들은 관광 자원으로 활용할 만한 자연 관광지를 상당히 많이 보유하고 있다. 그렇기에 중요한 경쟁력이 되는 자연환경을 보호하려는 노력을 더 많이 할 수밖에 없다. 다수의 아세안 국가들은 역시 2050~2060년 사이에 탄소 중립 목표를 천명하고 국제적인 흐름에도 적극적으로 협력하고 있다. 러시아, 중동의 산유국, 인도나 아프리카 국가들이 경제적, 정치적 이유로 탄소 중립에 소극적인 것과 달리 아세안은 세계 생태계 보전을 위한 동반자가 될 수 있다.

인류 문명의 붕괴를 막기 위해 한국이 아세안과 손잡고 할 수 있는 일은 적지 않다. 다시 한번 강조하지만, 더 이상 '우리가 굳이…' '우리가 뭘 어떻게…'라며 뒷짐질 필요가 없고, 그래서도 안 된다. 인류 문명의 붕괴는 곧 한국 문명의 붕괴이기 때문이다.

한국을 바라보는
아세안의 속내

오랜 친구 관계를 유지하기 위해서 해야 할 것이 있다. 나의 시선에서 친구를 보는 것을 넘어, 친구의 시선에서 나를 바라보는 일이다. 내가 아무리 상대방과 좋은 관계를 유지하려고 해도, 겉으로 드러나지 않는 속마음을 파악하지 못하면 좋은 관계를 유지하기 쉽지 않다. 거기다 내가 상대방에게 원하는 것이 있다면 당연히 상대방도 나에게 원하는 것이 있을 테니, 그것을 파악하는 것도 하나의 방법이다.

우리는 이제까지 일방적인 시선에서 아세안을 바라봤다. 한국인들 역시 정부의 발표를 들으면서 그들을 이해했고, 아세안에 관한 정책을 보면서 그들과 어떤 관계를 맺어갈지를 계산했다. 하지만 이제는 입장을 바꿔 그들의 목소리를 들어보고, 그들의 시선에서 한국을 볼 차례다. 그래야만 서로가 무엇을 원하고, 앞으로 어떻게 해야 더 좋은 관계를 만들어나갈 수 있을지 알 수 있다.

필리핀만큼 잘살고 싶었던 한국

우리나라가 아세안 국가들에 눈을 돌리기 시작한 것은 1970년대 초반부터였다. 그때부터 아세안과 공식적인 관계 설정을 위해 외교적 노력을 기울였던 것이다. 당시에 한국은 아세안 공동체의 회원국이 되기를 원했다. 하지만 아세안 국가들은 한국에 큰 관심을 쏟지 않았고, 협력에 매우 소극적이었다.

1972년 3월 17일 〈동아일보〉는 당시 김용식 외무부 장관이 아세안 국가의 수장들과 개별 접촉을 하고 있다는 소식을 전했다. 김 장관은 쿠알라룸푸르에 도착해 기자 회견에서 이렇게 이야기했다. "아세안은 다 같은 지역 내의 협력 관계를 증진하기 위한 주축이기 때문에 서로 경제, 사회, 문화 부문에 있어서 협력해야 할 위치에 있다. 말레이시아, 인도네시아, 태국 등을 방문하는 동안 정부가 마련한 구체적인 협조체제 구축과 방안에 관해 이를 국가지도자들과 광범위하게 협의할 계획이다."

이러한 노력의 결과이었을까? 3개월 뒤에 필리핀이 한국에 아세안 가입을 권유했다. 1972년 6월 17일 〈경향신문〉 1면에는 '한국 등

5개 국가 아세안 가입 제의'라는 짤막한 기사가 실렸다. 필리핀 하원 의장이 아세안을 확대하고자 한국, 일본, 대만, 호주, 뉴질랜드 5개 국을 가입시키자고 제의했다는 내용이었다.

당시의 아세안 연합은 포부가 상당히 컸다고 볼 수 있다. 한국은 물론이고 일본, 대만, 호주, 뉴질랜드까지 포괄하려고 했기 때문이다. 더 나아가 아세안 연합은 같은 해 심지어 유럽공동체와도 서로 협상하며 교육을 증대하기 위한 상설기구까지 설치했다. 포부만큼 실제 보폭도 넓었다고 볼 수 있다.

이후 한국 신문들은 아세안의 움직임을 매우 상세하게 보도하기 시작했지만, 안타깝게도 한국은 그저 변방에만 머물 수밖에 없었다. 지금은 아세안이 더욱 한국과 가까워지려는 느낌을 받지만, 당시만 해도 한국이 먼발치에서 아세안을 바라보며 마음을 졸였던 분위기 였다.

그도 그럴 것이 1970년대까지만 해도 아세안 여러 국가는 한국 보다 훨씬 나은 상태였다. 1970년대의 필리핀은 꽤 잘사는 나라였고 정치적으로도 '선진적'이라는 평가를 받았다. 1946년에 미국에서 독 립한 후 1950년대에 미국의 경제 원조를 기반으로 제조업 분야에서 성장을 이룩했기 때문이다. 1966년 기준 필리핀의 GDP는 63억 원 이었고, 한국의 GDP는 39억 원에 불과했다. 당시 박정희 대통령이 1966년 필리핀을 방문해 페르디난드 마르코스 당시 대통령에게 이 렇게 이야기했다. "한국도 필리핀만큼 잘살 수 있다면 얼마나 좋겠 는가?"

당시 한국이 부러워하던 것은 필리핀만이 아니었다. GDP가 52억 원이었던 태국 역시 한국을 앞서 있었다. 그들이 당시 한국의 아세안 가입을 중요하게 고려할 필요가 없었다는 점이 충분히 이해된다. 아세안 국가들에게는 한국보다 유럽과 미국의 협력이 더욱 절실했을 것이다.

한국을 바라보는 그들의 시선

한국과 아세안 사이의 공식적인 관계가 설정된 것은 그로부터 거의 30년이나 지난 시점이었다. 1989년에 이르러서야 겨우 '부분 대화 상대국Sectoral Dialogue Partner'이 되었다. '대화 상대국'이란 가장 초보적인 형태의 협력과 협상을 할 수 있는 대상으로 지정된다는 것을 말한다. 이는 공식적인 인정의 의미가 강하다. 아세안을 향한 30년의 노력 끝에서야 겨우 대화 상대국으로 지정될 수 있었다는 것은 오랜 시간 한국이 겪어야 했던 경제적 열악함과 외교적 설움을 대변하는 것이기도 하다. 하지만 이후부터의 관계는 급속도로 발전했다.

- 2004년: 포괄적 협력동반자관계Comprehensive Cooperation Partnership 선언(노무현 대통령)
- 2010년: 전략적 동반자관계Strategic Partnership 격상(이명박 대통령)

- 2017년: 신남방정책 아세안 및 인도와의 관계를 한반도 주변 4강 수준으로 격상(문재인 대통령)

시간이 흐르면서 이제는 한국이 관계의 주도권을 쥐는 모양새다. 특히 2017년의 신남방정책은 한국이 확고부동하게 주도권을 쥐었음을 의미한다. 한국 입장에서 아세안을 미국, 중국, 일본, 러시아 수준으로 '격상'시킨 것이기 때문이다.

그러나 여기까지는 '우리가 보는 아세안'이었을 뿐이다. 그사이 우리는 아세안이 한국을 어떻게 보는지 별로 신경을 쓰지 않았다. 하지만 그들이 한국의 대對 아세안 정책에서 일정한 불만을 토로하고, 정책의 방향성이 균형을 잃었다는 지적을 해왔던 것도 사실이다.

미국의 비영리 연구기관 웰슨센터 Wilson Center 는 각 분야의 전문가들이 모여 국제 및 국내 이슈를 연구하고 논의하는 곳이다. 이곳에서는 한국 각 정부의 아세안 정책에 대해 예리하게 지적하고 있다.

노무현 정부 때는 주변의 4개 강대국을 외교의 중심에 두면서 아세안이 우선순위에서 밀렸다고 지적하고, 이명박 정부 시절에는 과도하게 영향력을 확대하려는 태도를 보였다는 점에서 다소 불만을 제기했다. 또 문재인 대통령의 신남방정책은 현지에서 매우 환영받기는 했지만, 베트남과 싱가포르 등 특정 국가와의 경제 협력에만 지나치게 중점을 두었다는 비판을 받기도 했다.[3]

이러한 속내를 요약하면 다음과 같다.

- 아세안에 대한 한국의 접근은 자기중심적이고 다소 거래적이다. 여기에서의 '거래적'이란 풍부한 상호작용이 아닌 '단순한 이익 교환'을 의미한다.
- 아세안 정책들이 독립적인 외교 관계가 되지 못한다. 북한이나 강대국과의 관계가 불거지면 아세안의 관계는 늘 뒤로 밀린다.

국제관계학 분야에서 활동하고 있는 말레이시아 쿠알라룸푸르 대학교 게타 고빈다사미 Geetha Govindasamy 박사는 이런 상황을 다음과 같이 요약했다.

"한국과 아세안은 기능적이고 상호 유리한 관계를 공유해왔다. 지속 가능한 미래 관계를 위해서는 아세안을 인도-태평양 지역의 한낱 하위의 부분집합과 같은 문제로 다루어서는 안 된다."[4]

한마디로 좀 더 진지하고, 좀 더 상호적이며, 서로 더 많은 협력을 위해 노력해달라는 주문이 아닐 수 없다. 물론 그들은 한국에 이런 말을 '부탁과 당부'로 하겠지만, 우리가 받아들일 때는 '경고'로 받아들여만 한다. 아세안은 이제 미국과 중국에게도 구애를 받은 높은 위상을 가지고 있다. 그리고 시간이 흐를수록, 그리고 세계적인 긴장 질서가 이어질수록 그 위상은 더욱 높아질 수밖에 없다.

아세안 스타트업의
국가 혁신과 삶의 변화

우리가 아세안 국가들을 바라보는 인식이 '휴양지, 낮은 물가, 열대 기후'에 머물러서는 제대로 된 관계를 맺어나가기가 쉽지 않다. 향후 미래를 개척해나가야 하는 동반자 관계라면 더더욱 이런 인식의 한계에서 벗어나야 한다. 한 사회를 바라보는 관점은 다양하지만, 디지털 세계로 패러다임이 전환되는 과정에서 우리는 아세안 스타트업이 무슨 일을 하고 있는지 살펴볼 필요가 있다. 이것은 그저 산의 형태를 바라보는 것을 넘어 산맥을 짚어가며 전체의 양상을 파악하는 것에 비유할 수 있다. 대강 눈으로 훑으면서 이해하는 것과 내부의 구조를 파악하면서 이해하는 것에는 큰 차이가 있다.

한마디로 아세안은 지금 격동의 시간을 보내고 있다. 그 어떤 나라들이 해냈던 것보다 더 빠른 속도로, 더 광범위하게 사회 지형을 바꿔나가고 있다. 금융 서비스의 대중화 소외된 지역의 경제 격차 해소, 일자리 창출이라는 큰 흐름을 중심으로 일상의 편리함과 효율성까지 끌어올리고 있다. 말 그대로 '늑대의 진군'이 아세안 국가들의 모습을 바꾸고 있다고 할 수 있다.

효율성과 편리성 측면에서 '삶의 질'의 향상

우선 살펴봐야 할 것은 '초창기 인터넷 확산의 양상 → 슈퍼앱으로의 발전 → 삶의 질 향상'이라는 맥락이다. 다른 국가에서도 인터넷의 발전이 삶의 효율성과 편리성을 높이는 결과를 낳았지만, 아세안 국가에서는 그 양상이 초창기부터 사뭇 다르게 나타나기 시작했다.

대체로 다른 선진국에서는 PC^{Personal Computer}를 중심으로 인터넷이 확산하기 시작했고, 그다음에 스마트폰, 태블릿으로 확장됐다. 그래서 이메일, 웹브라우징, 검색엔진 등이 먼저 발전했다. 반면 아세안 국민 대부분은 스마트폰을 통해서 처음 인터넷을 접했다. 그에 따라 소셜미디어와 메시지 앱이 먼저 발전하고 있다.

이것은 곧 아세안 스타트업들이 '모바일 우선 전략'을 사용하면서 상당히 개인화된 서비스를 먼저 구축하도록 만들었다. PC는 직장이나 집에서 장시간 동안 복잡한 업무를 수행하는 데 적합하며, 모바일 기기는 일상에서 자주 사용하는 SNS, 쇼핑, 금융 작업에 더 최적화되어 있다. 이동 중에도 사용이 가능하다는 점이 강점이다.

모바일 인터넷은 일상의 한 가운데로 디지털 기술을 급격하게 끌어오는 역할을 한다. 비즈니스 차원에서 기업은 사용자에게 매우 개인화된 접근이 가능해진다. 서비스를 제공하는 기업과 사용하는 개인의 소통이 매우 빨라진다. 기업은 개인에게 최적화된 마케팅을 구사하고 더 많은 상호작용을 이끌어내게 된다.

이러한 배경을 바탕으로 현재 아세안의 스타트업들은 다른 나라보다도 이른바 '슈퍼앱'으로 나아가는 경향을 보인다. 슈퍼앱이란 하나의 앱만으로 여러 분야의 서비스를 함께 이용하는 어플리케이션을 말한다. 휴대폰 하나만 들고도 일상에 필요한 거의 모든 서비스를 활용할 수 있게 해준다.

아세안 최초의 유니콘 기업인 인도네시아의 고젝GoJek은 무려 20여 가지의 서비스를 제공하고 있다. 고페이GoPay, 고푸드GoFood, 고클린GoClean, 고마트GoMart, 고카GoCar, 고라이드GoRide 등이 있다. 이외에도 약품 배달 및 건강 관련 서비스인 고메드GoMed, 휴대전화 요금 충전 서비스인 고플사GoPulsa, 편리하게 마사지사를 호출할 수 있는 고마사지GoMassage도 있다.

미국과 한국에도 이렇게 주변 서비스로 확장해나가는 슈퍼앱이 있다. 카카오톡만 해도 카카오금융, 카카오택시와 대리운전, 카카오 선물하기 등을 함께 운영한다. 하지만 아직 고젝처럼 방대한 서비스를 갖추지는 못했다. 한국에서는 모바일 앱으로 하기 어려운 일은 회사나 집의 PC로 할 수 있지만, 아세안 국가들에서는 일반인의

PC 활용률이 낮기 때문에 자연스럽게 슈퍼앱이 더 큰 역할을 하게 된다.

싱가포르에서 시작된 그랩Grab 역시 마찬가지다. 음식 배달이 나 차량 호출, 쇼핑은 기본에 속하고, 우리나라에서는 볼 수 없는 장애인 및 노인 등을 위한 특별한 차량 호출 서비스인 그랩어시스 트GrabAssist, 그랩의 여러 서비스를 할인된 가격으로 이용할 수 있는 구독 프로그램인 그랩서브스크립션GrabSubscription, 포인트를 적립하 고, 적립된 포인트로 할인이나 혜택을 받을 수 있는 보상 프로그램 인 그랩리워즈GrabRewards까지 존재한다. PC가 없는 환경에서 모바 일로 모든 것을 가능케 하는 아세안 스타트업의 특징이다. 아세안의 디지털 발전은 일상의 혁신적인 변화를 초래하면서 시작됐다. 사회 적 시스템이 제대로 갖춰지지 않은 상황에서 겪어야 했던 여러 불편 함을 모바일을 통해서 해결하게 되고 그 결과 삶의 질과 효율성, 편 리성이 빠르게 향상된 것이다.

사회적 인프라 보완과 금융 포용성 확대

아세안 스타트업의 중요한 특징이 또 하나 있다. 사회적 인프라 문 제의 해결, 그리고 취약 계층을 위한 서비스가 크게 성공했다는 점 이다.

고젝은 역시 인도네시아의 불편한 교통 시스템을 해결하려는 노력에서 시작됐다. 차량 수는 많지만 도로는 좁았고, 교통법 역시 미흡한 부분이 많아 인도네시아 국민은 늘 불편을 감수해야만 했다. 이런 상황에서 생겨난 대체적인 교통수단이 바로 '오젝Ojek'이었다. 거리에 나가서 오토바이 기사와 비용을 흥정하고 원하는 곳까지 빠르게 타고 가는 방식이다. 그런데 여기에도 불합리하거나 불편한 점들이 있었다. 원하는 시간대에 정확하게 주변에 오젝 기사가 있는지도 의문이고, 또 일일이 흥정해야 해서 가격 공정성에 대한 불만도 있었다. 이 점에 주목해 탄생한 고젝은 초창기에는 고객이 전화를 하면 오토바이를 예약해주는 아날로그 서비스에 불과했지만, 이후 디지털의 힘을 바탕으로 급격히 성장했다.

태국에는 유니콘 기업인 어센드머니Ascend Money가 있다. 2013년에 설립된 이 회사는 일반적인 전자 지갑이나 결제 솔루션, 송금 서비스 등을 제공하면서도 취약 계층을 위한 서비스도 빼곡하게 채워 넣고 있다. 가장 대표적인 서비스인 트루머니월렛True Money Wallet은 신용카드와 은행 계좌가 없는 사람들을 위한 결제, 송금, 청구서 납부 등의 금융 활동을 할 수 있도록 돕고 있으며, 금융 소외 계층도 쉽게 접근할 수 있도록 서비스 이용 요금을 낮추거나 거의 무료로 사용할 수 있도록 하고 있다. 또 경제적으로 어려운 사람들도 소액 대출 서비스를 사용할 수 있고, 신용 점수가 아예 없어도 이용할 수 있다는 점이 파격적이다. 또, 해외에 나가 있는 노동자들이 가족들에게 송금을 많이 하는 경향을 반영해 해외 송금 수수료를 대폭 낮춰서 경제적으로 부담을 덜어주고 있다.

이렇듯 금융기관의 신뢰도 부족이라는 사회적 문제를 해결하는 데에서 아세안 스타트업들은 큰 기여를 하고 있다. 대체로 캐나다나 미국 같은 나라에서는 금융기관에 대한 신뢰도가 꽤 높은 편이다. 하지만 아세안 국가들은 이 부분에서 그간 상당한 취약성을 보여왔다. 특히 과거 아시아를 휩쓸었던 금융위기가 은행의 부실 운영에 대한 위기를 키웠다. 1990년대 말레이시아, 인도네시아, 태국, 필리핀 등이 그랬다. 예금 보호에 대한 우려가 매우 컸기 때문에 저축률이 낮아지고 현금 거래를 선호하는 현상이 일어났다. 그러나 디지털 금융을 다루는 스타트업과 유니콘 기업이 대거 등장하면서 이러한 우려가 상당히 사라졌다.

　　가장 대표적인 기업이 베트남의 유니콘 기업인 모모MOMO다. 이 스타트업은 현재 베트남 전자 지갑 시장에서의 점유율은 약 70%에 육박하며 1위를 달리고 있으며 그 선호도가 매 분기 상승하고 있다. 그전까지만 해도 베트남 국민은 은행을 신용하지 않았다. 과거에는 금융 포용도가 30%에 불과했던 시절도 있었다. 모모는 이를 해결하기 위해 상대방의 전화번호만 알면 송금을 할 수 있고 더치페이에도 매우 활용도가 높은 앱을 만들었다.

　　필리핀에서는 G캐시가 유명하다. 이 회사는 아예 '금융 서비스의 민주화'라는 모토를 내세우고 소외된 지역 사회의 경제 격차를 해소하는 데에 주력하고 있다. 사실 펜데믹 이전만 해도 필리핀의 금융 상황은 매우 열악했다. 은행 계좌를 가진 인구는 30%, 신용카드를 가진 사람은 2%에 불과했다. 이런 상황에서 휴대폰만 있으면

G캐시 계정을 만들 수 있도록 해서 누구나 금융에 접근할 수 있도록 했다. 소외 계층을 포함한 540만 명에게 무려 1,550억 필리핀 페소를 지급하기도 했다. 실제로 G캐시 사용자의 90%는 저소득층, 57%는 여성, 74%는 메트로 마닐라 외곽 지역의 사람들이다.

지역 경제 활성화와 일자리 창출

아세안의 스타트업들은 일자리 창출이나 기술의 확보를 통해 국가의 성장 동력을 마련하는 데에도 크게 기여하고 있다. 과거 우리나라에서 산업화가 막 시작되었을 때 삼성, 포항제철, 현대 등 기업이 정부보다 더 혁신적이고 도전적인 자세로 국가의 운명을 끌고 나갔던 것과 마찬가지다.

2021년 태국의 플래시Flash는 물류 분야의 유니콘 기업이 되었다. 물류와 배송은 한 나라의 경제 대동맥을 뛰게 하는 매우 중요한 분야다. 특히 이 분야가 활성화되면 중소기업과 소상공인들의 창업과 성장이 훨씬 효율적으로 가능하다. 큰 비용을 들이지 않고 빠르게 배송을 할 수 있으니 국가 경제가 잘 돌아가게 되고 태국 전 지역 구석구석에 있는 배송 네트워크로 인해서 지역 경제가 활성화된다.

말레이시아에서는 카섬Carsome이라는 유니콘 기업이자 중고차 거래 플랫폼이 이러한 역할을 담당하고 있다. 이 회사는 차량의 매매 과정을 간소하게 하고 신뢰성을 높이면서 경제의 새로운 동력이 되고 있다. 자동차 분야에는 기술자, 영업자, 관리직, IT 전문가 등 다양한 인재들이 필요하다. 따라서 자동차 분야가 활성화되는 만큼 다양한 분야의 일자리가 동시에 늘어난다. 특히 말레이시아 전역의 수많은 중고 딜러들이 활발하게 활동할 수 있어 일자리 창출은 물론 지역 경제 활성화에도 도움이 된다.

베트남에는 VNG가 있다. 최초에는 게임 개발, 배급, 유통, 판매를 하는 게임 퍼블리싱 기업으로 출발했다. 당시 이름인 '비나게임Vinagame'에서 약칭을 따와서 VNG가 되었다. 2004년에 설립되었으며 본격적인 인터넷 기업으로 성장하기 시작했을 때는 2009년이었다. 그때부터 음악, 뉴스, 채팅, 게임 이외에 본격적인 기술 산업으로 진입하면서 베트남의 유니콘 기업이자 대표적인 테크기업으로 완전히 변신했다. 1억 명의 인구 중 7,700만 명이 사용하는 베트남의 국민 메신저 잘로Zalo를 만든 곳도 바로 VNG이다.

세상의 모든 기업은 모두 자신의 이익을 확대하고, 성과를 높이기 위해서 경영을 한다. 그런데 아세안의 스타트업들에게는 또 다른 명확한 사명감과 역할이 존재한다. 이들은 '국가 혁신과 국민 개개인의 삶의 변화'라는 목표 아래 더 나은 세상을 만들어나가는 데 혼신의 힘을 다하고 있다.《사피엔스》의 저자 유발 하라리는 큰 질문의 답을 얻기 위해서는 과거와 현재 미래의 삶을 연결해 볼 수 있는 안목을 키워야 한다고 말했다.

Chapter 2

숨죽이며 미래를 준비해온
아세안의 늑대 군단

전 지구적 질병이 가져온
아세안 경제 체질의 전환?

변증법은 일정한 위기가 또 다른 반작용을 만나 새로운 기회로 전환된다는 의미를 내포하고 있다. 최초의 정正에 대응하는 반反이 충돌하고, 그 결과 새로운 합合이 도출되기 때문이다. 역사학자이자 미국 예일대학교 명예교수인 프랭크 스노든Frank Snowden은 이렇게 말했다. "전염병은 전쟁, 혁명, 경제 위기를 겪는 것 못지않은 강력한 사회적 진화를 가져온다."

14세기 유럽에서 창궐해 최대 2억 명의 목숨을 앗아간 흑사병은 역설적으로 여러 국가의 경제 성장을 견인하고 유럽인들의 삶의 질을 높였다. 수많은 사람이 사망하면서 노동력 부족이 일어났지만, 살아남은 사람들의 실질 임금이 오르고 1인당 GDP도 상승했으며, 이러한 경제적 풍요를 배경으로 결혼 연령도 낮아져서 여성의 지위가 높아졌다. 식단에도 변화가 있었다. 인구가 줄자 곡물 수요량이 줄었고, 그때부터 축산업이 발달하면서 유럽인들은 신선한 고기를 먹으면서 양질의 단백질을 섭취할 수 있었다. 흑사병이 아니면 이뤄낼 수 없었던 '사회적 진화'가 생겨난 것이다. 말 그대로 정-반-합이라는 변증법의 결과가 아닐 수 없다.

2020년 3월부터 시작돼 약 2년 2개월간 이어진 팬데믹 사태도 마찬가지의 결과를 가져왔다. 인류에게 극심한 슬픔과 재앙을 안겼지만, 또 한편으로는 급격한 패러다임의 변화와 사회적 진화를 이뤄냈다. 의학과 생명공학이 발전했으며 원격통신을 가능하게 하는 클라우딩 서비스에 이어 각종 플랫폼 서비스, 핀테크와 전자상거래, 인터넷 동영상 서비스OTT를 발전시켰다. 인공지능 산업도 비약적으로 발전했다. 〈AI 인덱스 리포트 2021〉에 따르면, 2020년 관련 분야 인력 채용률은 지난 2016년보다 평균 2.2배나 증가한 것은 물론, 전반적인 성장세를 견인했다. 코로나19 팬데믹이 전 세계의 4차 산업혁명을 더욱 앞당겼다고 해도 이상하지 않다. 대한민국의 K-컬처가 더욱 확산한 배경에도 바로 팬데믹이 있었다.

아세안 국가들은 상대적으로 낙후되었던 국가의 경제 체질을 확실하게 바꿀 수 있는 티핑포인트를 경험했다. 팬데믹 초기에는 잠시 주춤했지만, 이내 스타트업에 대한 투자금이 쏟아졌다. 2021년 1분기에만 6조 9,000억 원 규모의 투자가 이뤄졌고, 다음 해인 2022년에는 13조 원이 유입됐다. 특히 이 시기에 유니콘 기업 탄생은 압도적인 속도와 규모로 이루어졌다. 스타트업 전문 매체 〈테크인아시아〉의 집계에 따르면 2021년에 탄생한 아세안 유니콘 기업은 24개에 달했다. 전반적으로 경제적, 사회적 인프라의 낙후가 발목을 잡는 상황에서 팬데믹은 아세안 국가들이 디지털의 세계로 빠르게 진입하는 훌륭한 기폭제가 되었다.

그간 아세안 국가들은 '후진국' '저개발 국가'라는 부당한 시선에 갇혀 있었다. 하지만 그들이 꿈마저 포기했던 것은 아니다. 열악한 환경 속에서도 꾸준하게 미래를 준비하던 미지의 늑대들은 팬데믹이라는 폭풍을 겪으며 드디어 어두운 숲에서 뛰쳐나올 수 있는 순간을 맞게 됐다.

아세안 연합체,
그 미지의 세계로 들어가기 위한 초석

한국 사람들에게 '아세안'은 익숙한 개념과 용어가 아니다. 역대 대통령들이 이들 국가와 정상회담을 할 때나 뉴스에 자주 등장할 뿐, 일반인에게는 '동남아'가 가장 대중적인 용어다. 거기다가 실제 해당 국가를 여행하더라도 '아세안'을 경험하기는 쉽지 않다. 이는 마찬가지로 국가 간의 연합체인 유럽연합과는 상당히 다른 부분이다. 유럽 여행을 가본 사람이라면 이들 국가에서 단일한 유로화를 쓰기 여행 기간 내내 '하나의 유럽'을 체감할 수 있다. 하지만 아세안에서는 단일한 화폐가 사용되지 않기 때문에 '아세안'의 개념을 느낄 기회는 더욱 줄어들 수밖에 없다. 이 책의 시작점에서 우선 '아세안'이라는 개념에 대해서 좀 더 정확한 지식을 쌓을 필요가 있다. 도대체

정확하게 아세안은 무엇을 의미하는지, 같은 동남아 지역에 있는 다른 나라들은 왜 가입되어 있지 않은지, 더 나아가 유럽연합과 무엇이 다른지를 알아야 향후 아세안의 미래에 대해서도 제대로 알 수 있기 때문이다. 과거 한국에서는 '동남아시아'라는 표현에 '가난한 관광지'를 의미하는 뉘앙스가 있었던 것도 사실이다. 이와 달리 '아세안'이라고 할 경우 '떠오르는 나라들'이라는 인식이 있기에, 존칭으로서 '아세안'이라는 표현을 주로 사용했다.

동남아시아와 아세안의 차이점

가장 먼저 살펴봐야 할 것은 '동남아시아'와 '아세안'이라는 말의 차이점이다. 두 용어는 태생 자체가 다르다. 동남아시아는 과거 서구열강에 의해서 탄생한 지리적 개념이다. '아시아의 동남쪽에 있는 여러 나라'를 의미한다. 이와 달리 아세안은 여기에 속한 국가들이 자체적이고 적극적으로 하나의 연합체를 결성하면서 의도적으로 붙인 이름이다.

동남아시아와 아세안에는 속한 나라들도 다르다. 앞에서 언급했듯 아세안에는 싱가포르부터 브루나이로 이어지는 10개 나라가 속한다. 동남아시아에는 이들 10개국뿐 아니라 동티모르, 파푸아뉴기니까지 존재하니까 정확하게 '동남아시아 국가'라고 했을 때는 총 12개 나라라고 볼 수 있다.

종종 방글라데시나 스리랑카 역시 동남아시아라고 생각하는 경우가 있다. 지역색이나 사람들의 이미지가 엇비슷하게 느껴지기 때문이다. 하지만 방글라데시는 '남아시아'로, 스리랑카는 '서남아시아'로 분류된다.

그런데 동남아시아 국가인 동티모르와 파푸아뉴기니는 왜 아세안 회원국이 되지 못했는가에 대한 의문이 있을 수 있다. 이 두 국가는 아세안에서 완전히 배제된 것이 아니라 '아세안 옵저버Observer'로 참여하고 있다.[1] 국제기구에서의 옵저버라는 위상은 대체로 표결권을 갖지는 않지만, 각종 현안에 대해 의견을 표명하고 토론에 참여하는 자격이다.

애초에 아세안은 각 나라에 대한 정치, 경제, 사회 문화인 부분에서의 실사 작업을 거쳐 회원국을 선정했다. 그 과정에서 이 두 나라는 자격이 미달했고, 기존 회원국들 사이에 찬반양론이 있어서 완전한 회원국이 되지 않은 상태이다. 동티모르의 경우 경제 협력 역량에 대한 의문이 있었던 것은 사실이다. 아세안은 지난 2022년 11월에 동티모르의 아세안 가입을 본격적으로 승인함으로써 향후 아세안은 11개국과 1개의 옵저버 국가로 운영될 전망이다.

서로 다른 문화적 배경

아세안 연합체에 대해 알아야 할 중요한 것이 '국가간의 구속력'이다. 이 부분에서 아세안과 유럽연합의 성격이 극명히 갈린다. 유럽연합 가입국들은 자신들의 고유한 국가의 주권을 일정하게 유럽연합에 넘겨주어야 한다. 특히 통상정책, 관세동맹, 해양생물자원의 영역은 개별 국가의 주권을 유럽연합에 완전히 위임했다. 이와 관련된 유럽연합의 정책과 법은 강제력을 지니고 있다. 이와 달리 아세안은 '주권의 수호'를 매우 중요하고 핵심적인 규범으로 삼고 있기 때문에 아세안 연합체가 결정하는 제도나 정책은 대개 구속력을 가지지 못한다.

'구속력도 없는 협의체가 무슨 의미냐?'고 반문할 수 있다. 하고 싶으면 하고, 하기 싫으면 안 하는 이런 상태에서는 성과도 지지부진하고, 결속력도 미약하니 힘을 가지지 못한다고 볼 수 있기 때문이다. 하지만 여기에 대해서는 동서양의 문화 차이를 이해해야 한다. 유럽연합에서는 '냉정한 협상'이, 아세안에서는 '부드러운 협의'가 문화적으로 더 중요하게 여겨진다.[2] 실제 1년 동안 아세안 내에서 진행되는 회의는 무려 1,000여 건이 넘는다. 비록 강제권은 없다고 하지만, 끊임없이 소통하고 조율하면서 계속해서 서로의 상충하는 이해를 조절하려고 한다는 이야기다. 반면 유럽연합은 '구속력'을 설정하고 한번 정하면 모두가 따라가는 모양새다.

유럽연합과 아세안은 핵심기구의 선정 방식도 매우 다르다. 유럽연합의 입법기구인 유럽의회는 전체 유럽인들의 선거를 통해 구성되는데, 민주주의적으로 운영되는 것처럼 보이기는 하지만 때로 심각하게 극단적인 선거 결과를 내기도 한다. 물론 개별 국가에서도 이러한 이념적 양극화가 나타날 수 있지만, 국가 간의 연합체에서는 정치적 양극화가 미래에 좀 더 심각한 영향을 미칠 수도 있다.

반면 아세안 운영에 중심적 역할을 하는 의장국은 알파벳 순서로 돌아가면서 맡기 때문에 이념적 양극화가 나타날 가능성이 비교적 적다고 할 수 있다. 다만 정치적인 판단이 들어가는 경우도 있다. 예를 들어 미얀마에서 군사 쿠데타가 발생했을 때, 의장국의 순번에서 제외하는 정도에 그친다.

아세안은 지금 현재보다 앞으로의 미래가 더 기대되는 협의체라고 할 수 있다. 특히 여러 미래 방향 중에서도 '아세안 경제공동체AEC, ASEAN Economic Community'는 회원들 간의 무역 장벽을 지금보다 더 많이 줄이고 단일 시장, 단일 생산기지로서의 발전에 합의했다. 디지털 세상으로의 행진에서도 마찬가지다. 이미 '아세안 디지털 마스터플랜ASEAN Digital Masterplan 2025'이라는 계획이 설정되어 있기 때문에 아세안 내부에서의 인프라 확충은 물론 전자상거래 역시 더 활발해질 것이다. 이뿐만 아니라 2025년까지의 '아세안 역내 금융통합'까지 계획되어 있다. 앞으로 더 많은 금융 네트워크가 형성될 것으로 보인다.

아세안 연합체는 매우 느슨하고 느리게 진행되어왔지만, 그렇다고 부실한 모양새는 아니다. 오히려 더 많은 소통을 통해서 내부적으로는 단단하고 충실한 계획을 세워왔기 때문에 앞으로가 더 기대된다.

팬데믹의 불꽃이 소환해낸
미지의 늑대 군단

전혀 기대하지도 않고 예상하지도 못했던 놀라운 결과가 생기는 경우가 역사적으로 종종 있다. 입력값에 비례하지 않은 전혀 다른 출력값이 나오는 현상이다. 과학자들이 서로의 정보를 공유하기 위해 만든 소규모 프로젝트인 월드와이드웹WWW은 인류의 생활을 근본적으로 뒤집었고, '보이지 않는 세계의 매우 특이한 현상'으로 치부했던 양자역학은 현대 물리학의 패러다임을 뒤집어버렸다. 콩을 심었는데 예상치 못하게 팥이 자란 격이다.

코로나19 바이러스는 실험실에서 연구된 감염병에 지나지 않았다. 하지만 막상 팬데믹이 끝나자 전혀 예상치 못한 신세계가 다가왔다. '디지털 기술이 활짝 핀 세상'이 눈앞에 펼쳐진 것이다. 이는 아세안 국가들에 좀 더 특별했다. 여태까지 추구해왔던 디지털 세계로의 전환에 가속도가 붙었고, 국가의 미래 전망이 더욱 뚜렷해지는 결과를 낳았다. 아세안 국가들에 팬데믹 시대는 오히려 희망적 반전을 불러일으켰다.

미국 석유화학산업 발전의 근원

개인의 인생에서 '맨땅에 헤딩하기'는 도전해볼 만한 일이지만, 한 국가의 산업 발전에서는 거의 불가능에 가까운 일이다. 각 분야의 산업은 연쇄적으로 선순환하면서 발전하기 때문에 기초적인 산업 기반과 특정한 계기가 없는 상태에서 산업 강국으로 도약하는 것은 매우 힘들다.

미국이 오늘날과 같은 산업 강국이 된 것은 제2차 세계대전을 거치면서 석유화학산업 분야에서 앞서나갔기 때문이다. 그전까지는 기초적인 플라스틱 기술로 나일론 스타킹을 만드는 수준에 머물렀지만, 조국과 가족의 생명이 달린 전쟁을 거치면서 기술이 비약적으로 발전했다. 일본의 결정적 항복을 이끌어낸 핵폭탄에도 플라스틱 코팅 기술이 필요했다. 전쟁이 끝난 후 급격하게 발달한 플라스틱 기술은 자동차, 전기 전자, 컴퓨터, 건설 등에 적용되면서 산업 부흥의 시대가 도래했다.[3]

열강의 식민 지배를 경험했던 여러 아세안 국가들에는 기초 산업 인프라를 만들 기회가 없었다. 이후 식민 지배에서 벗어났음에도 정치적 불안정과 각종 내전으로 인해 다시 한번 주저앉아야 했다. 우리가 남북으로 갈려 전쟁을 경험했던 것처럼 베트남, 캄보디아, 미얀마도 엇비슷한 고난을 겪었다. 이에 따라 농업을 기본으로 하면서 천연자원 개발이나 관광에 의존하는 경제 구조가 정착될 수밖에 없었다. 해외 취업한 자국 노동자의 송금으로 겨우겨우 버티는 경우도 많았다.

그러다 발견한 기회가 디지털 기술이었다. 아세안은 1990년대를 기점으로 새로운 변화를 꾀하면서 적극적으로 정책을 추진하고 스타트업에 지원을 시작했다. 그 가운데서 싱가포르가 가장 빠르게 변신하며 큰 성공을 거두었는데, 다른 국가들의 변화는 매우 더뎠다.

사람들의 행동 양식과 사고방식은 빠르게 변하기가 쉽지 않다. 기존에 사용하지 않던 디지털 기술을 새롭게 사용하려면 배울 것도 많고 익숙해져야 하기 때문이다. 그래서 늘 변화는 느리고 천천히 이루어지고 때로는 그 변화에 저항하는 사람들이 생기곤 한다. 그런데 생존의 문제가 직결되면 그때부터는 이야기가 좀 달라진다. '죽고 사는 문제'가 눈앞에 닥치게 되면 굳은 결심으로 변화의 계기가 마련되기 때문이다. 그리고 그때부터는 모든 것이 달라질 수밖에 없다.

아세안 디지털 경제의 확장

코로나19 팬데믹은 전 세계적 대재앙이기는 했지만, 아세안 국가들에게는 디지털 시대로 향하는 고속도로를 닦아주었다. 사람들은 과거보다 더욱 적극적으로 디지털 기술을 생활에 적용하기 시작했고, 벤처 투자자들은 적극적으로 더 많은 돈을 투자했으며, 정부는 더 다양하고 촘촘한 스타트업 지원 정책을 만들어냈다.

디지털 기술의 사용이라는 측면에서는 인도네시아와 태국을 살펴볼 수 있다. 2020년까지도 인도네시아의 인터넷 사용자 수는 1억 7,500만 명으로 적지 않았다. 하지만 2022년에는 2억 2,000만 명으로 늘어났다. 팬데믹 기간을 거치는 동안 순식간에 4,500만 명이 늘어난 것이다. 인도네시아 통계청 BPS이 집계하는 인터넷 사용 가구 비율도 그 상승세는 가팔랐다. 2017년 57.33%에서 2021년 말에는 82.07%로 크게 늘어났으며 특히 팬데믹 기간이 중요한 역할을 했다고 평가하고 있다.

태국은 단계적인 봉쇄정책을 시행하면서 수많은 사람이 새로운 디지털 서비스를 시도하기 시작했다. 모든 디지털 서비스 소비자 중에서 무려 30%가 신규 유입된 사람들이었으며, 이들의 95%가 "팬데믹이 끝나도 계속해서 디지털 서비스를 이용하겠다"고 밝혔다. 또한 팬데믹 이전 태국인들의 하루 온라인 사용 시간은 3.7시간이었지만, 팬데믹 기간에는 4.6시간으로 크게 늘어났다.

'봉쇄정책은 전 세계 모든 나라에 해당하는 일이고, 거의 모든 국가에서 하루 온라인 이용 시간이 늘지 않았냐?'라고 반문할 수도 있다. 하지만 기존에 디지털 서비스가 대중화되었던 나라와 그렇지 않았던 나라 사이에는 분명한 차이가 있다. 예를 들어 한국의 경우 이미 인구 대부분이 온라인을 활용하고 있었기 때문에 그 사용량은 늘어날 수 있어도 디지털을 활용하지 않던 사람이 갑자기 디지털을 활용하는 거대한 물결이 일어나지는 않았다. 따라서 팬데믹이 국가 단위에 커다란 영향을 미칠 수 있었던 것은 아세안이기에 가능했던 일이고, 아세안이라서 의미가 있는 것이기도 하다.

스타트업에 대한 투자 확대의 측면에서라면 베트남을 살펴볼 수 있다. 팬데믹이 한창이던 2021년 베트남은 약 13억 달러(한화 약 1조 5,600억 원)의 투자금을 유치했다. 이는 2020년 대비 약 4배가 늘어난 것이다. 더 중요한 사실은 팬데믹 기간에 기업 투자자들 사이에서는 일종의 '지각변동'이라고 불릴 만한 일이 벌어졌다. 당시의 혼란한 상황에서 기업에 대한 투자를 늘리는 일은 결코 쉽지 않다. 상황이 어떻게 흘러갈지 그 누구도 예상할 수가 없기 때문이다. 따라서 상황을 관망하며 숨을 죽이는 것이 일반적인 투자 패턴이다. 하지만 아세안에 대한 투자 패턴은 완전히 달랐다. 스타트업 정보 플랫폼인 딜스트리트아시아 DealStreetAsia에 따르면, 2020년 4월에서 6월까지 아세안 스타트업에 투자된 금액은 27억 달러(한화 약 3조 2,200억 원)이었다. 지난해 같은 기간에 비하면 무려 91%가 폭증했다.

팬데믹 기간 정부의 적극적인 스타트업 지원이 있었던 곳은 싱가포르다. 싱가포르 정부는 위기 상황이 시작되자 매우 다양한 형태로 스타트업을 포괄하는 기업 지원 프로그램을 내놓았다.

- **SGUnited Jobs and Skills Package**

스타트업들이 인재를 채용할 수 있도록 인센티브 제공.

- **Enhanced Startup SG Founder Programme**

기존 프로그램을 더욱 강화한 창업가 멘토링과 초기 자금 지원.

- **EFS-Venture Debt Programme**

스타트업과 중소기업이 쉽게 대출을 받을 수 있도록 기존 프로그램 지원 확대.

- **Temporary Bridging Loan Programme**

자금 조달이 어려운 스타트업을 대상으로 지속적인 운영 자금을 확보할 수 있는 대출 프로그램 운영.

- **Digital Transformation and Innovation Support**

팬데믹 기간 비즈니스 환경의 변화로 인해 스타트업들이 더욱 빠르게 디지털 전환을 할 수 있도록 자금 지원.

- **Special Situation Fund for Startups**

팬데믹 상황에서 긴급하게 마련된 재정지원 프로그램 운영.

● **Job Support Scheme**

팬데믹 기간에 고용을 유지하는 기업과 스타트업에게 정부가 급여의 일부를 보조하는 프로그램 운영.

싱가포르 정부의 지원책은 매우 종합적이고 다양하게 설계되어 있다. 인재 채용, 고용 유지, 운영자금 확보, 멘토링과 초기 자금 지원 등 무엇하나 빠뜨리지 않고 촘촘하게 지원했기 때문이다.

2021년, 아세안 유니콘의 해

비대면이 만들어낸 이러한 급속한 디지털화는 아세안 디지털 경제의 대폭적인 증가와 유니콘 기업의 증가라는 확실한 결과를 만들어냈다. 우선 디지털 경제Digital Economy란, 디지털 기술의 혁신적인 발전과 더불어 새롭게 창출된 전자상거래, 정보기술IT 산업이 국민경제에 미치는 효과, 정보기술 발달에 따른 노동시장의 변화 등을 총체적으로 지칭한다. 기존의 아날로그 방식으로 창출되는 것은 '실물경제'라고 불린다. 따라서 디지털 경제 규모는 곧 한 국가나 지역의 디지털화를 측정해볼 수 있는 매우 중요한 지표라고 할 수 있다.

구글과 테마섹, 베인앤컴퍼니가 산출한 아세안의 디지털 경제 규모는 2019년에는 990억 달러(120조 원)였고 2020년에는 1,170억 달러(140조 원)이었다. 그러니까 한 해 동안 20조 원 정도만 증가했다는 이야기다. 그런데 2021년에는 무려 49%가 늘어난 1,740억 달러(한화 208조 원)로 급상승했다. 한 해 동안 68조 원이나 늘어난 셈이다.

이뿐만 아니라 팬데믹 기간은 가히 '아세안 유니콘의 해'라고 해도 과언이 아니었다. 2021년에만 18개, 2022년에는 8개가 탄생해 총 26개가 탄생했다. 그 이전까지 아세안에 있던 총 유니콘 기업의 수인 24개를 넘어서는 수치다.

2020년 3월부터 시작된 약 2년 반 정도의 팬데믹 기간. 이 시기에 전 세계에 있는 거의 모든 지역의 축제가 사라지고 사람들은 우울의 깊은 바다에 잠기고 말았다. 그러나 이 시간 동안 아세안 국가들은 새로운 발전의 역사에서 큰 획을 그을 수 있는 '디지털 성장의 축제'를 만들어냈다.

제2차 세계대전이 끝난 후 아세안 국가들은 오랜 기간 '시간이 멈춘 보물과 같은 곳'이라든가 '고대 유적과의 만남' '진정한 휴식을 찾는 신비로운 장소'와 같은 이미지로만 포장되었다. 다소 부정적으로 해석하자면 '산업화에는 엄두도 내지 못하는' '내세울 것이라고 해봐야 자연 밖에 없는' '산업화에 지친 서구인들이 쉬어가는 곳'에 불과하다는 이야기일 수도 있다.

하지만 그간에 진행됐던 아세안 각국 정부의 노력과 팬데믹 기간이 만나 디지털의 불꽃이 튀면서, 이제 아세안은 글로벌 디지털 세상으로 향하는 모든 준비를 마쳤다고 해도 무리가 아니다. 눈빛은 더 빛나고, 이빨은 더욱 날카로운 늑대의 모습으로 말이다.

열악한 상황이었기에
오히려 스타트업이 기회였다

한 사람의 선택을 더욱 잘 이해하기 위해서는 그 선택이 있기까지의 상황과 남모르게 느꼈을 속마음까지 들여다볼 필요가 있다. 겉으로 드러나는 행동만 관찰하는 것과 그간의 사정까지 고려해 다시 생각해 보는 것에는 분명 깊이의 차이가 있기 때문이다. 아세안의 스타트업도 마찬가지다. 아세안이 왜 이렇게 스타트업과 그 생태계에 진심인지를 알기 위해서는 아세안이 처했던 그간의 상황과 속마음을 살펴볼 필요가 있다.

선진국에서 스타트업은 그간의 기술 발전을 이어받아 더 발전할 수 있겠지만, 아세안 스타트업의 경우에는 단순한 성장과 발전에 머무르지 않는다. 그것은 낙오되지 않기 위한 간절한 심정이며 더 나아가 국민에게 새로운 희망을 주는 일종의 '국가 개조 프로젝트'에 해당한다. 이는 1990년대와 2000년대를 거쳤던 우리의 모습과 매우 비슷하다. 산업화 대열의 선두에 서지 못한 상황에서 그 상황을 타개할 유력한 돌파구를 정보화에서 찾았기 때문이다. 특히 스타트업이 아세안에서 하고 있는 실질적인 역할을 살펴본다면, 그들을 바라보는 우리의 시선도 달라질 수 있을 것이다.

아세안이 스타트업을 보는 시선

지금으로부터 30년 전인 1994년 12월. 되돌아보면 이때는 한국의 미래가 바뀌는 매우 중요한 시기였다. 당시 김영삼 정부는 체신부를 정보통신부로 개편하면서 한국의 정보화에 엔진을 달았다. 요즘 사람들에게 '체신부'라는 말 자체가 익숙하지 않겠지만, 당시 우편과 전보를 담당하는 주요 행정기구 중의 하나였다. 김영삼 정부는 시대의 변화에 따라서 이러한 역할이 바뀌어야 한다고 생각했고 이렇게 해서 생긴 정보통신부의 목표는 선명하고 구체적이었다.

국가 사회의 정보화와 정보통신 산업 현황에 대한 정확한 분석을 토대로, 정보통신 분야를 선진국 수준으로 발전시키기 위한 종합적이고 체계적인 계획을 수립한다.

이듬해인 1995년부터는 초고속 정보통신 기반 종합 추진계획이 수립됐고, 이러한 성과를 이어받은 김대중 정부는 2000년 신년사에서 '지식정보강국'을 강조하며 오늘날 한국 디지털 산업의 초석이 깔렸다.

과거 대통령의 이러한 노력은 '시대를 앞서나가려는 지도자의 혜안'이라고 볼 수도 있겠지만, 사실은 절박한 위기의식과 낙오되지 않기 위한 간절한 심정 때문이었다. 1994년 한국을 찾는 마이크로소프트 빌 게이츠 회장을 만난 자리에서, 김영삼 대통령은 당시 정보통신부를 만든 이유를 이렇게 설명했다.

"세계가 급변하는 상황에서 조금만 경쟁에서 뒤처져도 영원히 낙오할 수밖에 없다는 것을 알고 컴퓨터와 정보통신, 그리고 변화와 개혁에 우리가 큰 힘을 기울이고 있다."

당시의 위기의식은 생각보다 강했던 것으로 전하고 있다. 특히 1992년 미국에서의 한 사건이 계기가 됐다. 빌 클린턴 대통령과 엘고어 부통령은 '인포메이션 슈퍼하이웨이information superhighway'라는 것을 주장했다. 일명 '초고속 정보통신망'이다. 당시 청와대에서 일하던 사람들은 이를 하나의 '쇼크'로 받아들였다. 산업화에 늦어 일본의 식민지가 됐던 것처럼, 한국이 또다시 21세기 식민지 처지가 될 수 있다는 위기감이 팽배했기 때문이다.[4]

오늘날 스타트업을 키워나가려는 아세안 국가의 심정은 과거 한국의 처지와 비슷하다. 세계의 선진국들과 바로 옆에 있는 한국의 디지털 발전을 지켜보고 있던 아세안 국가들도 충분히 '쇼크'를 느졌다고 볼 수 있다. 식민지를 거치면서 낙후된 경제와 산업화에 늦었던 열악한 상황, 거기다 정보화, 디지털화까지 늦어지면 영원히 개발도상국의 처지에서 벗어날 수 없다는 위기의식이 작동했기 때문이다. 언제까지 강대국에 휘둘릴 수 없다는 생각에 그들은 스타트업을 통한 국가 개조 프로젝트에 착수했다.

0에서 1이 되는 새로운 창조

선진국에서의 스타트업과 개발도상국에서의 스타트업은 그 위상이 확실하게 다를 수밖에 없다. 선진국에서는 계속되는 발전의 연속 선상에 있는 진화의 단계로 보겠지만, 개발도상국에서는 이제까지의 침체에서 벗어나는 개조의 단계이다. 특히 여전히 농업에 의존하고 있는 경제가 바뀌지 않고, 다수의 인력에 의존해 선진국의 공장 역할을 해야 하는 암울한 상황에서 스타트업은 나라의 위상을 바꿔줄 동아줄의 역할을 할 수 있다.

페이팔 공동 창업자 피터 틸이 주장했던 '제로투원 ZERO to ONE 전략'이라는 관점에서 들여다보면 이를 보다 확실하게 이해할 수 있다. 예를 들어 '0에서 1이 되는 것'과 '1에서 100이 되는 것' 두 가지를 비교해보면 어떤 것이 더 나은 것이라고 보이는가? 언뜻 보기에는 '1에서 100이 되는 것' 훨씬 큰 차이가 있고 많이 진보하는 것처럼 여겨진다. 하지만 더 큰 의미를 지니는 것은 0이라는 완전한 무無

에서 1이라는 새로운 유<ruby>有</ruby>를 창조해내는 것이다.

현재 아세안 스타트업의 상황이 바로 이렇다. 선진국 경제는 이미 수많은 기존 비즈니스 구조가 있기 때문에 무에서 유를 창조하기는 쉽지 않다. '더 나은 것'을 만들 수는 있어도 '없었던 것'을 만들기는 어렵다. 이미 대부분 존재하기 때문이다. 하지만 아세안 스타트업은 다르다. 사회적 인프라는 물론이고 사업적 측면에서도 선진국보다는 뒤떨어진 상태이기 때문에 조금만 새로운 것에 도전해도 그들에게는 '완전히 새로운 것'이 된다.

가장 대표적인 것이 바로 핀테크 산업이다. 개발도상국 국민은 신용카드는 물론 은행 계좌조차 갖지 못하는 경우가 흔하다. 인도네시아의 경우 2023년에도 은행 계좌 보유율은 61%에 불과하다. 다만 베트남의 경우 2020년 50%에서 2023년 기준 87% 정도까지 끌어올렸다.

금감원 통계에 따르면 한국인의 1인당 평균 금융계좌는 무려 11개에 이른다. 이런 상황에서 한국인들에게 '누구나 앱으로 계좌를 개설할 수 있다'고 말하면 어떨까? 심드렁하다 못해 귀찮아할 수도 있다. 그러나 태어나서 한 번도 계좌를 가져보지 못한 농촌 지역 아세안 국민에게는 어떨까? 그들의 경제생활에 천지개벽할 만한 일이 일어나는 것이다. 1에서 100이 되는 것보다 더 의미 있는 0에서 1이 되는 창조가 발생했다고 볼 수 있다.

스타트업은 아세안 국가의 일자리 창출을 위한 가장 확실한 대안이기도 하다. 다국적 회계 컨설팅 기업인 PwC의 추정에 따르면

2035년에는 신기술 스타트업이 싱가포르 GDP의 2% 수준을 담당할 것으로 전망했다. 이는 전체 관광업이 GDP에 기여하는 4%의 절반에 해당하는 수준이다. 또한 싱가포르의 신규 스타트업 일자리 하나당 동남아시아 지역 일자리도 2.5개가량 증가할 것으로 예상했다. 이렇게 스타트업이 만들어내는 일자리는 각 아세안 국가들의 경제 활성화에 큰 도움을 줄 것이다.

외국인 투자 유치 확대

외국인들의 직접 투자라는 측면에서도 스타트업은 국가의 경제 활성화에 크게 기여한다. 한 개인도 그렇듯, 외부에서 투자가 이루어지면 큰 성장의 도약대를 만들 수 있다. 가난한 가정에서 학창 시절을 보내던 학생이라면 대학 등록금을 빌릴 수만 있어도 더 나은 삶을 살 수 있는 기반을 만들 수 있다.

무엇보다 아세안 국가들은 그간 외국인들의 투자를 통해 성장의 기반을 닦았다. 하지만 이렇게 하기 위해서는 매력적인 투자의 요소가 있어야만 한다. 그래서 각국은 제조업이나 서비스업, 석유나 천연가스 등의 자원 부문을 내세워 투자를 받아왔다. 저임금 노동력이 풍부한 인도네시아, 필리핀, 베트남 등은 주로 제조업을 중심으로 투자를 받았고, 소득수준이 비교적 높았던 말레이시아와 태국은 서비스업을 중심으로 외국인 투자를 이끌어냈다.

그런데 그 추이가 이제는 디지털화로 조금씩 옮겨가고 있다. 대표적으로는 베트남을 들 수 있다. 우리 정부가 발행한 〈2021 혁신, 기술 투자보고서〉에 따르면 2021년에만 베트남 스타트업에 대한 투자 자본은 총 15억 달러를 넘어섰으며 이는 2020년 투자 금액인 4억 5,100만 달러의 3배에 해당하는 금액이다. 특히 오는 2025년 디지털 경제가 베트남 GDP의 20%에 이를 것으로 전망되면서 최근 3년간 디지털 기술 관련 스타트업에 대한 투자가 급격하게 늘어나고 있다.[5] 특히 연이어 유니콘 기업들이 탄생하면서 기대감도 한껏 끌어올리고 있다.

아세안에서 스타트업은 무에서 유를 만들어내는 창조의 중심이며, 국민의 삶의 질을 바꾸는 플랫폼이며, GDP 성장의 주요 동력이다. 또, 해외 투자를 이끌어내고 더 큰 수익에 대한 기대를 만드는 희망의 증거로 자리매김하고 있다.

실리콘밸리의 성공 모델과는 또 다른
'아세안 모델'을 위해

누군가를 관찰하고 모방하는 것은 인류의 오래된 생존 법칙이었다. 처음부터 자신만의 방법을 구축하기에는 자원이 너무 많이 들고 리스크도 커지기 때문이다. 진화 생물학 분야의 세계적인 권위자 영국 세인트앤드루스대 케빈 랠런드Kevin Laland 교수는 '자연의 선택은 효율적 모방을 선호한다'고 말한다. 작은 곤충에서부터 바다를 지배하는 대형 고래까지, 그들은 태어나면서부터 먹이, 짝짓기 등에서 모두 모방을 통해서 생존의 길을 찾는다.

오늘날 전 세계에 확산한 스타트업의 생태계와 그들의 성공 방식도 최초에는 모방으로 시작했다. 그 대상은 바로 미국의 실리콘밸리였다. 이곳을 연구했던 많은 전문가, 정부 관계자, 예비 창업자들은 실리콘밸리의 방식이 가장 효율적이라고 생각해왔고, 그것이 각 국가의 생태계 확장에 크게 기여한 것도 사실이다. 그런데 시간이 흐르면서 이러한 일방적인 모방에서 벗어나야 할 시점이 다가왔다. 서구와 아세안의 역사적, 문화적 배경이 다르고 더 나아가 기업 운영과 투자자들의 성향도 다르기 때문이다.

'하이리스크-하이리턴' 문화의 형성

실리콘밸리를 상징하는 키워드들이 있다. '기업가 정신' '혁신' '벤처캐피털' '네트워킹' 등이다. 여기에서 조금 더 확장하면 '빠른 성장' '하이리스크-하이리턴' 등도 꼽을 수 있다. 그런데 이러한 실리콘밸리를 상징하는 말들은 누군가가 의도적으로 지어내고 확산시킨 것이 아니다. 바로 실리콘밸리의 초창기 역사에서 시작된 매우 중요한 사건에서 비롯된 것들이다. 이러한 과거의 한 장면을 살펴보는 것은 오늘날 아세안이 왜 실리콘밸리의 모델과는 다른 길을 가야 하는지 알 수 있게 하는 기회가 된다.

무엇보다 초창기 실리콘밸리의 벤처캐피털들은 높은 실패율을 감수하고도 혁신적인 기술에 대해 과감하게 투자했다.

1970년대 후반 투자자 마이크 마쿨라Mike Markkula는 애플에 25만 달러를 투자했다. 하지만 당시에는 개인용 컴퓨터가 전혀 대중화된 적이 없었고, 창업자 스티브 잡스와 워즈니악 역시 경영 경험이 없었다. 당시 25만 달러는 지금의 가치로 한화 26억 원 정도다. 지금으로 봐도 적지 않은 금액을 불확실한 기업에 투자한 셈이다. 하지만 1980년 애플의 IPO에서 조달한 금액은 무려 1억 달러이다. 지금의 가치로 계산해보면 1조 600억 원 수준이다. '하이리스크-하이리턴'의 가장 전형적인 사례가 아닐 수 없다.

구글도 마찬가지였다. 1999년 구글은 세쿼이아캐피털Sequoia Capital, 클라이너퍼킨스Kleiner Perkins로부터 2,500만 달러(현재 한화 875억 원)를 투자받았다. 그 후 2004년 IPO에서 조달한 금액은 2조 달러(현재 한화 2,890조)였다. 이렇게 놀라운 성과를 달성하는 기업은 시스코, 넷스케이프 등 연달아 생겼다.

결국 이러한 대박의 경험을 했던 초기 투자자와 사업가들에 의해 실리콘밸리의 투자 문화가 형성됐다. 특히 이러한 투자가 가능했던 것은 미국 경제가 꾸준하게 호황을 기록하고 계속해서 성장했기 때문에 가능한 일이라고 할 수 있다. 그러니 사람들은 새로운 기업에 투자할 충분한 준비가 되어 있었고, 그것이 바로 벤처캐피털의 시작이었던 것이다. 또 대규모의 자금이 투자되니, 투자자들은 물론이고 창업자들 역시 매우 빠르게 성장해야 할 열의와 의무감, 그 어떤 위험도 무릅쓰는 기업가 정신을 가질 수밖에 없었다. 그리고 이러한 노력의 과정에서 한꺼번에 기존의 질서를 뒤집을 파괴적 혁신이 단행되었고 결국 하이리스크-하이리턴이라는 공식이 완성됐다. 지금 우리가 알고 있는 대부분의 실리콘밸리를 상징하는 키워드는 바로 이러한 역사를 출발로 탄생했다고 할 수 있다.

주목해야 할 또 하나의 실리콘밸리 투자 문화는 한 곳에만 집중적으로 투자하는 것뿐만 아니라, 소규모의 금액을 여러 곳으로 분산하는 '뿌리고 기도하기Spray and Pray'고 요약할 수 있다. 투자회사가 한 회사당 1억 원 내외의 금액을 30여 개 스타트업에 투자하고 성공을 기다리는 방식이다. 마치 농부가 토양을 잘 모르는 상태에서 일단은 씨를 뿌려보고 어느 곳에서 싹이 잘 자라는지를 기다리는 것과 비슷하다. 문제는 이러한 실리콘밸리의 투자 문화와 풍토, 그리고 사고방식을 일방적으로 아세안에 적용하는 것은 무리라는 점이다.

서로 다른 투자 성향

말레이시아 스타트업 업계에서 매우 중요한 역할을 하고 있는 인물 중에 시바팔란 비베카라자Sivapalan Vivekarajah라는 인물이 있다. 그는 이러한 아세안에는 아세안만의 성공 방정식이 있다고 주장했다. 소위 '아세안 웨이ASEAN Way'를 통해 미래로 나가야 한다는 이야기다. 그는 현장경험과 이론에서 모두 탁월한 인물이었기에 그의 주장을 가볍게 여길 수만은 없다. 20년 이상 기업가 정신 강연의 스타트업 투자에 관여해왔으며 스케일업 말레이시아 액셀러레이터ScaleUp Malaysia Accelerator의 공동설립자이기도 하다. 또한 말레이시아 비즈니스 앤젤 네트워크MBAN의 창립 회장으로도 활동해왔다. 이뿐만 아니라 에든버러대학교에서 벤처캐피털 분야의 박사 학위까지 받았으니, 현장의 경험과 이론적 배경이 탄탄한 인물이라고 평가할 수 있다.

지난 2024년 4월 말에 개최한 '쿠알라룸푸르 20 서밋 2023'의 강연자로 나선 그는 아세안 스타트업의 현황을 말하며 실리콘밸리와는 다른 아세안만의 성장 방식을 찾아야 한다고 말했다.[6] 그 주장의 배경에는 우선 아세안 시장은 금융시장이 발달하지 않아서 대규모의 자금 조달이 쉽지 않다는 점이다. 이 말은 곧 하이리스크-하이리턴이 쉬운 일이 아니라는 의미이기도 하다. 해외 자본에 의한 대규모의 인수 합병이 전혀 없는 것은 아니지만, 국가 내에서, 혹은 지역 생태계에서 인수 합병은 거의 존재하지 않는다고 말했다. 실리콘밸리의 경우 대규모 자금을 투자한 후 다수가 실패하더라도 한두 곳에서 터질 수 있는 대박을 기대한다. 더 나아가 당장 스타트업의 수익이 나지 않더라도 충분히 기다려줄 여력이 존재한다. 그 결과 스타트업은 당장 매출이 없어도 계속해서 인력을 확충하고 회사의 규모를 키워갈 수 있게 된다.

그렇다면 대규모 투자를 할 수도 없고, 그런 투자를 받을 수도 없는 아세안 스타트업들은 어떻게 해야 할까? 해답은 '성장이 느려도 안정적인 수입'이 가능해야 한다. 그래야 투자자들은 안심하고 투자할 수 있고, 스타트업은 계속 투자금을 받아서 사업을 진행하며 더 나은 성장을 꾀할 수 있게 된다.

과도한 리스크를 감당하지 않으려는 투자자의 성향은 전 세계 어느 곳에서나 비슷하지만, 특히 아세안은 정치적 불안정성이 이러한 성향을 더욱 강하게 만든다. 최근에만 해도 홍콩의 민주화 운동으로 인해 일순간 투자 분위기가 급랭으로 돌아선 적이 있다. 이렇듯, 정치적으로 언제 격변이 생길지 모르는 상황에서 당장 수익이 나지도 않는 스타트업에게 꾸준하게 투자할 생각을 가지는 것은 매우 어려운 일이다. 한마디로 실리콘밸리식의 '뿌리고 기도하기'는 성사되기 어려운 일이다.

기초 과학에 기반한 스타트업

리스크 감수의 측면에서는 창업자의 전직도 영향을 미친다고 볼 수 있다. 실리콘밸리의 토대는 엄연히 매우 탄탄한 기초 과학기술을 기반으로 시작됐다.

1939년에 설립된 휴렛패커드 HP는 스탠퍼드대학교에서 전자 공학을 전공한 두 창업자가 실리콘밸리의 창고에서 시작한 기업이다. 처음에는 오디오 오실로스코프 같은 측정 장비를 만들었으며, 이후 컴퓨터와 프린터 등 다양한 전자 기기로 사업을 확장했다. HP의 창업은 실리콘밸리의 기술 창업 붐을 이끈 상징적인 사건으로 여겨진다. 1957년에 창업된 페어차일드 반도체 역시 트랜지스터와 집적 회로 IC를 상업적으로 성공시키면서 큰 성공을 거뒀다. 또한 인텔, 애플, 아타리 등도 모두 자신만의 전문화된 기술에 기반해 성공을 끌어냈다. 자연스럽게 창업자들 가운데 물리학, 기계공학, 금속공학,

광학 분야의 과학자들이 많았다.

이러한 기술 기반의 기업들은 꾸준한 투자가 이루어지면 아이디어 기반의 기업들보다 훗날 크게 성장할 가능성이 높다. 그러니 투자자들의 입장에서는 최소한 그들의 전문성과 이력을 믿고서라도 일정 기간 리스크를 감당할 수 있다.

이러한 전통은 지금까지도 실리콘밸리의 힘의 원천이 되고 있다. 구글의 인공지능인 제미나이Gemini의 개발을 이끈 사람은 구글 딥마인드 공동창업자이자 CEO인 데미스 허사비스Demis Hassabis이다. 그는 신경과학 분야의 세계적인 연구자로 신경망 학습, 강화 학습 이론을 꾸준히 연구해왔다. 특히 그는 유니버시티 칼리지 런던UCL에서 신경과학 박사 학위를 취득했다. 그는 인간의 기억과 상상력에 중점을 두었으며, 특히 뇌의 해마가 의사 결정과 문제 해결에 어떻게 관여하는지에 대한 연구를 진행했다. 이 말은 곧 그가 단순한 개발자나 프로그래머가 아닌, 관련 분야 최고의 과학자라는 의미이다.

오픈AI의 공동창립자이자 훗날 챗GPT 개발에서 주도적인 역할을 했던 일랴 수츠케버Ilya Sutskever 역시 마찬가지다. 그 역시 사업가나 개발자가 아닌 토론토 대학교에서 컴퓨터 과학을 전공하고 신경망과 관련된 연구를 집중적으로 수행해 박사 학위를 받은 인물이다. 이렇듯 실리콘 밸리의 창업자들은 모두 깊은 학문적 이해도를 가진 사람들이라고 할 수 있다.

아세안은 이 부분에서도 다소 차이가 있다. 물론 아세안에서 기초 과학자들이 스타트업 창업에 동참하는 경우도 있겠지만, 역시 선진국과 아세안의 과학 및 기술 격차를 감안한다면 기술 창업에 대한 신뢰도가 높지 않을 수밖에 없다. 상당수 아세안 스타트업들이 전문적인 기술 분야보다는 전자상거래와 핀테크, 이동수단의 호출과 물류, 플랫폼 사업에 집중되어 있는 것도 바로 이러한 이유 때문이다.

실리콘밸리와 다른 아세안만의 성공 방정식은 아직 현지 전문가들 사이에서도 완전히 정립되지는 않은 상태라고 볼 수 있다. 하지만 아세안 스타트업을 지원하는 한국의 정부 관계자, 아세안 지역으로 진출하려는 창업자, 그리고 한국의 투자자들은 이점을 충분히 염두에 두어야만 한다. 기업은 결국 시대와 문화의 산물이기도 하다. 그런 점에서 이제까지 언급했던 관점을 충분히 숙지하면서 아세안 스타트업에 접근하는 방법이 필요하다.

Chapter 3

새롭게 꾸려진
늑대들의 베이스 기지

디지털 시대의 도래와
국가 역할의 대전환

국가의 위상과 역할에 '기술'이 개입하기 시작한 것은 그리 오래되지 않았다. 5,500년 전, 최초의 도시 국가가 생긴 후 통치자들은 나라를 보호하는 역할에 주력했고, 서민들은 각자의 기술로 생계를 유지할 뿐이었다. 고대 그리스 철학자 플라톤은《국가론》에서 이렇게 말한다. "이상적인 국가는 지혜를 가진 철인哲人에 의해 통치되고, 용기를 지닌 전사에 의해 지켜지고, 생산자들이 물품을 제대로 생산하는 체제이다."

생산은 생산자들이 할 뿐이니 국가가 그들의 기술에 개입할 리도 없고, 기술이 국가의 역할에 영향을 미칠 리도 없었다.

18세기 자유주의 정치철학이 제시한 야경夜警 국가론에서도 마찬가지였다. 국가는 최소한의 군사, 치안, 법률적 기능만 행사해야 한다는 그들의 주장에서 생산이나 기술에 국가가 관여할 여지는 전혀 보이지 않는다. 하지만 기술의 영향력이 광범위하게 확산하고 그것이 한 국민의 삶과 부에 영향을 미치는 순간이 된다면, 그때부터는 모든 것이 바뀔 수밖에 없다.

본격적으로 기술이 국가의 역할로 급부상한 것은 인터넷과 모바일의 사용이 늘어난 1990년대의 일이었다. 미국 클린턴 행정부는 '전자정부e-Government'의 개념을 도입하면서 국가의 역할에서 최초로 기술을 화두로 삼았다. 기술을 통해 행정 업무를 통합해 대국민 서비스를 이뤄내고, 더 나아가 국제협력을 위한 필수 인프라를 구축해야 함을 명시했다.

디지털 세계로 나아가는 지금의 시기에 국가의 역할은 더욱 중요해졌다. 벤처기업 열풍을 지나 스타트업이 전 세계의 경제 지도를 바꾸기 시작하면서 국가는 전자정부를 넘어 스타트업의 생태계 도시를 조성하고, 더 나아가 스케일업을 하는 매우 중요한 역할을 부여받았다. 그리고 이러한 역할을 얼마나 잘 해내느냐가 곧 국가의 존속을 좌우하는 일이 되었다.

우리 정부도 일찌감치 국가 주도로 스타트업 생태계를 확립해왔으며, 현재 아세안 국가들 역시 정부가 최선두에서 스타트업의 생태계를 이끌어나가고 있다. 태국의 '태국 4.0', 인도네시아의 '산업 4.0 로드맵', 싱가포르의 '스마트 국가 이니셔티브'가 대표적이다. 싱가포르를 제외하면 아직 부족함이 많지만 최근 들어 대통령이나 왕이 직접 나서는 것은 물론이고 여러 정부 기관이 유기적인 협력 체제를 구축하고 있다.

이제 아세안은 더 이상 관광에 의존하는 나라가 아니며, 선진국의 상품만 만드는 위탁 제조국에 머물지도 않는다. 자체적인 디지털 파워로 세계의 중심으로 약진하고 있다.

싱가포르: 글로벌 경쟁력 1위에 빛나는 스타트업 국가

싱가포르는 인구 592만 명(2024년 기준) 정도인 작은 섬나라이지만 '아시아의 부자나라'라고 할 수 있다. 1인당 GDP는 8만 달러 수준으로 아세안 국가 중 가장 높으며 신용도도 무척 높다. 무디스는 AAA 등급을 전 세계에 14개 나라밖에 주지 않는데, 그중 한 나라가 바로 싱가포르다. 싱가포르는 아세안 국가 중에서도 '넘사벽'이라고 평가할 만하다. 과거 싱가포르는 글로벌 기업 유치와 기업 금융의 중심으로 이름이 높았다. 지금은 선진적인 창업 환경을 제공하고 있어 '동남아시아의 실리콘밸리'라고 불리고 있으며, 아세안에서 스타트업 생태계가 가장 잘 갖추어진 나라다. 싱가포르 스타트업 생태계의 특징은 정부 차원에서 과감하고 혁신적인 지원을 많이 한다는 점이다. 정부는 적극적으로 스타트업의 요구 사항을 들으면서 전체 시스

글로벌 금융 허브 싱가포르의 마리아나 베이 전경.

템을 구축해왔다. 특히 자본, 인재, 파트너와 관련된 네트워크가 집중되어 있기 때문에 생태계가 잘 발전할 수 있는 토대를 구축하고 있다. 2023년 스타트업 블링크**StartupBlink**의 보고서에 따르면 스타트업 생태계의 수준은 동남아시아 1위, 세계 6위의 규모를 자랑한다.

싱가포르 역사와 경제 구조

싱가포르를 관통하는 역사적 키워드가 있다. 바로 그 현대적인 역사가 '무역항'에서 시작했다는 점이다. 1820년대 영국의 동인도회사는 싱가포르의 전략적 위치를 활용해 동남아시아에서의 무역 활동을 확대하려고 했으며, 그 결과 싱가포르는 19세기부터 주요 무역항으로 빠르게 성장했다. 가까이에 있는 말레이시아의 고무와 주석이 특산품이 되면서 싱가포르는 그 물건들을 전 세계로 수출하며 위상을 높였다. 제1차 세계대전에서도 마찬가지였다. 인근 지역의 특산물을 들여오기 위해서는 싱가포르를 반드시 거쳐야 했다.

이러한 역사와 지정학적 위치는 현대 싱가포르의 산업에도 큰 영향을 미쳤다. 국제 해상 무역의 중심지에서는 자연스럽게 금융에 대한 수요가 촉진될 수밖에 없고, 이는 오늘날 싱가포르가 금융 산업을 발전시킨 원동력이 되었다. 또한, 싱가포르는 자연스럽게 외국인에게 매우 개방적일 수밖에 없었다. 인구도 적고 면적도 크지 않은 나라였기 때문에 외국인이 들어오고 나가면서 경제가 활성화되어야 했기 때문이다. 지금도 외화 송금, 주식 매입이 자유롭고 각종 세금도 적은 이유는 바로 이러한 역사적 배경이 있기 때문이다.

이러한 전반적인 문화는 현재의 스타트업 생태계를 발전시킬 수 있는 동력이 되어주었다. 스타트업에 대한 과감한 투자가 이루어지기 위해서는 금융 산업이 뒷받침되어야 하는 것은 물론 많은 해외 인재들이 들어와야 한다. 디지털 시대와 싱가포르의 산업과 개방적인 문화는 매우 궁합이 잘 맞는다. 싱가포르는 어느 순간 스타트업을 위한 나라가 된 것이 아니라, 그 유구한 역사와 문화 속에서 '스타트업 생태계가 잘 발달할 수밖에 없는 나라'였던 셈이다. 그리고 이러한 성과에는 싱가포르의 정치 지도자들의 역할을 빼놓을 수 없다.

리콴유와 리셴룽을 잇는 새로운 정치 지도자

싱가포르는 1965년 말레이시아에서 독립한 이후 현재까지 인민행동당PAP이 장기 집권하고 있다. 하지만 장기 집권이라고 해서 무조건 부정적으로 생각할 필요는 없다. 인민행동당은 체제의 안정성을 보장하고 정부의 경제 발전 정책을 일관되고 꾸준하게 추진할 수 있는 정치적 배경이 되어주었기 때문이다.

사실 독립 초기의 싱가포르는 그다지 보잘것없는 나라이기도 했다. 오랜 식민지 시절을 겪었으니 자체적인 경제 기반이 약했던 것은 물론이고, 천연자원도 현저하게 부족한 섬나라였기 때문이다. 만약 이런 나라에서 이념적으로 분쟁이 발생하고, 정권이 엎치락뒤치락 계속해서 뒤바뀌는 일이 있었다면 장기적인 발전이 주도적으로 이뤄지기는 쉽지 않았을 것이다. 하지만 다행히도 초대 총리 리콴유李光耀의 지도 아래 독립과 경제 발전을 주도할 수 있었으며, 그의 지도력은 국가의 안정성과 발전을 상징하는 것이라고 할 수 있다. 특히 이 과정에서 싱가포르에서는 '정부의 강력한 개입'에 그다지 거부감이 없는 문화가 형성됐다. 그도 그럴 것이 리콴유의 지도 아래에서 싱가포르는 경제적으로 크게 성장, 발전해왔기 때문이다. 특히 주택, 의료, 교육 등 다양한 공공 서비스에서 높은 수준의 서비스를 제공해왔으며, 그 결과 국민은 정치 체제와 지도자들을 신뢰하고 있다. 특히 1990년대 이후 총리직을 물려받은 리콴유의 맏아들 리셴룽李顯龍 총리 역시 큰 공헌을 했다. 그가 20년간 집권하면서 싱가포르의 1인당 GDP는 두 배로 늘어 8만 달러 수준에 이르렀다.

정부의 강력한 개입은 스타트업 생태계에도 고스란히 반영되어 있다. 전 세계의 모든 국가가 디지털화를 위해서 정부가 강력한 지원을 하기는 하지만, 싱가포르는 국가 주도의 산업 발전이 애초부터 체질화되어 있다는 점에서 정부의 주도권을 더욱 능숙하고 유연하게 잘 발휘할 가능성이 있다.

이제 앞으로 싱가포르 경제를 책임질 사람은 지난 2024년 5월 취임한 로런스 웡黃循財 총리다. 흔히 새로운 지도자가 등장하면 그에 따라 각종 정책이 바뀔 것으로 예상하곤 하지만, 싱가포르는 그런 공식이 잘 통하지 않는 나라다. 일단 총리의 선출 과정 자체가 철저한 엘리트주의와 능력주의로 이루어지고 있으며, 매우 철저한 내부 검증을 거친다. 로런스 웡 총리 역시 그간 싱가포르 정부에서 오랜 시간 검증의 시간을 거쳤다. 그는 리셴룽 총리의 수석 보좌관 출신으로 문화·공동체·청년부, 교육부, 국가 개발부 장관, 재무장관, 부총리 등을 맡았다. 그런 점에서 경제 정책은 물론이고, 스타트업 생태계에서 과거 총리 시절의 흐름에서 크게 벗어날 것으로 보이지는 않는다.

국가 주도의 스타트업 생태계

싱가포르 스타트업 생태계가 역동하기 시작한 때는 2014년이다. 당시 정부는 '스마트 국가Smart Nation'를 비전으로 내세우며 디지털 혁신을 통해 경제, 사회, 정부 서비스 등을 현대화하고 스마트 도시 인프라를 구축하는 것을 목표로 설정했다. 당시부터 추진했던 대표적인 프로젝트는 도시 전역에 센서를 설치해 교통 흐름, 환경, 공공 안전 등을 실시간으로 관리하는 스마트 국가 센서 플랫폼Smart Nation Sensor Platform과 시민들이 온라인으로 간편하게 신원 인증을 할 수 있도록 돕는 국가 디지털 신분증National Digital Identity 등이었다. 그뿐만 아니라 모든 계층의 시민이 디지털 기술의 혜택을 받을 수 있도록 디지털 교육을 제공하는 포용적 디지털 사회를 위한 여러 토대를 갖추기 시작했다.

현재 추진하고 있는 싱가포르 스타트업 생태계 발전의 기본적인 방향은 '혁신과 지속 가능성'이라고 요약할 수 있다. 첨단 기술인 인공지능, 블록체인, 핀테크, 바이오테크, 헬스테크 등 다양한 기술 분야에서의 혁신을 촉진하며, 이들 산업이 경제 성장의 주요 동력이 되도록 지원한다는 의미이다. 또, 작은 섬나라라는 한계를 극복하고 그 효율성을 극대화하기 위해서는 '지속 가능한 성장'이 매우 중요하다. 따라서 친환경 기술, 재생 에너지, 스마트 도시 솔루션 등 지속 가능한 기술을 개발하는 스타트업에 인센티브를 제공하고, 이를 통해 기후 변화 대응 및 ESG 관련 목표를 달성하려는 목표를 가지고 있다. 또 하나 추가할 것이 있다면 바로 '스타트업 생태계의 글로벌 허브'를 추진하고 있다는 점이다. 싱가포르는 애초부터 '무역과 금융의 허브'를 통해 성장한 나라이니, 미래 디지털 사회를 맞이하면서 스타트업에 있어서도 허브가 될 수 있으며, 막대한 자본력이 이를 뒷받침해 줄 수 있다.

현재 싱가포르 스타트업 생태계를 주도하는 정책은 바로 '스타트업SG **Startup SG**'이다. 여기에는 액셀러레이터, 대출, 투자, 인력, 인재 육성, 글로벌 역량 강화, 인턴십, 자금 지원, R&D 등 거의 모든 생태계에 필요한 내용이 체계적이고 일관되게 포함되어 있다.

이러한 꾸준한 노력과 투자 결과 스타트업 생태계는 매우 잘 발달해 있으며 '세계 경쟁력 지수'에서 2017년부터 2021년까지 꾸준하게 TOP 5에 들었다. 또한 싱가포르는 자본-인재-파트너 네트워크가 집중되어 있기 때문에 일종의 '비즈니스 허브'로서의 역할을 톡톡히 해내고 있다.

또 하나 주목할 점은 스타트업에 '진심'이라고 할 수 있는 정부기관 공무원들의 적극적인 태도이다. 2020년 말 싱가포르에서는 세계 최초로 '실험실 배양 대체육'의 판매를 허용했다. 이는 미국보다 3년 정도 빠른 것이다. 이러한 발 빠른 정책으로 인해 적지 않은 글로벌 대체육 스타트업들이 싱가포르로 본사를 옮기거나 지사를 설립했으며, 싱가포르 시장을 테스트베드로 활용하고 있다. 이 과정에서 주목해야 할 것은 싱가포르 공무원의 업무 태도였다. 그들은 당시 해외 대체육 관련 스타트업과 정책 수립을 위한 세미나와 개별 미팅을 했는데, 그것을 일회적으로 끝내지 않고 꾸준히 연락하고 후속 조치를 취함으로써 자국 유치를 성공적으로 이끌어냈다. 주어진 일만 해내면 된다는 마인드가 아니라, 스스로 산업을 선도하는 리더의 자세로 일을 했기 때문에 가능한 일이라고 할 수 있다. 싱가포르에서 활동하는 한 한국계 액셀러레이터의 관계자는 "싱가포르는 할수 있는 것과 할 수 없는 것이 명확하게 공시되어 있는 나라이다. 그래서 창업자와 관계자의 빠른 의사 결정에 큰 도움을 준다"는 말을한 적이 있다.[1]

싱가포르 창업의 전진기지, 엔터프라이즈 싱가포르

싱가포르 스타트업 생태계를 이끌어나가는 주요 기관은 정부 산하의 '엔터프라이즈 싱가포르Enterprise Singapore'이다. 이곳은 싱가포르의 중소기업SME 및 신생 기업의 성장을 지원하고 해외 시장으로의 확장을 촉진하는 역할을 하고 있다. 2018년에 설립된 이후 싱가포르 경제 개발청EDB과 중소기업진흥기관SPRING Singapore을 통합하면서 새롭게 출범했다.

이곳에서는 해외 시장 진출 촉진과 수출 지원을 통해 싱가포르 기업의 성장 및 국제화를 지원하고 있으며, 기술 혁신 및 디지털화를 지원해 기업의 역량을 강화해준다. 또한 인큐베이터 및 액셀러레이터 프로그램을 운영하고, 창업 초기 자금과 멘토링을 제공한다. 또한, 글로벌 스타트업과의 협업 및 네트워킹 기회를 제공하여 혁신적인 기술과 아이디어를 싱가포르에 유치하는 데 힘쓰고 있다. 이뿐만 아니라 기업들의 글로벌화에도 많은 도움을 주고 있다. 산업 네트워크와 협업을 통해 기업 간 협력과 정보 교류를 촉진하고, 국제적인 파트너십을 통해 싱가포르 기업들이 글로벌 시장에 더 효과적으로 진출할 수 있도록 돕고 있다. 이를 통해 기업들은 새로운 기회를 창출하고, 다양한 산업 분야에서의 성장을 촉진할 수 있다.

또 싱가포르에는 원노스 구역에 위치한 '블록71'이 중요한 스타트업 허브 중 하나로 자리 잡고 있다. 이곳에는 아시아 전역에서 혁신적인 스타트업들이 몰려들고 있다. 블록71은 원래 산업 단지였는데 현재는 싱가포르 정부와 여러 대학, 기업이 협력하여 스타트업 인큐베이터로 변모시킨 공간이다. 이곳은 특히 싱가포르국립대학교NUS의 지원을 받아 설립되었으며, 다양한 벤처 캐피털, 인큐베이터, 액셀러레이터들이 모여 있다. 여러 글로벌 기업들도 이곳에 입주해 스타트업과 협력하고 있으며, 투자자와 창업가들 간의 네트워크가 활발하게 형성된다. 블록71은 혁신적인 기술 스타트업을 육성하기 위한 프로그램과 지원을 제공하며, 아시아에서 가장 영향력 있는 스타트업 허브 중 하나로 성장해왔다.

현실적인 문제점

아세안 국가 가운데 유일한 선진국이면서 GDP 8만 달러에 빛나는 글로벌 국가 싱가포르도 국가 경제의 미래가 스타트업에 있다는 인식을 두고 일찍부터 힘을 쏟아왔다. 하지만 나름 속사정이 있는 게

현실이다.

향후 싱가포르 스타트업 생태계의 현실적인 문제점과 평가는 다음과 같다.

첫째, '내수 시장의 한계'가 있다. 싱가포르는 인구 약 600만 명의 작은 내수 시장을 가지고 있어, 스타트업이 초기 단계에서 충분한 고객 기반을 확보하기 어렵다. 이는 스타트업이 빠르게 성장하려면 해외 시장으로 확장해야 한다는 부담을 가중한다. 동남아시아 시장으로 확장이 필수적이지만, 각 나라의 규제와 문화적 차이, 경쟁 등으로 인해 진출이 쉽지 않다.

둘째, '높은 운영 비용'이다. 싱가포르는 높은 생활비와 임대료로 인해 스타트업 운영 비용이 매우 높다. 특히 사무실 임대료와 인건비가 초기 단계 스타트업에게는 큰 도전 과제가 된다. 비용 문제는 자금을 효율적으로 활용하는 데 제약을 가하고, 글로벌 경쟁력을 약화할 수 있다.

셋째, '숙련된 인재 부족'이다. 싱가포르는 글로벌 인재를 유치하기 위해 노력하고 있지만, 여전히 특정 기술 분야(인공지능, 데이터과학, 블록체인 등)에서 숙련된 인재가 부족하다. NUS, NTU, SMU 등 수많은 글로벌 대학이 밀집해 있어 차세대 인재 육성을 적극적으로 하고 있긴 하지만, 숙련된 외국인 노동자에 대한 비자 규제가 강화되면서 해외 인재를 유치하거나 유지하는 데 어려움이 커지고 있다. 이는 스타트업이 필요한 기술 인력을 확보하는 데 장애가 된다.

넷째, '초기 단계 스타트업에 대한 투자 부족'이다. 싱가포르는 동남아시아에서 가장 큰 투자 허브 중 하나이지만, 투자자들은 주로 성장 가능성이 높은 중후기 단계 스타트업에 집중하는 경향이 있다. 초기 단계 스타트업(특히 딥테크, 바이오테크 등 장기적인 연구가 필요한 분야)은 자금 조달에 어려움을 겪고 있다. 이는 혁신적인 아이디어의 상업화를 저해할 수 있다.

다섯째, '글로벌 경쟁 심화'다. 싱가포르는 동남아시아 스타트업 허브로 자리 잡았지만 인도네시아, 베트남, 태국 등 주변 국가들의 스타트업 생태계가 빠르게 성장하고 있다. 이들 국가는 더 큰 내수 시장과 낮은 운영 비용을 강점으로 내세우며 싱가포르와 경쟁하고 있다. 글로벌 투자자들이 싱가포르 대신 다른 동남아 국가로 눈을 돌릴 가능성이 커지고 있다.

여섯째, '정부 주도 생태계의 한계'다. 싱가포르 스타트업 생태계는 정부 주도의 지원 프로그램과 정책에 크게 의존하고 있다. 정부 지원이 지나치게 관료적이거나 특정 산업에 집중될 경우, 생태계의 다양성과 자율성이 제한될 수 있다. 또한, 정부 지원이 줄어들거나 방향이 바뀔 경우, 스타트업 생태계가 위축될 가능성도 있다.

일곱째, '혁신의 한계'다. 싱가포르는 효율성과 실행력에서 강점을 보이지만 혁신적인 아이디어를 창출하는 데 있어 상대적으로 약하다는 평가를 받는다. 창업 문화가 위험 회피적이고 안정성을 중시하는 경향이 있기 때문이다. 글로벌 시장에서 경쟁하려면 더 창의적이고 파괴적인 혁신이 필요하지만, 이러한 문화적 요인이 이를 저해할 수 있다.

여덟째, '동남아시아 시장의 복잡성'이다. 싱가포르 스타트업은 동남아시아 시장으로 확장하려는 경우가 많지만, 각국의 규제, 언어, 문화, 소비자 행동의 차이로 인해 진출이 쉽지 않다. 특히, 인도네시아, 베트남 등은 규제 환경이 복잡하고, 현지 네트워크와 파트너십이 없으면 시장 진입이 어렵다.

결론적으로 싱가포르 스타트업 생태계는 강력한 인프라와 정부 지원, 글로벌 허브로서의 위치를 기반으로 성장하고 있지만, 내수 시장의 한계, 높은 운영 비용, 인재 부족, 그리고 글로벌 경쟁 심화와 같은 문제들이 지속적으로 도전 과제로 작용할 것으로 보인다. 이를 해결하기 위해서는 초기 단계 스타트업에 대한 투자 확대, 글로벌 인재 유치 정책 강화, 그리고 동남아시아 시장 진출을 지원하는 디테일한 전략적 접근이 필요하다.

다만 이러한 문제점에도 불구하고 지금까지의 성과를 기반으로 싱가포르는 미래에도 강력한 스타트업 생태계를 가진 국가의 위상을 유지할 가능성이 크다. 특히 싱가포르를 찾는 많은 관계자는 '국가 전체가 스타트업이다'라는 표현을 하곤 한다. 지금까지 이뤄진 제도, 투자, 인력 등을 기반으로 앞으로도 전 세계의 디지털 산업을 이끌어가는 중심에 설 수 있을 것으로 보인다. 중국의 정치, 경제 격변으로 인해 홍콩과 상하이 기업들이 싱가포르로 이전하고 있는 것도 큰 호재다.

베트남: MZ 세대만 5,000만 명, 아세안의 가장 뜨거운 라이징스타

베트남의 인구는 1억 77만 명(2024년 기준)이며, 지난 10여 년간 경제 성장률이 무려 6~7%에 이른다. 이러한 결과로 국제통화기금IMF은 지난 10년간 가장 빠른 경제 성장을 기록한 20개국 중 하나로 베트남을 꼽고 있다. 특히 1, 2차 산업이 전체 GDP의 50%에 육박하면서 전체적인 성장의 견고한 토대를 이루면서 다양한 산업들이 동반 성장하고 있으며, 디지털 경제에 대한 강력한 정부의 의지로 앞으로도 꾸준한 성장이 예상된다. 또한 베트남 정부는 신성장 동력으로 디지털 경제를 강조하며 통신, 정보기술, 디지털 전환, 데이터 등 분야에서 협력 증진을 위한 노력에 박차를 가하고 있다. 이에 2030년까지 '디지털 선도국가'를 목표로 한다.[2]

이러한 베트남의 여러 노력은 세계적으로도 인정받고 있다.

2022년에 발표된 〈US뉴스&월드리포트〉에 따르면, 동남아에서 가장 강력한 국가로 각각 싱가포르와 베트남이 1, 2위를 차지하고 있다.

또한 높은 교육 수준을 자랑하고 정부 역시 매우 적극적인 의지를 가지고 투자를 하고 있어 향후 디지털 경제의 확산에 매우 유리한 위치라고 할 수 있다. 특히 정부는 자국의 스타트업 활성화는 물론, 이들 스타트업이 해외로 진출하는 것에도 많은 지원을 하고 있다. 벤처캐피털 업계에서는 베트남을 '동남아의 라이징스타'라고 평가할 정도로 미래의 발전 가능성을 높게 보고 있다.

베트남 역사와 경제 구조

베트남은 고대부터 중국의 영향 아래에 있었으며 약 1,000년간 중국 한나라의 지배를 받기도 했다. 그러면서 한자와 유교 사상을 받아들였다. 근대에는 프랑스의 식민 지배를 받았고, 이어 일본에 점령을 당하기도 했다. 이후 우리도 잘 아는 베트남 전쟁이 20년 동안 벌어졌다. 이러한 혼란과 분열 속에서 베트남 경제는 한동안 꽤 고전을 했다. 가까운 나라인 태국과 비교도 할 수 없을 정도로 낙후됐고, 많은 베트남인이 태국으로 일자리를 찾아서 떠났을 정도였다. 하지만 이러한 곤란함 속에서도 베트남은 시장 경제를 일부 허용하며 본격적인 개방 정책을 추진하게 됐다.

특히 1986년부터 시작된 일명 '도이머이Doi Moi, 쇄신' 정책이 진행되면서 여러 분야에서 급격한 산업 발전이 이루어지기 시작했다. 베트남의 경제 발전은 여타 아세안 국가와는 조금 다른 양상을 보인다는 점이 특징이다. 우선 주요 국영기업들이 디지털 전환의 선두에 서 있다. 비엣텔 Viettel과 비나폰 Vinaphone과 같은 대형 통신사들이 5G 인프라 확장과 인공지능, 스마트 시티, 스마트 제조 분야에서 혁신을 이끌고 있다. 다른 아세안 국가의 국영기업들이 대체로 전통 산업 분야에 머물러 있는 것과는 대조적이다. 또한 기존 제조업이 빠르게 디지털화되고 있는 것도 특징이다. 그간 베트남은 글로벌 기업들의 저비용 생산기지 역할에 머물러왔다. 하지만 이제 인공지능과 사물인터넷을 기반으로 자동화 기술을 도입하면서 베트남은 '디지털 제조 허브'로의 도약을 꿈꾸고 있다.

또한 농촌 지역으로의 디지털 경제 확산도 주목할 만하다. 대체로 아세안 지역의 농촌은 디지털 사회에서 배제된 경우가 많다. 하지만 베트남의 경우 농촌 지역에서 전자상거래가 확산되고, 농촌 지역의 소상공인들이 디지털 플랫폼을 통해 도시 시장에 진출할 수 있는 기회가 주어지고 있다.

이러한 경제적 성과는 향후 베트남의 경제 성장에 청신호로 작용하고 있다. 2024년 영국 싱크탱크 경제비즈니스연구센터 CEBR의 보고서에 따르면, 베트남의 2023년 GDP는 세계 34위였으며, 2033년에는 24위, 2038년이면 21위의 경제 대국이 될 것으로 예상된다. 이는 향후 베트남 경제가 어느 정도 발전할 수 있는지를 가늠하게 한다. 특히 이러한 발전은 미-중 무역 분쟁으로 글로벌 기업들이 중국 의존도를 낮추기 위해 공급망 다각화에 나선 덕분이기도 하다.

정치 지도자 응우옌푸쫑의 대단한 성과

베트남은 공산당 일당 사회주의 국가이기 때문에 권력을 잡은 지도자의 생각과 비전이 국민의 경제와 생활에 직접적인 영향을 미칠 수밖에 없다. 그간 베트남 권력 1인자는 응우옌푸쫑**Nguyễn Phú Trọng** 당 서기장이었다. 그는 2011년부터 2024년 7월 사망할 때까지 무려 13년 동안 국가 최대 권력자로서 베트남 경제를 이끌어왔다. 이후 2024년 또럼**To Lam** 신임 당 서기장이 임명됐다. 하지만 과거 응우옌 서기장의 역할이 워낙 컸다는 점, 그리고 공산당의 특성상 과거의 정책들이 순식간에 변화되지 않는다는 점에서 응우옌푸쫑의 성향과 정책을 알아보는 것이 베트남의 미래를 살피는 데에 더욱 적절하다고 할 수 있다. 가장 중요한 점은 응우옌 서기장이 가졌던 과학기술에 대한 절대적인 지지와 노력이 오늘의 베트남 경제 발전은 물론이고 스타트업 생태계의 성장에 큰 기여를 했다는 것이다.

2010년까지만 해도 베트남 공산당은 과학기술이 베트남의 실질적인 사회적, 경제적 발전의 목표와 밀접하게 연결되지 않았다고 판단했다. 따라서 경제 발전의 원동력으로 작동하지 못했다고 여겼다. 특히 과학기술에 대한 투자도 낮고 기술 수준 역시 뒤떨어진다고 판단했다.

응우옌 서기장은 이때부터 '지속 가능한 경제 발전의 원동력을 구축하기 위해 과학기술의 혁신과 발전'에 방점을 두며 주요 업무 과제를 설정했다. 이렇게 해서 제11차 전당대회부터, 12차, 13차 전당대회 내내 과학기술을 최고의 국책 사업으로 추진했으며 베트남 경제의 중요한 원동력이 될 수 있도록 지시했다. 그 결과 10년에 걸친 집중적인 투자가 베트남의 국가 잠재력을 끌어올릴 수 있었다. 특히 이 과정에서 스타트업 생태계가 대폭 향상됐다. 15개 이상의 기술 거래 플랫폼이 생겼고, 50개의 과학기술 인큐베이터가 만들어졌다. 또 40개의 벤처캐피털, 30개의 비즈니스 인큐베이터, 10개의 비즈니스 진흥 기관이 투자를 했고, 그 결과 3,000개 이상의 스타트업 기업이 만들어졌다. 첨단 제품의 수출 비중도 2010년 19%에서 2020년 50%까지 늘어나는 눈부신 성과를 거두었다.[3]

다만 향후 베트남 스타트업과 관련해서 두 가지 염두에 두어야 할 점이 있다. 신임 또럼 당 서기장의 등장과 함께 일정한 변화가 감지되고 있다는 것이다. 또럼 당 서기장은 공산당이 강조하는 '통제와 규제 강화'에 대한 지향성을 보인다는 점이다. 이는 경제의 주안점을 성장이 아닌 분배에 중점을 둘 가능성이 있다는 의미다. 그 결과 2024년 7월 현재 비즈니스 환경이 악화하고 있으며, 디지털 경제로의 전환과 혁신 등과 관련해 베트남의 향후 정책에서 경제나 과학기술의 중요성이 낮아질 가능성도 제기되고 있다. 이는 결과적으로 외국인 투자자와 정부 관계자의 정치적, 경제적 불안감을 가중할 것으로 예상된다. 특히 응우옌 서기장의 사망 이후, 과학기술과 경제 전문가들이 정치권에서 밀려났다는 점도 우려를 더하고 있다. 당 서기장의 임기는 총 5년이지만, 정치적 상황에 따라 얼마든지 연임을 할 수 있다. 그런 점에서 2024년 또럼 당 서기장의 임명은 최소한 2029년까지 베트남 경제 및 스타트업의 향배를 가늠할 수 있는 단서가 될 수 있다.

베트남 생태계를 총괄하는 기획투자부 국가혁신센터

현재 베트남의 창업 생태계는 수도인 하노이와 경제 중심지인 호찌민을 중심으로 빠르게 발전해나가고 있다. 이 두 도시는 베트남 창업 생태계의 두 축을 이루고 있다. 하노이는 정치적, 행정적 중심지로서 주요 국가 기관 및 연구 기관들이 위치해 창업 인프라와 네트워크가 잘 구축되어 있다. 한편 호찌민은 상업과 무역의 중심지로 다국적 기업과 벤처 캐피털이 집중되어 있어 스타트업이 투자 유치와 네트워크 확장을 도모하기에 유리한 환경이다.

베트남 스타트업 생태계를 총괄하는 곳은 기획투자부 국가혁신센터NIC, National Innovation Center이다. NIC는 2019년 10월 설립 이후 국가 혁신 생태계의 핵심이 되었으며 국가, 기업, 교육 기관, 연구센터, 금융 및 육성 지원 기관 간의 가교 역할을 하여 베트남의 혁신을 선도, 구축 및 개발하고 있다. 특히 산업 혁신과 기술 발전을 촉진하고

호아락 하이테크 파크에 있는 베트남 기획투자부 국가혁신센터 NIC.

글로벌 경쟁력을 강화하기 위해 기술 창업 생태계를 지원하고, 디지털 경제와 스타트업을 통해 혁신적인 비즈니스 모델을 장려하는 데 초점을 맞추고 있다. 또한 베트남 내외의 주요 기업과의 협업을 통해 기술 및 인프라, 투자 유치, 연구 개발 등 여러 면에서 지원을 제공하며, 베트남의 성장과 혁신을 위한 핵심적인 역할을 수행한다.

더불어 NIC는 하노이 도심 외에 호아락 하이테크 파크**Hoa Lac Hi-Tech Park**에 총면적 2만 제곱미터의 신규 센터를 건립하고 글로벌 기업 및 국제 기관과 협력하여 베트남의 기술 및 스타트업 생태계를 국제적으로 연결하는 데 주력하고 있다. NIC의 시급한 과제는 스마트 제조, 스마트 시티, 디지털 통신, 사이버 보안, 환경, 헬스케어, 반도체, 수소를 포함한 9개의 우선 기술 산업을 형성하는 것이다. NIC가 반도체 산업의 인적 자원을 개발하기 위한 교육 프로그램을 관리하는 임무를 통해 향후 2050년까지 최소 5만 명의 훈련된 반도체 엔지니어를 확보해 국내외 시장 수요를 충족하는 데 주력하고 있다. 이를 통해 NIC는 베트남이 아세안 지역의 혁신 허브로 자리 잡는 데 중요한 핵심축으로 자리 잡고 있다.

NIC에서 만난 도 티엔 틴**Do Tien Thinh** 부원장은 기술, 인문, 예술을 넘나들며 NIC를 이끄는 혁신가이자 '베트남 미래를 그리는 다빈치'이다. 하노이 NIC 청사 내 한국의 넥스트챌린지 아세안 랩스를 개소한 것은 도 부원장의 철학과 나의 철학의 방향성이 비슷하고, 그가 한-베트남의 실질적인 협력을 원했기 때문이라고 생각한다. 넥스트챌린지재단은 2016년 첫발을 내딛은 후 8년 동안 예산 낭비와 일회성 진출 프로그램을 지양하고, 밀도 있고 실효성 있는 글로벌 진출 지원과 베트남 스타트업들의 한국 진출을 돕고 있다. 특히 NIC와 넥스트챌린지재단, 그리고 베트남 정보통신부 국영기업인 VTC online의 끈끈한 관계를 통해 한-베트남 POC(실증) 시그니처 프로그램을 활성화하고 있다. 이를 통해 한국 스타트업에게는 검증된 파트너와 함께 우수한 POC 프로그램을 제공할 수 있게 됐다.

또한 베트남에는 스타트업과 혁신 생태계를 지원하기 위해 설립된 과학기술부 산하 국가창업지원센터인 NSSC**National Startup Supporting Center**가 있다. 베트남 전역의 스타트업 지원 사업을 지원하며 창업 기반 국가 성장 모델 추진에 주력하고 있으며, 성장과 혁신을 촉진하기 위해 여러 프로그램을 운영하고 있다. 특히 국내외 테크페스트**TECHFEST** 등 국제 협력 및 네트워킹 포럼, 스타트업 생태계

베트남 국가혁신센터 내 최초 넥스트챌린지 아세안랩스 개소.

조성, 스타트업 관련 연구 및 데이터 제공, 정책 및 법률 지원 액셀러
레이팅 프로그램 등을 주최해 많은 창업가들에게 비즈니스 기회를
제공하고, 혁신적인 아이디어를 발굴하고 있다. NSSC는 베트남을
동남아시아의 주요 스타트업 허브로 성장시키는 것을 목표로 하며,
창업 생태계의 지속 가능한 발전을 위해 다양한 이해 관계자들과 협
력하고 있다.

또 하나 빼놓을 수 없는 기관은 베트남 빈대학교의 '빈유니버시
티 기업가센터VinUniversity Entrepreneur Center'이다. 이곳에서는 혁신적
이고 창의적인 창업 생태계를 조성해 학생들과 연구자들이 기업가
정신을 배우고 실천할 수 있도록 돕고 있다. 이 센터는 특히 동남아
시아의 스타트업 생태계를 강화하는 데 중요한 역할을 하며, 학생들
이 실제 창업 경험을 쌓고 사업 아이디어를 구체화할 수 있도록 다

과학기술부 산하 국가창업지원센터 NSSC와 넥스트챌린지재단의 MOU 체결.

양한 지원을 제공한다. 특히 학생들이 단순히 창업 기술뿐만 아니라 리더십과 문제 해결 능력을 배양할 수 있도록 기업가 정신 교육을 강화하고 있다. 이를 통해 빈유니버시티는 혁신적이고 사회적으로 책임 있는 기업가를 양성하는 것을 목표로 하고 있다.

현실적인 문제점

베트남 경제는 전 세계에서도 가장 빠른 속도로 성장하고 있다. 사회주의 국가이지만 자본주의를 적절히 활용하고 있다. 현지에 가보면 공산주의 국가라는 것을 잘 느끼지 못할 때가 많다. 베트남식 공산주의는 경제 성장을 잘 일궈내고 있으며 특히 빈그룹과 같은 대기업과 국영기업, 국가기관들이 훌륭한 역할을 하고 있다. 베트남 경제의 미래 전망은 밝지만 향후 지속 가능한 경제 시스템을 세우기 위해 초기 단계의 스타트업 접근법에 대한 지원과 제도, 시스템에 대한 많은 고민이 필요해 보인다.

향후 베트남 스타트업 생태계의 현실적인 문제점과 평가는 다음과 같다.

첫째, '초기 단계 자금 조달의 어려움'이다. 베트남 스타트업 생태계는 빠르게 성장하고 있지만, 초기 단계 스타트업에 대한 투자 환경은 여전히 미흡하다. 엔젤투자자와 벤처캐피털의 수가 제한적이며, 특히 딥테크와 같은 고위험 분야에 대한 투자 유치가 어렵다.

둘째, '인재 부족'이다. 베트남은 젊고 역동적인 인구를 보유하고 있지만, 고급 기술 인재와 관리 경험이 풍부한 인재가 매우 부족하다. 특히, 인공지능, 데이터 분석, 블록체인 등 첨단 기술 분야에서의 인재 수급이 제한적이다. 이는 스타트업의 기술 개발과 글로벌 경쟁력 확보에 장애가 된다.

셋째, '규제 및 법적 불확실성'이다. 베트남의 법적, 규제 환경은 스타트업 생태계에 적합하게 최적화되어 있지 않다. 특히, 핀테크, 전자상거래, 데이터 보호와 같은 신흥 산업에서 규제가 명확하지 않거나 변화가 잦아 스타트업들이 안정적으로 운영하기 어렵다.

넷째, '내수 시장 의존'이다. 베트남 스타트업은 주로 내수 시장에 집중하는 경향이 강하다. 그러나 내수 시장의 규모는 한정적이며, 글로벌 시장으로 확장하려는 전략과 역량이 부족한 경우가 많다. 이

넥스트챌린지재단과 베트남 혁신 기관들의 협력 현황.

는 장기적인 성장에 제약을 가하는 큰 요인이다.

다섯째, '인프라 및 네트워크 부족'이다. 하노이와 호찌민 같은 주
요 도시를 제외하면 스타트업 생태계를 지원하는 인프라와 네트워
크가 부족하다. 이는 지역 간 불균형을 초래하며, 전국적인 스타트
업 생태계 확산을 저해한다.

여섯째, '스타트업 혁신 문화와 리스크 회피 성향'이다. 베트남은
전통적으로 안정적인 직업을 선호하는 문화가 강하고 창업에 대한
리스크를 감수하려는 태도가 부족한 경향이 있다. 이는 창업 생태계
의 다양성과 혁신성을 제한하는 요인으로 작용한다.

일곱째, '글로벌 경쟁력 부족'이다. 베트남 스타트업은 기술력과

비즈니스 모델 면에서 글로벌 경쟁력을 갖추는 데 어려움을 겪고 있다. 이는 해외 투자 유치와 국제 시장 진출에 제약을 준다.

이러한 문제들을 해결하기 위해 외국인 현지 법인 설립 개선, 초기 투자 환경 개선, 인재 양성, 규제 정비, 글로벌 시장 진출 지원, 그리고 스타트업 혁신 문화를 장려하는 노력이 필요하다. 그럼에도 불구하고 아세안국가 중에 싱가포르를 제외하고 1순위 글로벌 진출 국가를 추천하라고 하면 현시점에서는 베트남이라고 말하고 싶다.

인도네시아: 인구 세계 4위, 디지털 경제와 정글의 공존

인도네시아는 인구 2억 7,000만 명으로 전 세계에서 네 번째로 인구가 많은 나라이며, 최근 매년 5%대의 경제 성장률을 기록하고 있다. 세계 평균이 3%인 것에 비하면 꽤 높은 수준이다. 또한 미국의 Y콤비네이터, 일본의 소프트뱅크, 중국의 알리바바와 같은 세계적인 투자사들이 주목하는 혁신적인 국가로 성장했다. 특히 20대가 주축이 되는 스타트업 생태계가 발전하면서 변화에 대한 자신감을 가지게 되었으며, 이러한 변화의 열풍은 앞으로도 상당한 시간 지속할 것으로 보인다. 정부 차원에서 매우 체계적인 지원이 이루어지고 있으며, 디지털 경제의 규모 면에서는 아세안에서 가장 크다고 볼 수 있다. 창업 생태계 측면에서는 아세안 지역에서 싱가포르에 이어 2위를 차지하고 있으며, 2020년 조사에 따르면 '전 세계 유망 스타트업 신흥 도시'에서도 2위를 기록했다. 또한 시장 진출, 생태계 활동성, 자금 조달 분야에서는 10점 만점에 10점을 받았으며, 인재 분야에서는 9점을 받았다.

한국과 비슷한 현대사와 밝은 경제의 미래

인도네시아는 16세기 이후 여러 유럽 국가들의 격전지가 되어 왔다. 풍부한 천연자원을 차지하기 위해 포르투갈과 네덜란드가 식민지 경쟁에 뛰어들었고, 이 기간 동안 인도네시아 국민은 오랜 수탈의 시간을 견뎌야 했다. 이러한 시대가 지속되면서 민족주의 사상에 기반한 강력한 독립운동이 발생했고, 잠시 일본의 점령과 이에 저항하는 4년간의 독립 전쟁도 있었다. 1965년에는 군부에 의한 쿠데타로 인해 수하르토 장군이 무려 30년간 철권통치를 이어갔다. 일부 경제성장을 이끌었던 성과도 있었지만, 1998년 대규모 반정부 시위로 인해 정권을 잃었고, 그 이후 민주적인 선거를 통해 정부를 구성하고 있다. 이러한 면에서 한국 현대사의 흐름과도 다소 비슷한 점이 있다고 볼 수 있다.

인도네시아의 미래를 조망하는 데 있어서 매우 중요한 부분 중 하나는 제조업의 발달이다. 한국인들은 '인도네시아'라고 하면 제조업을 잘 떠올리지는 못하지만, 실제로 인도네시아 제조업은 경제를 이끌어가는 중추다. OECD 국가의 GDP에서 제조업이 차지하는 비중은 평균 14% 정도이다. 하지만 인도네시아의 경우 이를 훌쩍 뛰어넘는 20% 수준이다. 비록 최근의 경제 상황에 따라 18%로 떨어졌다고는 하지만, 여전히 평균보다 높은 비중임이 틀림없다. 중요한 점은 이러한 제조업이 향후 디지털 산업을 견인할 수 있는 매우 중요한 수단이 될 수 있다는 점이다. 최근 몇 년간 인도네시아 정부는 '메이킹 인도네시아 4.0' 전략을 통해 4차 산업혁명의 기술을 제조업으로 통합하고자 노력해왔다. 이를 통해 로봇, 사물인터넷, 인공지능 등을 도입해 제조업의 생산성을 높이고, 해외 투자 유치를 목표로 하고 있다.

전 세계 경제 전문가들이 보는 인도네시아 경제 전망은 매우 밝다. 2045년경이 되면 인도네시아 인구는 약 4억 명에 육박할 것으로 보이며, 세계에서 네 번째로 큰 경제 대국이 될 것으로 예측하고 있다.

새로운 정치 지도자

인도네시아는 우리나라와 마찬가지로 공화제 국가이기 때문에 대통령을 직선제로 선출한다. 지난 10년간 인도네시아의 발전에 결정적인 영향을 미친 사람은 바로 조코 위도도 **Joko Widodo** 대통령이다. 그는 인도네시아 최초로 직선제로 정권 교체를 이룬 인물이며, 군 경력이 없는 최초의 민간인 출신 대통령이기도 하다.

2024년 10월 20일 취임한 프라보워 수비안토 인도네시아 대통령.

　빈민가의 목수 아들로 태어난 그는 대학을 졸업한 후 샐러리맨으로 일하다가 가구 회사를 창업하여 성공했으며, 2005년 고향에서 시장으로 당선되면서 정치인의 길을 걷기 시작했다. 검소하고 청렴하며 능력 있는 정치인이라는 이미지로 인해 '인도네시아의 오바마'라는 별명으로 불리기도 했다. 2014년 10월 대통령에 당선되어 취임했으며, 2019년 선거에서 다시 당선되어 연임했다. 이 기간 동안 그가 인도네시아의 경제 발전에 기여한 바는 엄청나다고 해도 과언이 아니다. 실제로 퇴임을 앞둔 상황에서도 그의 지지율은 무려 70%를 넘을 정도이다.

　그의 성과는 실질적인 결과로 나타났다. 인도네시아의 사회 인프라를 대대적으로 확충하여 GDP는 무려 43%나 증가했다. 국제통화기금은 인도네시아가 앞으로도 이 정도의 기세로 나아간다면

2027년에는 러시아와 영국을 제치고 세계 6위의 경제 대국이 될 것으로 전망하기도 했다. 무엇보다 디지털 경제 활성화에서도 그는 많은 기여를 했다.

다만 이제 그의 뒤를 이을 새로운 대통령을 주목해야 한다. 2024년 10월에 공식 취임한 프라보워 수비안토 Prabowo Subianto 대통령은 지난 정부의 경제 정책을 연속적으로 이어갈 것으로 보인다. 여러 정책 중에서도 주목할 만한 것은 창조경제 Creative Economy이다. 이는 인간의 창의성과 지식, 그리고 기술의 상호작용으로 이루어지는 경제를 의미한다. 광고, 건축, 예술과 공예, 디자인, 패션, 영화 등 다양한 분야가 포함된다. 중요한 점은 이 부분에서도 디지털 생태계가 연계되면서 인도네시아 경제를 역동적으로 만들어줄 것이라는 기대감이 있다는 것이다. 특히 이러한 창조경제를 통해 인도네시아는 개발도상국의 경제 구조를 넘어 새로운 고성장을 꾀하겠다는 전략이다.

그의 여러 정책 중에서도 '무상 급식'은 흥미로운 부분이다. 아동과 임산부 8,000만 명에게 식사를 제공해 20%를 넘는 아동 발육부진 비율을 낮추겠다는 목표이다. 이에 관한 예산만 해도 한화 약 6조 3,050억 원이 투입된다. 이러한 정책은 당장 효과를 보기 어렵겠지만, 장기적으로 인도네시아 경제의 가장 근원적인 토대인 노동력의 원활한 공급을 이뤄내어 경제의 꾸준한 발전을 담보하는 정책이라 할 수 있다.

수도 이전이라는 절실한 문제

인도네시아의 수도는 자바섬에 있는 자카르타Jakarta이며, '이루어진 승리'라는 의미이다. 그런데 자카르타는 '커다란 두리안The Big Durian'이라는 별명으로도 불린다. 이는 미국 뉴욕의 별명이 '큰 사과 The Big Apple'로 불리는 것에서 유래된 것으로 여겨진다. 다만 두리안은 호불호가 매우 강한 과일로, 자카르타에 대한 이미지를 대변하기도 한다.

실제로 자카르타는 급격한 도시화로 인해 여러 문제를 안고 있다. 일단 인구가 지나치게 많아 다양한 문제가 발생하고 있다. 2억 7,000만 명에 이르는 전체 인구 중 절반이 넘는 56%가 전체 면적의 7%에 불과한 자바섬에 몰려 있으며, 자카르타 권역에는 무려 3,700만 명이 거주하고 있다. 교통 혼잡은 악명이 높고, 공기 질은 전 세계에서 가장 나쁜 도시 중 하나로 손꼽힌다. 빈부 격차도 매우 극심하다. 심지어 기후 변화로 인해 2050년에는 도시의 약 3분의 1이 물에 잠길 것으로 추정된다. 이에 따라 인도네시아 정부는 수도 이전 계획을 세웠다. 2019년 조코 위도도 대통령은 새로운 수도 건설 계획을 발표하며, 보르네오섬의 동칼리만탄 지역으로 수도를 옮기기로 결정했고, 새 수도의 이름은 '누산타라Nusantara'이다.

하지만 이러한 수도 이전에 대해 문제를 제기하는 측의 주장도 만만치 않다. 수도 이전에 따른 대규모 환경 및 생태계 파괴가 예상되고, 정부가 지나치게 독단적으로 일을 추진하면서 향후 다양한 마찰이 있을 것으로 예상된다. 또한 설령 수도를 이전하더라도 과거 수도였던 자카르타의 문제가 완화된다는 보장도 없는 상태이다. 이에 따라 수도 이전의 경제적 효과는 단기적으로는 0.1%p 성장 촉진에 그치며, 장기적 순효과는 사실상 전무할 수준으로 하락할 것으로 관측되기도 한다. 또, 누산타라 지역에는 기존 거주민과 원주민 부족이 있다. 이들의 권리와 보상 문제, 그리고 새로운 수도 개발로 인한 토지 강제 수용 등의 갈등이 발생하고 있으며, 일부 주민들은 수도 이전에 반대 의견을 내보이고 있다.

정부 주도 스타트업 생태계

2016년 인도네시아 정부에 의해 시작된 '1000 스타트업 국가 운동 Gerakan Nasional 1000 Startup Digital'은 국가적 이니셔티브로서 1,000개의 스타트업을 육성해 자국의 디지털 경제를 활성화하려는 노력이다. 당시 인도네시아 통신정보부 주도로 여러 지역 파트너들이 협력하여 추진되었다. 특히 이 프로그램은 인도네시아의 젊은 창업가들에게 기회를 제공하고, 혁신적인 아이디어를 실제 비즈니스로 전환할 수 있도록 돕기 위해 마련되었다. 당시 인도네시아 정부는 인구가 많고 인터넷 사용자도 급증하면서 이러한 디지털 잠재력을 현실적인 경제 성장의 기반으로 삼고자 하는 의도가 매우 강했다. 이에 따라 창업자들에게 필요한 교육, 멘토링, 자금 지원 등을 체계적으로

위 인도네시아 1000 스타트업 국가 운동, Indigo, MDI.
아래 누산타라 멀티미디어대학교(UMN) 안에 있는 스카이스타 벤처스.

제공하기 위한 기반을 구축했으며, 정부와 민간 부문, 대학, 투자자들이 협력하여 다양한 이벤트와 프로그램을 운영했다. 해커톤, 부트캠프, 워크숍 등을 통해 참여자들이 아이디어를 발전시키고, 실질적인 비즈니스 모델로 구현할 수 있도록 돕는 환경을 조성했다. 더불어 전국적으로 혁신 문화를 확산시키고, 디지털 경제 발전의 중요성을 인식시키기 위해 다양한 캠페인과 활동을 전개하기도 했다.

현재 이커머스 기업들이 빠르게 성장하고 있다. 무엇보다 인도네시아는 동남아시아 최대의 이커머스 시장으로, 인터넷과 스마트폰 보급률이 높은 만큼 온라인 쇼핑에 대한 수요가 꾸준히 증가하고 있으며, 특히 소셜 미디어와 결합된 판매 모델이 인기를 끌고 있다. 또한 핀테크도 마찬가지다. 금융 접근도가 낮은 인도네시아에서 결제뿐만 아니라 대출, 투자 등 다양한 금융 서비스를 제공하며 빠르게 확산하고 있다.

현실적인 문제점

2024년 10월 20일, 프라보워 대통령이 당선되면서 조코 위도도 대통령의 산업구조 고도화를 위한 다운스트림 정책 industrialization through downstream 및 인프라 개발 구상을 지속하겠다고 밝혔으며, 녹색경제 green economy, 청색경제 blue economy, 창조경제 creative economy 활성화 정책을 적극 추진할 것이라고 약속했다. 이에 따라 인도네시아 경제는 조코 위도도 대통령 때의 고속성장을 이어받아서 미래 전망이 밝아 보인다. 하지만 현실적인 어려움이 분명 존재한다.

넓은 영토와 17,000개 달하는 섬, 종교, 부족 국가 등을 중앙 정부가 관리하기 쉽지 않다는 점과 디지털 인프라 자체가 부족하다는 점이 문제다. 네트워크가 불안정한 경우가 많고 인터넷 속도 역시 세계 평균에 한참 못 미친다. 부족한 인프라로 인해 2023년 기준 인도네시아인의 1%만이 5G로 접속할 수 있으며, 4G로 접속할 수 있는 인구는 전 국민의 35%에 불과하다. 인도네시아 경제조정부에서 발간한 〈2030 국가 디지털 경제 발전 전략〉에 따르면 클라우드 생태계 또한 크게 부족하다.

향후 인도네시아 스타트업 생태계의 현실적인 문제점과 평가는 다음과 같다.

첫째, '정부 주도 정책의 한계'다. 인도네시아 정부는 '1000 스타트업 국가 운동'과 같은 이니셔티브 정책을 통해 스타트업 생태계를 지원하고 있지만, 정책의 일관성과 규정 집행이 부족하다. 부문별 규정이 명확하지 않고 과거 관행에 의존하는 경향이 있어 스타트업들이 성장하는 데 어려움을 겪고 있다.

둘째, '환경 및 사회적 갈등'이다. 인도네시아의 수도 이전 프로젝트와 같은 대규모 개발 사업은 환경 파괴와 원주민 권리 침해 문제를 일으키고 있다. 이러한 갈등은 스타트업 생태계에도 부정적인 영향을 미칠 수 있다.

셋째, '고급 인재 부족'이다. 젊은 인구와 인터넷 사용자의 급증으로 디지털 경제의 잠재력이 크지만, IT, 엔지니어링, 마케팅 등 전문 인재가 부족한 상황이다. 이는 스타트업의 기술 개발과 글로벌 경쟁력 확보에 장애가 될 것이다. 물론 이는 아세안 국가 전체의 문제이므로 글로벌 경쟁력 대학을 많이 만드는 것이 과제다.

넷째, '글로벌 경쟁력 부족'이다. 인도네시아 스타트업은 주로 내수 시장에 집중하는 경향이 강하며, 글로벌 시장에서 경쟁력을 갖추는 데 어려움을 겪고 있다. 이는 해외 투자 유치와 국제적 확장에 제약을 가하는 요인이다. 다만 자카르타가 싱가포르처럼 글로벌 허브의 역할이 이루어진다면 다른 양상이 펼쳐질 것이다.

다섯째, '자금 조달의 어려움'이다. 초기 단계 스타트업은 투자 유치가 어렵고, 특히 딥테크와 같은 장기적인 연구가 필요한 분야는 투자자들에게 매력적으로 보이지 않아 자금 부족 문제가 지속되고 있는 것이 현실이다.

여섯째, '혁신 문화의 확산 부족'이다. 정부와 민간 부문, 대학 등이 협력하여 혁신 문화를 확산시키려는 노력이 있지만, 여전히 이슬람 종교색이 짙어서 전국적으로 균등하게 확산하지 못하고 특정 지역에 집중되는 경향이 크다.

이러한 문제들은 인도네시아 스타트업 생태계의 성장을 저해하는 주요 요인으로 작용하고 있으며, 이를 해결하기 위해 정책의 일관성 강화, 인재 양성, 글로벌 시장 진출 전략, 그리고 지역 간 균형 발전이 필요하다.

말레이시아: 도전적인 변화를 주도하는 디지털의 나라

말레이시아의 인구는 3,400만 명이며, 경제 성장률은 3~4%대를 기록하고 있다. 말레이시아 정부는 2016년부터 일찌감치 기업가 정신의 확대와 강화를 위한 본격적인 정부 지원을 해왔다. 그 결과 주요 창업 기업들이 글로벌 시장에 진출하는 성과를 거두었고, 이후 교육, 투자, R&D 분야의 정책을 확충하면서 국가의 성장 동력으로 삼으려는 노력을 이어왔다. 특히 말레이시아 정부는 2030년까지 세계 20대 스타트업 생태계로 육성하기 위한 원대한 계획 아래, 정부 기관을 재배치하는 등 활발한 노력을 이어나가고 있다. 또한 글로벌 벤처캐피털 및 사모펀드를 유치해 말레이시아를 투자 선호국으로 올려놓고 스타트업 생태계를 강화하겠다는 계획을 발표하기도 했다.

말레이시아 역사와 경제 구조

말레이시아는 오랜 과거부터 이슬람 문화와 서양의 문화가 섞인 매우 독특한 발전 양상을 보여왔다. 특히 말레이반도와 보르네오섬은 동서양을 연결하는 무역의 요충지였고, 그 결과 외국 문화와 적지 않게 접촉했다. 지금도 말레이계, 중국계, 인도계, 소수 토착 종족 등 다양한 민족이 공존하며 독특한 문화적 융합을 이루고 있는 다민족, 다문화 사회가 된 것에는 이런 오랜 역사와 전통이 있기 때문이다.

역시 다른 동남아 국가들과 비슷하게 제2차 세계대전 중에 일본이 잠시 점령했고, 그 이후 영국의 통치하에서 식민지 시절을 겪었

말레이시아 쿠알라룸푸르를 상징하는 페트로나스 트윈 타워.

다. 흥미로운 점은 1963년부터 2년간 싱가포르를 비롯한 다른 국가들과 하나의 연방으로 지냈다는 점이다. 이후 1965년에 현재의 말레이시아가 형성됐다. 그 후 말레이시아는 최고의 발전기를 겪었다. 무려 50년 동안 GDP 성장률이 6.5% 수준에 이르렀기 때문이다.

다만 말레이시아는 산업화 초기부터 천연자원에 대한 의존도가 지나치게 높았다. 그간 꾸준한 성장을 해왔으나, 전체 산업 구조와 경제에

는 일정한 취약성이 존재하게 되었다고 볼 수 있다. 그 결과 특히 금융, 정보통신, 바이오테크와 같은 첨단 산업 분야에서 싱가포르, 한국 등 경쟁국에 상대적으로 뒤처져 있다고 평가된다.

말레이시아 정치 지도자, 안와르 이브라힘

말레이시아에는 대통령이 없고 국왕이 국가 원수의 역할을 한다. 따라서 실질적인 정치 지도자는 총리이며, 현재는 전 부총리였던 안와르 이브라힘Anwar Ibrahim이 총리직을 수행하고 있다. 그는 2022년 11월 말에 임명되었으며, 2024년 현재 실질적인 2년 차에 접어들었다고 볼 수 있다. 말레이시아 총리의 재임 기간은 5년이라고 알려져 있지만, 국회의 해산과 그에 따른 총선 결과에 따라 임기는 변동이 있을 수 있다. 과거에 무려 22년간 총리를 지낸 정치인도 있었기 때문에, 이브라힘 총리의 경제 및 디지털 관련 정책이 다소 안정적으로 진행될 수 있다고 볼 수 있다. 특히 이브라힘 총리는 말레이시아 내에서 꽤 탄탄한 위상을 지니고 있다. 무려 30년 동안 정치 생활을 하며 많은 탄압을 받으면서 정치 이력을 쌓아왔기 때문에, 쉽게 총리직에서 물러나기 어려우며, 당분간 말레이시아 경제와 디지털 정책은 그의 영향 아래 있을 가능성이 높다.

안와르 총리는 디지털 산업에 많은 관심을 가지고 있다. 그는 과거 부총리 시절이었던 2023년 10월 국회 연설에서 '디지털 정부 구축을 위한 정부기술 핵심 부서'를 신설하겠다고 발표한 바 있으며, 현 정부의 국가 발전 전략의 주요 초점을 '도전적으로 변화하고 있는 디지털 산업'이라고 천명했다. 특히 그는 "초등 교육에서 고등 교육에 이르기까지 각급 학생들의 디지털에 대한 이해를 증진해야 한다"고 역설했다. 그가 교육 부분도 함께 언급한 것은 과거 청소년스포츠부 장관, 교육부 장관을 거쳤기 때문이다. 그는 디지털 교육의 중요성을 깊이 이해하고 있으며, 향후 말레이시아 교육 체계에서도 디지털의 영향이 상당할 것으로 예상된다.

특히 그는 최근 정부 내에 '디지털 부서'를 별도로 설립했다. 기존에 말레이시아에는 '디지털·통신 부처'가 있었으나, 여기에서 더 나아가 별도의 디지털 부서를 만든 것은 그만큼 디지털 산업에 많은 공을 들이겠다는 의미이다. 이와 관련해 이브라힘 총리의 단기 목표는 수도 쿠알라룸푸르를 '동남아 지역 디지털 산업과 새로운 벤처의 허브'로 만드는 것이라고 발표했다.[4]

또 한 가지 주목해야 할 점은 말레이시아 디지털 정부 구축에 한국이 큰 도움을 주고 있다는 사실이다. 행정안전부는 2023년 6월에 '범정부 합동 디지털 정부 사절단'을 파견했다. 이 사절단은 말레이시아 경제부, 내무부, 재정부, 행정 현대화 관리기획처와 협력할 예정이며, 향후 한국의 디지털 정부 시스템이 말레이시아 정부에 이식될 가능성이 높다. 특히 한국이 세계 최초로 국가 전체 블록체인을 기반으로 구축한 디지털 신분증은 아직 말레이시아에 본격적인 도입이 결정되지는 않았으나, 말레이시아 정부가 상당한 관심을 보이고 있다. 결론적으로 말레이시아 경제는 '디지털 산업'을 경제의 핵심축으로 삼고, 이를 교육과 정부 시스템 전반으로 확장해나갈 것으로 보인다.

말레이시아의 수도 쿠알라룸푸르

말레이시아의 수도 쿠알라룸푸르는 '두 개의 흙탕물이 만나는 지점'이라는 의미이다. 일반적으로 'KL'이라고 표기하기도 한다. 여기에서 두 개의 강은 클랑강과 곰박강을 말한다. 1850년대 중국 광부들이 강에서 주석을 채굴하기 시작하면서 도시의 기초가 다져졌다. 여기에서 알 수 있듯 쿠알라룸푸르는 초기에는 광업이 중심이었고, 영국 식민지 시절에는 정부 행정의 중심지가 되었으며, 이후 본격적인 도시로 성장하기 시작했다.

쿠알라룸푸르에서의 창업이 유리한 이유는 말레이시아의 지정학적 위치 때문이다. 싱가포르와 국경을 접하고 있으며, 인도네시아와도 왕래가 매우 쉽다. 따라서 언제든 손쉽게 글로벌 확장을 할 수 있다는 것을 의미한다. 에어아시아와 그랩 역시 말레이시아에 기반을 두면서 인근 아세안 국가로 확장해나간 사례이다.

말레이시아 스타트업 생태계

현재 쿠알라룸푸르의 가장 큰 목표는 글로벌 20대 스타트업 허브로의 도약이다. 〈2024 글로벌 스타트업 생태계 보고서〉에 따르면 쿠알라룸푸르는 세계 상위 40위권에 속하며, 아시아에서는 16위에 위치해 있다. 또한 '세계 30대 신흥 스타트업 생태계' 중 21~30위권에 포함된다. 아세안 내에서 보면 '싱가포르-자카르타-쿠알라룸푸르' 순위로 3위를 차지해 비교적 높은 순위에 있다.

말레이시아 정부는 이를 더욱 발전시키기 위해 '글로벌 20대 스타트업 허브 전략'을 본격적으로 추진하며 쿠알라룸푸르를 2030년까지 글로벌 상위 20대 스타트업 허브 중 하나로 만들겠다는 계획을 발표했다. 이는 스타트업의 지원 환경, 자본 접근성, 기술 인프라, 인재풀 면에서 강점을 지닌 도시로 성장시키겠다는 의지를 반영한다. 한마디로 실리콘밸리, 런던, 텔아비브, 싱가포르, 베이징, 서울과 같은 수준으로 키워내겠다는 의미이다.

이를 위해 가장 먼저 추진하는 것은 '스타트업 생태계 단일창구'의 개선이다. 이는 인공지능 기반 원스톱 플랫폼을 통해 리소스, 멘토링, 자금 조달, 사업 및 규제 지원 등의 주요 정보에 접근할 수 있도록 하는 것이다. 이러한 정보는 기존에 창업자에게만 제공되었으나, 앞으로는 투자자, 정부 기관, 기술 인재들까지 모두에게 공개된다. 참여하는 정부 기관은 총 14개로, 향후 말 그대로 '단일한 창구'가 될 수 있을 것으로 보인다.

또한 다양한 '패스Pass' 제도도 주목할 필요가 있다. 말레이시아에서 벤처캐피털로 등록할 때 신속한 처리를 지원하고, 소속 경영진과 직원의 취업 비자 신청 시 추천서를 제공하는 'VC 골든 패스', 2030년까지 기업가치 10억 달러를 달성할 수 있는 회사를 대상으로 창업자와 가족에게 비자 수수료 면제, 사무실 공간 제공, 인재 개발 인센티브를 제공하는 '유니콘 골든 패스'가 있다. 또한, 다양한 비자 프로그램을 통해 글로벌 인재 영입을 쉽게 하는 '혁신 패스'도 눈여겨볼 만하다.

'쿠알라룸푸르 혁신 벨트KL Innovation Belt'도 중요한 정책이다. 특화된 연구 시설을 구축하고 벤처캐피털이 상주할 수 있도록 지원하며, 창업자의 가족이 말레이시아로 이주할 수 있는 서비스도 제공할 계획이다. 특히 혁신 벨트의 경우 정부가 발표한 자료를 살펴보면 좀 더 쉽게 이해할 수 있다. 쿠알라룸푸르 전체에 걸쳐 농업 기술 허브, 제조 및 자동화 허브, 에너지 및 클린테크 허브, 이슬람 금융 허브가 위치해 있으며, 각 허브 내에는 식당, 사무 공간, 연구실, 커뮤니케이션 공간 등이 잘 배치되어 있다.

말레이시아 창업의 전진기지, MRANTI와 MDEC

2021년 과학기술혁신부 산하에 설립된 MRANTI Malaysian Research Accelerator for Technology and Innovation는 기술과 혁신의 상업화를 주요 목

MRANTI 기술혁신원.

표로 하여 경제 발전에 기여하고자 한다. 또한 과학적 연구와 시장 간의 격차를 줄이는 데 중요한 역할을 하며, 말레이시아의 글로벌 경쟁력을 높이기 위해 혁신 생태계를 조성하고 지원하는 것을 목표로 하고 있다.

우선 스타트업의 기술 개발 성과가 시장에서 활성화될 수 있도록 자금을 지원하고 인큐베이팅을 제공하고 있다. 또한 지적 재산권 관리, 사업 개발, 기술 이전을 통해 기업의 역량을 높일 수 있도록 돕고 있다. 특히 학계와 산업계, 정부 간의 협력 네트워크를 구축하여 지식의 공유와 공동 창의성을 발휘할 수 있도록 노력하고 있다. 또한 국내외 다양한 기관과 협력하여 혁신을 촉진하고 첨단 기술의 채택을 가속화하고 있다. 쿠알라룸푸르 최대 테크노 단지인 미란티 파크Mranti Park를 운영하며, 본부는 이곳에 위치해 있다.

말레이시아 선웨이대학교 안에 있는 선웨이 아이랩스^{Sunway iLabs}는 쿠알라룸푸르 혁신 허브로, 선웨이그룹과 선웨이대학교의 협력으로 2017년 5월 4일에 설립되었다. 이곳은 혁신 생태계를 조성하여 스타트업과 기업들이 협력하고 아이디어를 발전시킬 수 있는 공간을 제공하며 다음과 같은 프로그램을 제공한다.

1. 아이랩스 파운더리

스타트업 지원 프로그램: 초기 단계의 스타트업을 지원하며, 아이디어를 실제 비즈니스로 전환할 수 있도록 돕는다.

스타트업 액셀러레이터: 스타트업이 빠르게 성장할 수 있도록 멘토링, 네트워킹, 자금 조달, 그리고 시장 진출 전략을 제공한다.

코워킹 스페이스: 스타트업과 기업가들이 사용할 수 있는 협업 공간을 제공한다.

2. 아이랩스 메이커스페이스

제작 및 프로토타이핑 지원: 3D 프린터, 레이저 커터, 전자 장비 등 다양한 도구와 기술을 활용해 제품을 설계하고 제작할 수 있는 공간이다.

워크숍 및 교육: 기술 및 제작 관련 워크숍을 통해 학생과 창업자들이 필요한 기술을 배울 수 있다.

3. 아이랩스 슈퍼 액셀러레이터

스타트업 액셀러레이터 프로그램: 4개월 동안 진행되는 집중 프로그램으로, 스타트업이 시장 진입과 성장을 가속화할 수 있도록 지원한다.

투자 기회 제공: 선웨이그룹 및 외부 투자자와의 연결을 통해 자금 조달 기회를 제공한다.

산업 파트너십: 선웨이그룹의 다양한 산업 네트워크를 활용해 스타트업이 실질적인 비즈니스 기회를 얻을 수 있도록 돕는다.

4. 아이랩스 샌드박스

파일럿 테스트 및 실험: 선웨이그룹의 다양한 사업 부문(헬스케어, 부동산, 교육 등)에서 스타트업의 솔루션을 테스트할 수 있는 환경을 제공한다.

실제 데이터 및 리소스 활용: 선웨이그룹의 리소스를 활용해 혁신적인 아이디어를 검증하고 발전시킬 수 있다.

5. 아이랩스 에듀

창업 교육: 선웨이대학교 학생들을 대상으로 창업 및 혁신 관련 교육 프로그램을 제공한다.

인턴십 및 실습 기회: 학생들이 스타트업 및 기업에서 실질적인 경험을 쌓을 수 있도록 지원한다.

캠퍼스 내 창업 지원: 학생들이 창업 아이디어를 발전시키고 실행할 수 있도록 멘토링과 자원을 제공한다.

6. 아이랩스 벤처스

투자 및 펀딩: 초기 단계 스타트업에 투자하며, 선웨이그룹의 네트워크를 활용해 추가적인 투자 기회를 제공한다.

스타트업과 기업 연결: 선웨이그룹의 다양한 산업 파트너와 스타트업을 연결해 협업 기회를 창출한다.

7. 아이랩스 오픈이노베이션

기업과 스타트업의 협업: 선웨이그룹 및 외부 기업들이 직면한 문제를 해결하기 위해 스타트업과 협력하는 프로그램이다.

해커톤 및 아이디어 챌린지: 혁신적인 솔루션을 발굴하기 위한 대회와 이벤트를 정기적으로 개최한다.

8. 아이랩스 에코시스템

네트워킹 이벤트: 창업자, 투자자, 멘토, 그리고 산업 전문가들이 교류할 수 있는 네트워킹 기회를 제공한다.

커뮤니티 지원: 창업 생태계를 활성화하기 위해 다양한 커뮤니티 활동과 협업 기회를 제공한다.

선웨이 아이랩스는 단순히 스타트업 지원을 넘어, 교육, 기술 개발, 그리고 산업 협력을 통해 말레이시아와 동남아시아의 혁신 생태계를 강화하는 데 중점을 두고 있다.

현실적인 문제점

말레이시아는 동남아시아의 중심부에 위치해 있고 주요 해상 무역로인 말라카 해협을 끼고 있어 국제 무역과 물류의 허브로 기능한다. 또한 석유, 천연가스, 팜유 등 천연자업과 강력한 제조업을 비롯한 여러 산업 기반을 보유하고 있으며 다채로운 문화, 자연 경관, 비교적 저렴한 여행 비용 등을 바탕으로 관광 산업에 강점을 가지고 있다.

이 덕분에 경제 성장과 함께 중산층이 확대되고 있으며, 내수 시장의 성장과 소비 증가로 이어지고 있다. 다만 말레이시아의 스타트업 생태계는 빠르게 발전하면서도 여전히 많은 문제점을 안고 있다.

향후 말레이시아 스타트업 생태계의 현실적인 문제점과 평가는 다음과 같다

첫째, '외국인 투자 및 소유권 제한'이다. 말레이시아는 일부 산업에서 외국인 투자와 소유권에 제한을 두고 있다. 특히 금융 분야에서는 엄격한 규제가 적용되어 외국 자본의 유입이 어려운 상황이다. 이는 글로벌 투자자들에게 매력적인 환경을 제공하지 못하며, 스타트업의 자금 조달에 제약을 가한다.

둘째, '엄격한 노동법과 인재 부족'이다. 말레이시아는 노동법을 엄격하게 적용하고 있어 기업들이 유연하게 인재를 고용하거나 해고하기 어렵다. 또한, 내부적으로도 숙련된 기술 인재가 부족하다는 문제가 지속적으로 제기되고 있다. 인재들이 더 나은 기회와 높은

임금을 찾아 싱가포르, 호주 등 해외로 이주하는 인재 유출(브레인 드레인) 문제를 겪고 있다. 이는 고급 기술 산업과 혁신 경제로의 전환을 저해하는 요인이다. 스타트업이 성장하는 데 필요한 인적 자원을 확보하는 데 매우 어려움을 초래한다.

셋째, '초기 스타트업 지원'이다. 말레이시아는 스타트업 생태계를 지원하기 위해 다양한 프로그램을 운영하고 있지만, 초기 단계 스타트업에 대한 지원이 충분하지 않다는 지적이 많다. 특히, 기술 개발 성과를 시장에서 활성화하기 위한 자금 지원과 인큐베이팅이 더 강화될 필요가 있다.

넷째, '시장 진입 장벽'이다. 말레이시아는 글로벌 경쟁력을 높이기 위해 노력하고 있지만, 여전히 특정 산업에서는 높은 진입 장벽이 존재한다. 이는 스타트업이 새로운 시장에 진출하거나 확장하는 데 어려움을 겪게 만든다.

다섯째, '정부 지원의 한계'다. 정부가 디지털 기술과 혁신을 지원하기 위해 다양한 정책을 시행하고 있지만, 절차적 미흡함과 제한적인 지원이 문제로 지적된다. 이는 스타트업들이 정부의 지원을 효과적으로 활용하지 못하게 만든다.

이러한 문제들은 말레이시아 스타트업 생태계의 성장을 저해하는 주요 요인으로 작용하고 있으며, 이를 해결하기 위해 규제 완화, 인재 양성, 초기 스타트업 지원 강화, 그리고 글로벌 투자 유치 전략이 절실하다. 결국 말레이시아가 중진국 함정**Middle-Income Trap**에서 벗어나기 위해서는 스타트업 생태계를 고도화시켜 양질의 일자리를 만들어 고소득 국가로 도약하는 것이 필요하다. 이는 첨단 기술 산업으로의 전환, 혁신 역량 강화, 인재 양성 등을 어떻게 이루느냐가 관건일 것이다.

태국: 디지털 노매드와 여성 창업가에게 최적화된 미래의 다크호스

태국의 인구는 7,020만 명(2024년 기준)이며, 경제 성장률은 2~3% 수준이다. 과거 태국은 제조업 생산기지 중심의 산업을 영위했으나, 태국 정부는 이를 벗어나기 위해 2010년대부터 고부가가치 스타트업에 투자하기 시작했다. 특히 동남아 중심에 위치한 지리적 이점을 통해 자국의 여러 스타트업이 주변국으로 확장하기에 좋은 위치에 있다. 또한 해외 자본의 유입과 스타트업 설립을 적극적으로 독려하고 있다. 특히 아세안에서 인도네시아 다음으로 경제 규모가 크다는 점은 향후 성장을 예견하게 한다. 청년 세대 사이에서 창업 열풍이 조금씩 이어지고 있다는 점도 미래 전망을 밝게 하는 요인이다.

태국의 역사와 경제 구조

태국은 다른 아세안 국가와는 달리 당시 열강의 식민지 지배를 받지 않은 유일한 나라다. 그래서 태국인은 이러한 자신에 대해서 매우 자부심을 느끼고 있다. 태국어로 태국을 의미하는 프라텟타이Prathet Thai, 영어로 태국을 의미하는 타일랜드Thailand는 모두 '자유의 땅'이라는 뜻이다. 다만 태국의 힘이 강해서 지배를 받지 않은 것은 아니다. 오히려 여러 차례의 외교적 굴욕을 겪었으며, 그 대가로 직접적인 식민지 통지를 받지 않았다고 하는 것이 좀 더 정확하다. 이러한 외교 노선은 오늘날까지 이어지고 있으며 휘어지기는 해도 부러지지는 않겠다는 의미에서 일명 '대나무 외교', 또는 '줄타기 외교'라고 부르기도 한다. 이뿐만 아니라 이러한 식민지 지배를 받지 않은 것은 지리적인 요인도 있다. 다른 아세안 국가들에 둘러싸여 제일 가운데에 있어서 열강들의 우선 지배 대상이 되지 않았고, 또 쌀을 제외하고는 다른 자원도 그리 많지 않았다.

외교적인 관계는 과거부터 다소 안정되었지만, 국내적으로는 끊임없는 혼란이 있었으며, 이는 오늘날까지 이어지고 있다. 1930년대부터 태국은 혁명을 통해 절대 군주제를 무너뜨리고 입헌 군주제를 도입했다. 하지만 이때부터 군부는 태국의 정치 무대에 끊임없이 등장했으며, '군의 정치 개입이 일상화된 나라'라고 평가해도 크게 무리가 없다. 따라서 빈번한 군사 쿠데타로 인해 정치는 늘 불안정했으며, 민간 정권과 군사 정권이 반복적으로 교체되었다. 이후

1980년대부터는 민주화에 대한 요구가 높아졌지만, 군부 쿠데타는 계속되었다. 2006년과 2014년에도 군부는 정치적 안정을 명분으로 정치의 중앙 무대에 다시 등장했다. 2019년까지도 〈이코노미스트〉는 태국의 정치를 '결함 있는 민주주의'로 규정할 정도였다.

그러나 이러한 격동의 시대 속에서도 태국 경제는 꾸준히 발전해왔다. 1960년대에는 미국의 원조와 외국 자본의 유입으로 산업화가 진행되었고, 섬유, 전자, 자동차 부품 등의 제조업이 발전하기 시작했다. 그 결과 이 시기 태국은 동남아시아에서 가장 빠르게 성장하는 경제 중 하나로 자리 잡았다. 2000년대에는 외환 위기를 극복하며 다시 회복세를 보였으며, 관광, 자동차, 전자 부품 산업이 성장을 이끌었다. 특히 자동차 산업은 아세안 지역의 중요한 생산기지로 자리 잡았고, 관광 산업은 태국 GDP의 주요 축이 되었다. 태국 GDP에서 약 12%를 차지하며, 관광 관련 일자리도 약 20%에 이른다.

또한 태국은 아세안 국가 중 '제조업 강국'이라 할 만하다. 2020년 기준으로 전체 GDP에서 제조업이 차지하는 비율은 25%에 달한다. 이러한 일이 가능했던 것은 태국이 '동남아시아 자동차 허브'로서 역할을 해왔기 때문이다. 일본의 주요 자동차 제조업체들이 태국에 생산 시설을 두었기 때문이다. 또한 IT 시대가 열리면서 태국은 전자 산업에서도 두각을 나타냈다. 전 세계적으로 하드디스크 드라이브의 주요 제조국이었으며, 글로벌 공급망에서 중요한 역할을 담당했다.

제조업에 대한 이러한 자신감을 바탕으로 태국 정부는 2015년부터 '태국 4.0' 정책을 통해 기존 제조업을 디지털화하고 자동화하여 첨단 제조업으로의 전환을 추진하고 있다. 특히 스마트 제조, 로봇 공학, 바이오테크 등 신산업 육성에 투자하고 있으며, 이를 통해 고부가가치 산업으로의 전환을 도모하고 있다.

태국의 정치 지도자

태국 역시 국왕이 나라를 대표하는 상징적인 인물이며, 총리가 실질적인 권력을 행사하고 있다. 태국 총리는 선거로 선출된다. 그런데 2023년과 2024년은 태국 정치의 격변기였다고 해도 과언이 아니다. 우리나라를 예로 든다면, 당선된 지 1년밖에 안 된 대통령이 헌법재판소의 결정으로 탄핵당한 것과 매우 비슷하다. 한때 수감되었던 부패한 정치인을 총리실 장관으로 임명하여 헌법을 위반했다는 이유에서였다. 이러한 사건 이후 하원 투표로 새롭게 총리에 임명된 사람은 37세의 여성 패통탄 친나왓Paetongtarn Shinawatra이다. 그녀는 억만장자 재벌 출신인 탁신 친나왓 전 총리의 딸이다.

패통탄 총리는 청년층과의 연결을 중요하게 생각하며 소셜 미디어를 통한 소통을 적극적으로 활용하는 정치인으로 알려져 있다. 그녀는 총리 취임 직후부터 '디지털 지갑'을 통해 조건에 해당하는 국민에게 1만 밧(한화 약 38만 원)을 지급하는 정책을 추진하고 있다. 지급 방식은 앱을 통해 이루어지며, 이를 위해 전 국민의 디지털 ID 생성을 위한 대책도 마련하고 있다. 대상은 16세 이상의 모든 태국인이다. 사실 이 정책은 헌법재판소에서 해임되었던 과거 총리가 중요하게 생각하며 태국 국민에게 약속했던 핵심 총선 공약이었다. 따라서 신임 총리가 이 정책을 그대로 이어받은 것은 태국 정부가 디지털을 통한 금융 시스템 발전에 있어 새로운 단계로 진입하고 있음을 보여준다.

태국 정부는 2017년부터 프롬프트페이 **Prompt Pay**를 통해 새로운 송금 및 결제 시스템을 도입했다. 국영은행 4곳과 15개 시중 금융기관에서 사용할 수 있어 누구나 손쉽게 디지털 금융을 이용할 수 있도록 했다. 그러나 정부가 이를 활용해 국가 경제 활성화를 시도한 적은 없었다. 그런 점에서 패통탄 총리의 이번 시도는 태국의 디지털 금융에서 국가의 본격적인 참여라고 평가할 수 있다. 특히 태국 정부는 이번 디지털 지갑 정책을 통해 태국 GDP가 약 1.2~1.8% 상승할 것으로 기대하고 있다. 따라서 신임 총리 패통탄 친나왓 역시 이러한 정책을 꾸준히 추진할 것으로 보인다.

디지털 노매드를 위한 도시 방콕

태국은 전 세계인이 사랑하는 관광지라고 해도 과언이 아니다. 2023년 한 해 외국인 관광객 수는 무려 2,700만 명을 넘었다. 코로나 이전인 2019년에 한국을 방문한 외국인 수가 1,700만 명이라는 점에 비하면 놀라울 정도로 많은 숫자다. 특히 태국의 수도 방콕은 다채로운 문화유산, 화려한 사원, 활기찬 시장, 풍부한 음식 문화 등으로 빼놓을 수 없는 관광지로 자리하고 있다.

방콕은 18세기 후반부터 태국의 정치, 경제, 문화의 중심지로 자리 잡아 왔으며, 최근 몇 년 사이 아세안에서도 중요한 스타트업 허브로 발전해나가고 있다. 여기에는 디지털 경제 정책과 다양한 스타트업 지원 프로그램을 통해 방콕을 동남아시아의 창업 허브로 육성하려는 태국 정부의 강력한 의지가 반영되어 있다. 태국 정부는 외국인 창업자를 위한 비자 프로그램을 도입하고, 창업 촉진을 위한 세금 혜택을 제공하고 있다. 무엇보다 방콕은 다른 도시보다 인건비와 사무실 임대 비용이 상대적으로 저렴해 초기 스타트업에 매우 유리한 환경을 조성하고 있다.

2024년, 전 세계 디지털 노매드를 위한 정보를 제공하는 웹사이트 '노매드리스트 Nomad List'에 따르면 방콕은 일과 휴가를 겸하는 워케이션 분야에서 전 세계 1위에 올랐다. 2위는 치앙마이, 3위는 스페인 바르셀로나다. 특히 방콕의 월평균 생활비는 한화 약 188만 원 정도로 가성비가 매우 뛰어난 것으로 평가받고 있다.

태국 스타트업 생태계와 여성 기업가

태국의 스타트업 생태계가 본격적으로 형성되기 시작한 것은

2016년경이다. 당시 정부는 국가 혁신을 위한 스타트업 진흥을 목표로 본격적인 시동을 걸었다. 그 결과 태국 스타트업은 주로 핀테크, 이커머스, 헬스테크, 관광테크, 스마트시티 분야에 집중되어 있다. 특히 관광업과 연관된 관광테크 산업은 큰 잠재력을 가지고 있으며, 핀테크는 금융 포함성을 높이기 위해 정부와 민간에서 많은 투자가 이루어지고 있다. 더 나아가 빠른 인터넷과 저렴한 비용으로 인프라를 확충하고 있다. 다만 활성화 정도에 있어서는 인도네시아, 싱가포르, 베트남에 비해 다소 뒤처진다고 볼 수 있다.[5]

태국 스타트업 생태계에서 볼 수 있는 매우 특징적인 점은 여성 기업가의 활약이 활발하며, 이들에 대한 신뢰가 매우 굳건하다는 점이다. 이러한 현실을 반영해 태국에는 여성 기업가를 지원하는 조직이 많으며, 대표적인 곳으로 태국여성중소기업협회TWOSA가 있다. 이는 역사적으로 아세안의 다른 국가에 비해 여성의 경제 및 사회적 참여에 관대한 문화적 배경을 가지며, 그 결과 여성의 역할이 비교적 강하게 자리 잡았기 때문으로 풀이된다. 특히 태국은 관광과 관련된 사업이 많아 여성들이 참여하기에 좋은 조건을 제공하고 있다. 또한 정부도 여성의 경제적 자립과 창업을 장려하고 있어 정책적 뒷받침이 되고 있다.

태국의 스타트업 생태계를 논하는 데 있어 허바Hubba를 빼놓을 수 없다. 이곳은 태국에서 생긴 최초의 협업 공간이자 '스타트업 생태계의 중심부'로 평가받고 있다. 태국 스타트업 창업자 다수는 2012년에 설립된 허바를 스타트업 생태계의 시초로 본다. 2011년 태국 전역을 휩쓴 대홍수로 인해 많은 이들이 출근할 수 없는 상황에 처했을 때, 허바는 코워킹 스페이스 개념을 떠올려 창업했다. 당시 새로운 창업을 꿈꾸던 태국인들과 외국의 디지털 노매드들이 몰리며 서로 정보를 공유하고 토론하는 장소가 되었다. 이후 허바는 스타트업을 위한 다양한 이벤트와 네트워킹을 기획했고, 각종 테크 컨퍼런스를 개최하면서 동남아 창업 생태계를 흡수해왔다. 특히 현지인과 외국인의 비율이 5:5로, 외국인들이 선호하는 코워킹 스페이스이기도 하다.

태국 창업의 전진기지, 국가혁신원과 디지털 경제 진흥국

태국은 크게 두 개 기관이 전체 디지털 생태계를 담당하고 있다. 첫 번째는 스타트업 생태계를 총괄하는 기관인 과기부 산하의 국가혁신원NIA, National Innovation Agency이다. 2003년에 설립된 국가혁신원은 연구 개발, 기술 혁신, 그리고 기업가 정신을 통해 경쟁력을 강화하는 것을 목표로 한다. 주요 임무는 혁신적인 아이디어를 상업화할 수 있도록 지원하고, 창업 생태계를 조성하며, 산업 전반에 걸쳐 기술 혁신을 촉진하는 일이다. 특히 이곳에서는 중소기업과 스타트업에 집중적으로 지원하고 있으며, 혁신 클러스터 구축을 통해 연구기관, 기업, 정부 간 협력을 촉진하고 있다. 더 나아가 국제적인 협력과 교류를 통해 글로벌 혁신 네트워크와의 연결을 강화하고 있으며,

태국 방콕에 있는 디지털 경제진흥국 DEPA.

이를 통해 향후 아세안 지역의 혁신 허브로 자리 잡는 것을 목표로 하고 있다.

비교적 최근인 2017년에 설립된 디지털 경제진흥국 **DEPA, Digital Economy Promotion Agency**은 궁극적으로 디지털 사회로의 전환을 가속화하고, 4차 산업혁명 시대에 걸맞은 경쟁력을 갖추는 것을 목표로 한다. 이를 위해 우선 인적 역량의 디지털화를 강화해나가고 있다. 기업과 개인에게 관련 기술과 교육을 제공하면서 인적 인프라를 구축하는 것이다. 또한 스타트업과 중소기업을 집중적으로 지원하고 육성하는 것은 물론, 투자 유치, 인프라 제공, 비즈니스 네트워킹 등의 지원을 통해 기업의 성장을 이끌고 있다. 정책 개발 및 연구 기능도 중요한 역할을 한다. 정책 결정자에게 유용한 정보를 제공하여 활발한 공론의 장을 마련하고, 이를 바탕으로 국가 차원의 전략을 수립

한다. 더 나아가 국제기구와 협력해 기술을 교류하고, 경제 파트너십을 구축하는 데에도 심혈을 기울이고 있다.

현실적인 문제점

태국은 매년 수천만 명의 외국인이 방문하는 세계적인 관광지로, 관광 산업은 태국 GDP의 약 10~20%를 차지할 정도로 경제의 핵심 축이다. 수려한 자연경관과 문화유산, 저렴한 여행 비용 등이 관광 산업의 강점으로 작용하고 있다. 이외에도 농업 및 식품 산업의 경쟁력이 뛰어나, '세계의 주방'이라는 별칭을 얻을 정도로 글로벌 식품 시장에서 중요한 역할을 하고 있다. 또, 자동차, 전자제품, 석유화학 등 제조업의 기반이 강하며, 특히 자동차 산업은 동남아시아에서 가장 발달했다. 하지만 스타트업 생태계는 다른 아세안 국가들과 비슷한 문제를 갖고 있다. 저자가 현지에서 느낀 점은, 태국이 초기 기업보다는 일정한 성과를 달성한 후속 단계의 투자에 집중하고 있다는 것이다. 대기업CVC(기업주도형 벤처캐피털)가 발달하고 초기 스타트업 환경이 매우 열악하기 때문에 많은 청년이 창업보다 취업을 더 선호한다.

향후 태국 스타트업 생태계의 현실적인 문제와 평가는 다음과 같다.

첫째, '초기 단계 자금 조달의 어려움'이다. 태국 스타트업 생태계는 성장하고 있지만, 초기 단계 스타트업에 대한 투자 환경은 여전히 미흡하다. 엔젤투자자와 벤처캐피털의 수가 제한적이며, 특히 딥테크, 바이오테크 등 장기적인 연구가 필요한 분야는 투자 유치가 어렵다. 투자자들은 주로 중후기 단계의 안정적인 스타트업에 집중하는 경향이 있어, 초기 단계 스타트업이 자금 부족으로 어려움을 겪고 있다.

둘째, '규제 및 법적 불확실성'이다. 태국의 법적, 규제 환경은 스타트업 생태계에 적합하게 최적화되지 않았다. 핀테크, 전자상거래, 데이터 보호와 같은 신흥 산업에서 규제가 명확하지 않거나 변화가 잦아 스타트업들이 안정적으로 운영하기 어렵다. 외국인 투자와 관련된 규제도 복잡해서 글로벌 투자자들이 태국 시장에 진입하는 데 장애가 될 수 있다.

셋째, '첨단 기술 인재 부족'이다. 태국은 젊은 인구를 많이 보유하고 있지만, 고급 기술 인재와 관리 경험이 풍부한 인재가 부족하다. 인공지능, 데이터 분석, 블록체인 등 첨단 기술 분야에서의 인재 수급이 제한적이며, 이는 스타트업의 기술 개발과 글로벌 경쟁력 확보에 장애가 된다. 또한, 많은 태국 인재들이 더 나은 기회를 찾아 해외로 나가는 상황도 문제다.

넷째, '창업 문화와 리스크 회피 성향'이다. 태국은 전통적으로 안정적인 직업을 선호하는 문화가 강하며, 창업에 대한 리스크를 감수하려는 태도가 부족한 경우가 많다. 실패를 용인하지 않는 사회적 분위기와 창업에 대한 낮은 인식은 스타트업 생태계의 다양성과 혁신을 제한하는 요인으로 작용한다.

다섯째, '내수 시장 의존'이다. 태국 스타트업은 주로 내수 시장에 집중하는 경향이 강하다. 그러나 태국 내수 시장은 한정적이며, 글로벌 시장으로 확장하려는 전략과 역량이 부족한 경우가 많다. 동남아시아 시장으로 확장하려면 각국의 규제, 문화적 차이, 경쟁 환경 등을 극복해야 하지만, 이를 위한 지원과 경험이 부족한 경우가 많다.

여섯째, '정부 지원의 한계'다. 태국 정부는 스타트업 생태계를 지원하기 위해 다양한 정책과 프로그램을 운영하고 있지만, 지원이 관광이나 농업 등 특정 산업에 집중되는 경향이 있다. 또한, 관료주의적 절차와 정책의 일관성 부족으로 인해 스타트업들이 정부 지원을 효과적으로 활용하지 못하는 경우가 많다.

일곱째, '글로벌 경쟁력 부족'이다. 태국 스타트업은 기술력과 비즈니스 모델 면에서 글로벌 경쟁력을 갖추는 데 어려움을 겪고 있다. 이는 해외 투자 유치와 국제 시장 진출에 제약을 가하며, 글로벌 스타트업 생태계에서 태국의 입지를 약화할 수 있다.

여덟째, '기술 및 디지털 인프라의 한계'다. 태국은 디지털 경제로 전환하기 위해 노력하고 있지만, 일부 지역에서는 인터넷 접근성, 디지털 기술 활용 등이 여전히 제한적이다. 이는 스타트업이 기술 기반 비즈니스를 확장하는 데 장애가 될 수 있다.

아홉 번째, '외국인 투자 의존'이다. 태국 스타트업 생태계는 외국인 투자에 크게 의존하고 있으며, 글로벌 경제 상황 변화나 투자자 신뢰 하락 시 큰 영향을 받을 수 있다. 특히, 외국인 투자자들이 태국 대신 인도네시아, 베트남 등 더 큰 시장으로 눈을 돌릴 가능성이 커지고 있다.

태국 경제는 전략적 위치, 관광 산업, 제조업 및 농업의 강점을 바탕으로 동남아시아에서 중요한 경제국으로 자리 잡고 있다. 그러나 정치적 불안정, 관광 산업 의존, 소득 불평등, 고령화, 중진국 함정 등 구조적 문제를 해결하지 않으면 지속 가능한 성장이 어려울 수 있다. 이를 극복하기 위해 산업 다각화, 기술 혁신, 인재 양성, 그리고 정치적 안정 확보가 필요하다. 태국 스타트업 생태계 핵심은 관광, 농업, 제조업 등 기존 강점을 기반으로 성장하고 있지만, 초기 자금 조달, 규제 불확실성, 숙련된 인재 부족, 내수 시장 의존 등 현실적인 문제들이 지속적으로 도전 과제로 작용하고 있다. 이를 해결하기 위해서는 초기 단계 스타트업 지원 강화, 글로벌 시장 진출 전략, 인재 양성, 규제 환경 개선, 그리고 지역 간 균형 발전을 위한 노력이 절실히 필요해 보인다.

필리핀, 라오스, 캄보디아, 브루나이: 잠재력이 더 많은 미지의 땅

필리핀, 라오스, 캄보디아, 브루나이는 아세안 국가 중에서 디지털화 및 스타트업 생태계의 확산이 비교적 늦은 나라들이다. 정부에서 지원 정책을 펼치고는 있지만, 국가의 미래를 바꿀 정도의 위상과 역할을 가지지는 않고 있다. 물론 인터넷 인프라 구축은 잘 진행되었으나, 그것만으로는 스타트업 생태계 확산이 이루어지기 어렵다. 그러나 이러한 상황으로 인해 오히려 미래의 잠재력은 더욱 밝다고 할 수 있다. 또한 한국 스타트업 기업들이 진출할 여지도 더 많다고 볼 수 있다.

필리핀: 막대한 자금 유입과 글로벌 투자 확대

필리핀 인구는 1억 100만 명이며 경제 성장률은 5~6%를 기록하고 있다. 최근 몇 년간 1조 원에 육박하는 스타트업 자금이 유입되면서 빠른 성장세를 보이고 있다. 다만 아세안 내에서 경제 규모와 소득 수준이 비슷한 인도네시아, 베트남과 비교하면 다소 뒤처지는 상황으로 평가받고 있다. 또한 스타트업뿐만 아니라 주변 산업 생태계의 성숙도도 그리 높지 않아 대규모 투자 유치를 통한 스케일업 사례도 그리 많지 않다.

필리핀 인구의 평균 연령은 약 25세로, 아시아 지역에서는 가장 젊은 편이다. 또한 인터넷 사용 시간은 하루 평균 10시간으로, 전 세계에서 두 번째로 길며 아시아에서는 가장 길다. 이러한 요소로 인해 향후 필리핀의 시장 전망은 매우 밝다고 볼 수 있다. 디지털화의 증가, 고급 인재 확보, 현지 및 글로벌 투자자 확대가 예상되기 때문이다. 또한 필리핀의 여러 사회 문제를 해결하는 스타트업들이 성장할 것으로 보인다.

특히 2022년 기준 필리핀의 인터넷 보급률은 75%에 달해, 2020년에 비해 5% 증가한 수치로 세계 평균인 63%를 크게 웃돈다. 또한 필리핀의 소셜 미디어 사용자 중 48%가 온라인에서 비용을 지불하고 물건을 구매하는 등 전자상거래 활동이 활발하다. 스마트폰 사용자 수도 4년 사이 약 1,200만 명이 증가해 7,410만 명에 이르며, 이는 인구가 두 배 많은 인도네시아와 유사한 수준이다.

역사적으로 봤을 때 필리핀은 '아세안의 이방인'이라고 해도 과언이 아니다. 무려 7,000개 섬에 사람들이 뿔뿔이 흩어져서 각자 고립되어 살아왔기 때문에 오랜 시간 하나의 국가라는 인식이 별로 없었다. 19세기 초가 되어야 겨우 독립된 국가가 되었다. 거기다가 필리핀은 300년이 넘는 시간 동안 스페인의 식민 지배를 받았다. 그렇게 수많은 혼혈인들이 생겨 그 생김새만 해도 다른 아세안 국가와는 다소 차이가 있다.

정부 기관들이 중심이 된 디지털 발전

현재 필리핀을 이끌고 있는 지도자는 '봉봉'으로 불리는 페르디난드 마르코스 주니어Ferdinand Marcos Jr.이다. 그는 2022년 5월 대통령 선거에서 압도적인 표차로 당선됐다. 그의 이름인 '마르코스'에서 유추할 수 있듯, 그의 아버지 페르디난드 마르코스는 1965년부터 21년간 장기 집권을 한 독재자였다.

현 필리핀 정부 역시 전 세계적인 대세인 디지털 전환에 참여하고 있다. 특히 디지털 정부 구현을 위해 다양한 전자정부 정책을 추진 중이다. 이를 위해 필리핀 정보통신기술부, 고등교육위원회, 보건부, 통계청 등의 주요 부처가 5G 인프라 구축, 스마트 시티 개발, 핀테크 및 전자상거래 확장, 사이버 보안 강화와 같은 다양한 프로젝트를 진행하고 있다. 특히 정부는 필리핀 국민을 위한 통합 신분증 시스템 PhilSys 구축에 노력을 기울이고 있으며, 이를 통해 전국 7,000여 개 섬에 산재한 국민들이 보다 편리하게 공공 서비스를 받을 수 있을 것으로 기대된다.

또한 필리핀 정부는 다양한 스타트업 생태계 정책을 추진하고 있다. '혁신적 스타트업법 Innovation Startup Act'을 통해 상공부가 적극적으로 스타트업 생태계 조성에 나서고 있으며, '스타트업 개발 프로그램'을 통해 창업 기업을 지원하고 있다. 필리핀 국가개발공사 NDC 는 초기 스타트업을 대상으로 금융 투자도 하고 있다.

이러한 투자의 결과 필리핀의 전자상거래와 모바일 앱 시장은 꾸준히 성장하고 있다. 2020년 필리핀의 전자상거래 시장 규모는 한화 약 3조 8,250억 원이었으나, 2022년에는 약 17조 9,760억 원으로 급격히 확대됐다. 팬데믹 기간 동안 필리핀 소비자의 구매 건수는 57% 증가했으며, 이는 동남아시아 국가들 가운데 가장 큰 폭의 증가율을 보여주고 있다.

라오스: 농업사회 탈피와 디지털 경제에 대한 열망

라오스는 2023년 기준으로 인구 약 770만 명의 작은 나라로, 경제 성장률은 3~4% 정도를 기록하고 있다. 다만 수도 비엔티안의 경우 2024년 상반기 경제 성장률이 5.7%까지 상승하며 라오스의 전체 경제 발전을 이끌어나가고 있다.

라오스는 천혜의 관광 자원이 매우 풍부한 나라로, 관광업이 전체 경제에서 차지하는 비중이 10%에 이르고 고용 인구는 30만 명에 달한다. 또한 라오스는 동남아에서 유일한 내륙 국가로, 인근의 중국, 미얀마, 태국, 베트남, 캄보디아를 연결하는 지정학적 허브 역할을 하고 있다.

현재 라오스는 제9차 경제사회개발계획(2021~2025년)을 추진하며, 2026년에는 '최저 개발국'에서 벗어나는 것을 목표로 하고 있다. 특히 2021년 중국-라오스 고속철도 연결은 지역 인프라 발전과 연결성 측면에서 중요한 도약으로 평가된다.

라오스는 여전히 대외적으로 '사회주의 국가'이다. 1975년 이후 라오스 인민혁명당이 1당 체제를 유지하고 있다. 그러나 다른 사회주의 국가와 달리 권위주의나 독재 체제가 아닌, 비교적 안정된 집단 지도 체제를 운영하고 있다. 정치적 수뇌부는 대통령과 부통령, 총리와 4명의 부총리가 나라를 이끌고 있다.

현재 대통령은 통룬 시술릿 Thongloun Sisoulith 으로, 권력 서열 1위인 당서기장 출신이며 2025년까지 통치를 이어갈 예정이다. 그는 10년 이상의 외교 경력을 가지고 있어 경제 개혁과 개방, 대외 협력 확대 등을 통해 라오스 경제를 한 단계 도약시킬 인물로 평가받고 있다.

2021년 기술통신부의 디지털 경제 정책 전환

라오스 정부는 현재 디지털 경제 성장의 초석을 다지기 위해 디지털 금융 산업에 집중하고 있다. 금융 부문에서의 성공이 산업 전반에 영향을 미쳐 변화를 이끌 수 있다고 판단하기 때문이다. 이에 따라 최근 라오스 중앙은행은 일본 핀테크 회사와 협력해 블록체인 기술을 활용한 디지털 화폐인 디지털 라오킵을 개발했다.

다만 2020년대 이전에는 스타트업과 관련된 정부 기관으로 산업통상부 산하의 중소기업진흥과DOSMEP가 있었으나, 당시에는 정부 차원의 지원이 거의 없었고, 미국, 호주 등 해외 정부와 ADB 같은 국제기구가 주도해 스타트업 활성화를 지원해왔다.

2021년 라오스 기술통신부가 디지털 경제로의 전환 의지를 밝히면서 본격적으로 디지털화를 추진하기 시작했으며, 2025년까지 디지털 경제 분야를 GDP의 5%까지 끌어올릴 계획을 세웠다. 현재 라오스는 해외 기업들의 투자도 아직은 미미한 상태다. 라오스 스타트업 기업들은 기업 운영에 대한 열의가 높지 않고, 영어 능력도 부족해 자금 유치가 쉽지 않은 상황이다.

그러나 향후 성장 가능성은 분명히 존재한다. 라오스는 인구 구성이 매우 젊고, 과거 농업 사회에서 3차 산업으로 비중이 옮겨가는 과정에서 수도 비엔티안을 중심으로 교육열이 크게 높아지고 있다. 이러한 교육적 기반을 통해 스타트업에 필요한 인재들이 양성될 수 있다. 라오스에서 성공한 스타트업 중 하나로는 구직 및 채용 플랫폼인 108잡닷컴**108job.com**이 있으며, 라오스 국내뿐 아니라 주변 국가와도 연결되어 국제적인 일자리 정보를 제공한다. 그 외에도 라오스에서는 그랩과 우버 서비스가 운영되고 있지 않아, 2018년 라오스 자체 모빌리티플랫폼 로카**LOCA**가 서비스를 개시했고, 2022년 기준약 6만 명의 서비스 이용자를 기록했다. 라오스에는 대중교통 현대화를 위한 전문 기술 및 시스템이 아직 부족해, 국내 기업들이 시장 확장을 할 수 있는 좋은 기회를 찾을 수 있다.

캄보디아: 크메르 엔터프라이즈를 통한 국가 혁신

캄보디아의 1인당 GDP는 전 세계 195개 국가 중 150위권으로 최하위권에 속한다고 볼 수 있다. 그러나 아직 발전이 더딘 만큼 오히려 '기회의 땅'으로 평가되며, 아세안에서는 가장 빠르게 성장하는 국가 중 하나다. 1998년부터 2018년까지 20년간 평균 8%의 경제 성장률을 기록했으며, 2023년 국제통화기금은 2024년 캄보디아의 경제 성장률을 6.1%로 전망했다. 이는 아세안에서 가장 높은 성장률이다. 스타트업 생태계 순위는 100위권으로 높지 않으나 점차 활성화되는 모습을 보이고 있다. 2023년 말 기준 스타트업 수는 177개, 활발히 활동 중인 스타트업은 약 150개로 집계되었으며 이는 최근 급속도로 발전한 결과라고 할 수 있다.

현재 캄보디아 전역에서 생태계 활성화를 위해 총 75개의 프로그램이 운영되고 있으며, 그중 국제 프로그램은 20개, 국내 프로그램은 55개로 분석된다. 세부적으로는 혁신 프로그램, 액셀러레이터, 인큐베이션, 해커톤, 장학금, 인턴십, 멘토 모집, 창업 코스, 시상식 등 다양한 스타트업 지원 프로그램이 포함되었고, 스타트업 관련 전시회, 컨퍼런스, 온라인 강의, 모임 등 행사도 지속적으로 개최되고 있다.

캄보디아 스타트업 생태계의 본격적인 추진은 2010년대 초반부터 시작되었다. 당시 경제가 성장하면서 젊은이들이 스마트폰을 소유하기 시작했고, 이를 기반으로 디지털 인프라가 조금씩 확장됐다. 이때 IT 서비스, 소프트웨어 개발, 전자상거래 등 분야에서 창업이 이루어졌으며, 주로 수도 프놈펜에서 활동이 집중되었다. 이후 정부 및 민간 기관에서 네트워킹, 멘토링, 자금 조달 등의 기회를 제공하면서 생태계가 활성화되기 시작했다.

국가 전략의 하나로서 본격적인 추진이 시작된 것은 2020년 12월이다. 당시 캄보디아 정부는 '캄보디아 디지털 경제 및 사회 정책 프레임워크 2021~2035 Cambodia Digital Economy and Society Policy Framework 2021~2035'를 발표하면서 본격적인 시동을 걸었다. 이는 2021년부터 2035년까지 캄보디아의 디지털 경제와 사회를 발전시키기 위한 로드맵을 제시하며, 기술 인프라 구축, 디지털 기술 교육, 스타트업 생태계 지원, 전자정부 확립 등을 주요 목표로 설정하고 있다.

시장 규모가 크지 않다는 약점

생태계의 발전과 관련해서는 국가적 플랫폼인 크메르 엔터프라이즈Khmer Enterprise를 주목할 필요가 있다. 이 기관은 상업부 산하에 설립되어 캄보디아 내 기업가 정신과 중소기업의 발전을 지원하고 있다. 캄보디아의 경제 성장을 장려하고 지속 가능한 비즈니스 환경을 조성하며, 특히 생태계 구축을 체계적으로 지원하고 스타트업 및 중소기업에 재정적·비재정적 지원을 제공한다. 또한, 국내외 벤처캐피털이나 투자자들이 캄보디아 창업 생태계에 투자하도록 기업가 활동을 촉진하는 역할을 한다. 구체적인 역할은 일반적인 창업 장려 지원과 크게 다르지 않으며 창업 및 스타트업 지원, 액셀러레이터 및 인큐베이터 프로그램, 펀딩 및 재정적 지원, 네트워킹 및 멘토링, 교육 및 역량 강화 등이 포함된다.

민간 영역에서 주목할 만한 스타트업 관련 기관으로는 코르코앤젤스Corco Angels와 스마트 악시아타 디지털 혁신 펀드Smart Axiata Digital Innovation Fund가 있다. 코르코앤젤스는 캄보디아 생태계에서 중요한 역할을 담당하고 있다. 주로 초기 단계 스타트업에 투자를 하고 있으며, 스타트업에 필요한 자본과 멘토링을 제공한다. 이들은 자금 지원에 그치지 않고 창업자들에게 네트워킹 기회와 비즈니스 성장을 돕는 전략적 소언도 제공하며, 핀테크, 디지털 서비스, 전자상거래 등 다양한 기술 기반 스타트업에 중점을 두고 있다.

스마트 악시아타 디지털 혁신 펀드는 캄보디아 주요 통신사와 협력하여 운영되며, 디지털 경제 발전을 목표로 초기 단계 스타트업에 재정 지원, 멘토링, 전략적 조언 등을 제공하고 있다.

캄보디아의 생태계가 점점 발전하고는 있으나, 여전히 해결해야 할 과제도 존재한다. 그중 가장 큰 문제점은 시장 규모가 작아 예상 수익이 크지 않다는 점이며, 이로 인해 자본에 대한 접근성이 낮다. 생태계 발전에는 꾸준한 자본 투입이 필수적인 만큼, 이 문제는 시급히 해결되어야 한다. 미흡한 교육 환경 역시 해결 과제이다. 초등 교육은 의무적이나 경제적 어려움으로 중도 탈락률이 높고, 중등 교육 역시 등록률이 떨어진다. 특히 농촌 지역 어린이들은 교육 기회가 많지 않으며, 교육의 질도 전반적으로 낮다. 더불어 영어 교육이 점차 확산되고 있지만 접근성이 낮아 해외 스타트업과 활발히 교류할 수 있는 환경이 조성되지 못하고 있다.

브루나이: 스타트업 생태계의 초창기

브루나이는 제주도의 3배 정도 면적에 인구 45만 명의 작은 나라로, 경제 성장률은 3% 내외를 기록하고 있다. 하지만 브루나이는 1인당 GDP가 세계 5위를 기록하며, 국민의 삶의 질을 세계 선진국 수준으로 끌어올리는 것을 목표로 교육과 보건 시스템을 구축해왔다. 특히 막강한 오일머니를 바탕으로 스웨덴을 상회하는 국가 복지를 지원하고 있다.

브루나이 경제진흥원 DARE(Darussalam Enterprise).

어떤 면에서 브루나이는 아세안에서는 다소 '이질적인 나라'라고 표현할 수 있을 정도다. 한때 생존이 절박하던 나라였지만, 20세기 초 석유가 발견되고 천연가스가 충분하게 생산되면서 전세는 완전히 뒤바뀌었다. 당시 국왕은 수천 대에 이르는 슈퍼카와 자가용 비행기를 구매하며 사치를 부렸다. 혼자만 사치를 부린 것은 아니다. 국민은 세금을 거의 내지 않고, 대학까지 완전한 무료 교육을 받으며 유학까지 무상으로 할 수 있다. 여기에 병원 치료에도 거의 돈을 내지 않고 누구나 '공공주택 제공 프로그램'을 통해 저렴한 가격에 집을 소유하거나 임대할 수 있다. 나이가 들면 연금까지 넉넉하게 주기 때문에 평생 돈 때문에 걱정하며 살 일이 없는 것이다. 다만, 죄를 지으면 상상을 초월할 정도로 엄격한 처벌을 받는다. 이슬람 율법이 도입되어 있어서 여전히 태형 제도가 존재한다. 도둑질, 간통 등의 범죄를 저지르면 뼈가 부러질 정도로 맞고, 손이 잘리거나 무자비한 돌팔매질을 당해야 한다. 이러한 형벌 제도로 인해 브루나이는 매우 보수적인 문화를 유지해왔다.

브루나이는 또 정치 시스템도 현대 대부분의 나라와는 매우 다르다. '세습 절대 왕정제'를 유지하며, 정당으로는 왕실을 지지하는 국민연합당 하나만 허용되고 언론, 출판, 집회, 결사의 자유가 제한되어 있다. 또, 외국인과 다른 종교에 대해 매우 배타적이다. 성경을 소지하는 것만으로도 포교 행위로 간주되어 즉시 체포되며, 기존 불교, 도교, 힌두교 사원의 증축을 금지해 명맥을 이어가기 어렵게 하고 있다. 자국민 보호에 입각한 엄격한 정책들도 시행되고 있다. 의회가 존재하긴 하나 공식적인 입법 활동은 제한적이다.

현재 정치 지도자는 하사날 볼키아Hassanal Bolkiah로, '술탄Sultan'의 지위를 지니고 있다. 이슬람 문화권에서 술탄은 군주나 지도자를 의미하며, 브루나이에서는 모든 정치적 권한이 술탄의 권위 아래 집중되어 있다. 하사날 볼키아는 1967년 술탄에 오른 이후 현재까지 브루나이를 통치하고 있으며, '술탄을 위한, 술탄의 나라'라고 해도 과언이 아닐 정도로 절대적인 권력을 행사하고 있다.

'디지털 경제 마스터플랜 2025' 진행 중

브루나이는 강력한 군주의 나라지만, 전 세계적인 디지털 변화의 흐름에서 완전히 벗어날 수는 없다. 현재 다양한 인공지능, 사물인터넷 등 여러 스마트 기술을 도입하는 단계에 있으며, 스타트업 생태계 역시 초기 단계에 있다. 현재 브루나이는 교통정보통신부MTIC, 개발부MOD, 정보통신기술산업청AITI이 ICT 전략 수립 및 시행, 디지털 패러다임 전환, 지속 가능한 도시 개발, 디지털 기술 향상 교육 제공 등을 맡아 일하고 있다.

2021년, 브루나이 정부는 '디지털 경제를 위한 스타트업 진흥 마스터플랜'을 마련했으며, 2022년 '한·아세안 정상회의'에서 브루나이 국왕은 디지털·혁신, 기후변화, 한·해양 동남아 협력을 주요 협력 분야로 꼽았다. 브루나이는 한국을 롤모델로 삼고 있으며, 정부와 민간기관, 학교 등에서 벤치마킹을 위한 방문이 이어지고 있다.

현재 브루나이의 인터넷 사용 비중은 99%로 매우 높은 수준이다. 반면, 고정 광대역 가입자 비중은 27%로 상대적으로 모바일 사용 비중이 높다는 사실을 알 수 있다.

브루나이 정부의 국가 장기 발전 계획으로는 '브루나이 비전 2035'가 있다. 2007년에 발표된 이 장기 계획은 양질의 교육과 전문기술을 갖춘 인재를 배출하는 것을 목표로 하며, 이를 통해 최상의 교육 시스템 구축, 삶의 질 분야에서 UN '인간개발지수' 기준 세계 10위권 진입, 1인당 국민소득 세계 상위권 진입을 지향하고 있다. 현재

정부는 5G 잠재력을 실현하기 위해 광섬유 케이블 배치, 5G 기지국 건설 등 필요한 인프라에 투자하고 있다.

특히 디지털 전환에 특화된 정책으로 '디지털 경제 마스터플랜 2025 Digital Economy Masterplan 2025'가 있다. 이 계획은 정부 기관을 위한 데이터 플랫폼 제공과 함께 스마트 국가 건설을 목표로 인력 및 인재 개발, 산업 디지털화, 정부 디지털화, 번영하는 디지털 산업이라는 네 가지 추진 전략을 수립하였다. 이를 통해 물류, 운송, 에너지, 비즈니스, 서비스, 관광, 금융, 헬스케어, 농업 등 주요 산업에 디지털 신원과 전자 결제 서비스를 도입할 예정이다.[6]

2023 아세안 10개국
공동업무협약 스타트업 빌더 서밋
(2023.5.10. 넥스트챌린지 서울 벤처스튜디오)
주최 · 주관: 넥스트챌린지재단

참여국 및 단체

1. 베트남

베트남 기획투자부 NIC

베트남 정보통신부 국영기업 VTC Online

베트남 빈그룹 빈대학교 Vin University

베트남 펄브라이트대학교 FulBright University

2. 말레이시아

MRANTI

선웨이대학교 Sunway University

모나시대학교 Monash University Malaysia

3. 캄보디아
크메르 엔터프라이즈 Kmher Enterprise
테크노스타트업센터 Techno Startup Center

4. 브루나이
DARE Darussalam Enterprise
다르에스살람대학교 Universiti Brunei Darussalam

5. 싱가포르
엔터프라이즈 싱가포르 Enterprise Singapore
싱가포르사회과학대학교 Singapore University of Social Sciences

6. 인도네시아
Gerakan Nasional 1000 Startup Digital
Institut Teknologi Bandung

7. 필리핀
QBO Innovation Hub
PCIEERD Philippine Council for Industry, Energy and Emerging Technology Research and
Development
아테네오데마닐라대학교 Ateneo de Manila University

8. 태국
Digital Economy Promotion Agency

9. 라오스
Lao ICT Comerce Association
Lao People's Revolutionary Youth Union
라오스국립대학교 National University of Laos

인재 유출
(브레인드레인) 현상

브레인드레인Brain Drain은 고급 기술, 지식, 또는 전문성을 가진 인재들이 더 나은 경제적, 사회적, 또는 직업적 기회를 찾아 출신 국가나 지역을 떠나 다른 곳으로 이주하는 현상을 말한다. 주로 개발도상국에서 선진국 같은 지역으로 인재가 유출되는 것을 의미한다.

주요 특징
1. 이동 주체
과학자, 의사, 엔지니어, 연구원, IT 전문가 등 고급 기술과 지식을 가진 인재

2. 이유
더 나은 급여와 복지
연구 및 교육 환경의 질적 차이
정치적 안정성
사회적 불평등 또는 차별
더 나은 생활 수준과 기회

3. 주요 발생 지역
유출 지역: 개발도상국, 정치적 불안정 지역, 경제적 기회가 부족한 지역(국내 지방 도시)
유입 지역: 선진국(미국, 캐나다, 독일, 영국 등), 기술 및 연구 중심지

긍정적/부정적 영향

1. 유출 국가, 지역에 미치는 영향

부정적:

고급 인재 부족으로 경제 성장 저하

의료, 교육, 기술, 고부가가치 산업 등 주요 분야의 인력 공백

국가, 지역 경쟁력 약화

긍정적:

해외에서 성공한 인재들이 본국 경제에 기여

글로벌 네트워크 형성 가능성

2. 유입 국가, 지역에 미치는 영향

긍정적:

고급 인재 확보로 경제 및 기술 발전

노동력 부족 문제 해결

부정적:

이민자, 이주자와 현지인 간의 갈등 가능성

유입 국가 내 인프라 부담 증가

해결 방안

1. 유출 국가 및 지역

고급 인재를 위한 더 나은 근무 환경과 보상 제공(직, 주, 락, 학 환경 개선 필요)

정치적 안정성과 사회적 평등 강화

연구 및 교육 투자 확대

2. 유입 국가 및 지역

유입 인재의 공정한 대우와 통합 정책 마련

유출 국가, 지역과 협력 강화(예: 공동 연구 프로그램)

인재 유출은 글로벌화와 함께 더욱 심화되고 있으며, 이를 해결하기 위해서는
국가, 지역 간 협력과 균형 잡힌 정책이 필요하다. 특히 한국 내 수도권 집중화
현상으로 지역소멸이 현실화하고 있는 만큼 깊은 고민이 필요하다.

Chapter 4

늑대 군단의
우두머리가 되기 위한 새로운 리더십,
스타트업 DNA

시대가 낳은 교육,
교육이 이끄는 새로운 시대

시대는 그에 걸맞은 교육을 낳는다. 고대에는 고대의 교육이, 근대에는 근대의 교육이, 현대에는 현대의 교육이 학생들에게 지식과 인성을 전파하면서 성장하도록 만든다. 그래서 그 본질은 '미래 사회에서 살아가는 법을 다음 세대에 전달하고 안내하는 것'이라고 말할 수 있다.

그런데 이 과정에는 특정한 시기에 묘한 괴리와 격차가 불규칙적으로 등장하게 된다. 중세의 막바지 교육은 새롭게 다가올 근대 사회의 구성원을 키울 수 없었고, 근대의 막바지에는 또다시 현대적으로 변화하는 시대에 걸맞은 교육을 시킬 수 없었다. 바로 지금이 이러한 불규칙적인 괴리와 격차의 시기이다.

오늘날 많은 한국 교사가 '19세기의 교사가 20세기의 교실에서 21세기에 살아갈 아이들을 가르치고 있다'라고 말하며 푸념하는 이유 역시 바로 여기에 있다. 하지만 이는 일부 교사의 낙후된 교육 환경에 대한 불평불만으로만 봐서는 안 된다. 교육 철학자 존 듀이**John Dewey**는 이렇게 말했다. "오늘의 학생을 어제의 방법으로 가르치는 것은 그들의 내일을 망치는 것이다."

시대의 흐름이 급격하게 꺾이는 그 분절의 시기에 교육은 주춤거리고, 아이들은 자신이 중심될 시대를 살아갈 준비를 충분히 하지 못하는 것이 현실이다. 서양에서는 '학생의 내일을 망친다'고 하지만, 동양에서는 '학생을 어둠에 갇히게 한다'라는 인식을 가지고 있다.

《법구경法句經》에는 '무지는 가장 큰 어둠이며, 지혜는 가장 밝은 빛이다'라는 말이 있다. 제대로 배우지 못한 자는 평생을 무지라는 어둠 속에서 살아가야 한다는 이야기다. 장자莊子 역시 배움의 과정을 '어둠 속에서 밝음이라는 길을 찾아가는 과정'이라고 말한다. 역시 학생들에게 제대로 된 교육을 제공하지 못한다면, 밝음이 주는 행복을 느끼지 못하도록 하고, 어둠 속에 그들을 방치하는 결과를 낳게 된다. 그런 점에서 학생들의 미래를 망치고, 그들의 인생을 어둠에 갇히지 않게 하기 위해서는 새롭게 변화하는 교육의 방향을 순발력 있게 따라가지 않으면 안된다.

구글이 선정한 최고의 미래학자로 잘 알려진 토머스 프레이 Thomas Frey는 2030년쯤이면 대학의 50% 이상이 붕괴할 것으로 내다보고 있으며, 교육 분야마저 완전히 디지털로 전환될 것이라고 내다보고 있다. 그는 이렇게 말했다.

"10년 후 세계 최대 테크기업의 주요 사업은 교육 분야가 될 전

기업가중심의 인재를 위한 스타트업 고등학교 **NCS**

세계 TOP 대학 졸업 후
글로벌 대기업 & 스타트업 취업

넥스트챌린지스쿨은 **스타트업 창업교육**을 통해
Ai 디지털 혁명이 주도하는 미래사회와 진로 변화를 이해하고,
자녀의 글로벌 유망 빅테크기업 및 스타트업 취업을 지원합니다.

망이다. 아직 우리가 들어본 적 없는 기업이 주인공이 될 수 있다."

그가 말하는 대학의 붕괴와 교육 분야의 테크기업 등장은 지금 현재의 교육이 어떻게 변화해야 하는지를 잘 보여주고 있다. 지금 앞서나가는 교육 전문가들은 한결같이 미래 교육이 완벽하게 변해야 한다고 말하고 있다. 대학 교수는 이제 첨단 수업의 설계자이며, 데이터 분석가이며, 기술 전문가가 되어야 한다며, 이제 더 이상 정해진 수업 시간, 정해진 강의실, 특정한 '학부'를 정하는 것도 사실상 그 의미가 사라진다고 말하고 있다. 예를 들어 지식 자체가 융합되며 그 경계가 사라지고 있는 상황에서 '불어불문학과', '철학과', '화학과'라는 구분은 구시대의 것에 불과하다. 지식의 초융합 시대에는 화학의 분야에서 철학적 사고를 할 수 있는 인재가 필요하며, 동시

에 인공지능을 최대한 활용해 프랑스에서 발간된 논문을 읽을 수 있어야 하기 때문이다.

결국 이제 우리에게는 새로운 시대에 걸맞은 새로운 교육 DNA가 필요하다. 미래를 이끌어나갈 인공지능의 시대를 살아갈 학생들이 더 수준 높은 창조에 도전하기 위해서는 스타트업 DNA를 교육에 도입하는 일이 필수적일 수 있다. 이미 세계의 혁신대학들이 여기에 나서고 있다.

특히 넥스트챌린지재단은 2024 글로벌 AI & 에듀테크 서밋을 개최해 세계에서 대표적인 혁신대학을 불러모았다. 미국의 미네르바대학교와 싱귤래리티대학교, 스페인의 몬드라곤대학교와 하버스페이스대학교, 영국의 런던인터디서플리너리스쿨과 유니버시티컬리지런던, 핀란드의 알토대학교, 싱가포르의 싱가포르기술디자인대학교 등이 있다(부록에서 상세 설명). 또한 한국에는 국내 최초 스타트업 고등학교와 대학을 특화시킨 넥스트챌린지스쿨**NCS, Next Challenge School**(대안교육등록기관)이 설립됐고 넥스트챌린지유니버시티는 교육부 대학인가를 준비 중이다. 이들은 모두 기존 교육의 공통된 문제점을 인식하고 다양한 혁신을 통한 창조적 독점을 디자인하고 있다. 이리한 새로운 흐름을 받아들여 이제 한국 교육 역시 '어제의 방법'이 아닌 '내일의 방법'으로 디지털 대전환을 이뤄내야만 한다.

심층적이고 구조적인 붕괴의 시작, 한국 교육

한국 교육의 문제점을 지적하는 교사, 전문가, 학자들의 이야기는 끊임없이 쏟아져왔다. 대부분은 '한국 교육은 이제 붕괴의 임계점에 다다랐으며, 이미 붕괴가 시작됐다'고 진단한다. 지난 30년간 학생은 학생대로, 부모는 부모대로, 교사는 교사대로 '골병'이 들었다고 해도 과언이 아니다. 우리는 흔히 '정치가 이러니 나라가 망한다'느니, '나라가 망할 정도로 경제가 어렵다'는 말은 하곤 한다. 물론 충분히 의미있는 말이지만, 한 국가를 더 심층적이고 구조적인 차원에서 붕괴시키는 것은 결국 교육이라고 할 수 있다. 하지만 모두가 알고 있고, 모두가 해결됐으면 문제는 왜 바뀔 기미가 보이지 않을까? 특히 사회의 모든 면에서 눈부신 변화와 혁신을 이뤄낸 한국이 이 교육의 문제를 여전히 해결하지 못하는 것은 가히 '미스테리'에 가깝다고 해도 과언이 아니다. 결국 우리는 이 문제를 근본부터 다시 되짚어 보고 이제껏 활용해보지 않았던 전혀 다른 해법을 끌어내야만 한다.

신뢰를 거두는 학부모, 교단을 떠나는 교사

미국의 철학자이자 교육학자인 존 듀이는 현대 사회의 교육 철학 확립에 큰 기여를 한 인물이다. 그는 고정된 지식 전달의 방식이 변화하지 않으면 학생들의 창의성과 비판적 사고를 저해할 수 있다며 공교육의 경직성을 비판하기도 했다. 특히 그는 학교를 '사회적 실험실 Social Laboratory'로 설정했다. 그에 따르면 학교란 학생들이 사회의 다양한 문제와 도전에 직면해 실질적인 해결책을 찾는 곳이 되어야 한다. 현실 세계에서 적용 가능한 기술과 지식을 학습하도록 해야 한다는 이야기다. 무엇보다 그는 교육이 사회의 변화를 촉진하고 더 나은 사회의 건설을 위한 중요한 역할을 해야 한다고 보면서 전통적인 수업 방식에서 벗어나, 프로젝트 기반 학습, 협동 학습, 그리고 탐구 중심 학습을 이어가야 한다고 보았다.

그가 1900년대 초반에 활약했던 인물이라는 점에서 2020년대인 지금도 여전히 그의 관점이 유효하다는 점에서 놀라지 않을 수 없다. 그런 점에서 '교육으로 흥한 나라'라고 할 수 있는 한국 공교육의 문제를 되돌아볼 때 존 듀이의 맥락에서 바라볼 필요가 있다.

한국이 이뤄낸 번영은 곧 부모 세대가 눈물과 땀으로 자녀들을 교육한 결과였으며, 비록 희생과 고통은 있었지만 그 결과 한국의 우수한 인적 자원을 길러냈다. 외국인은 한국을 두고 '한강의 기적'이라고 말하지만, 어떤 면에서는 '교육의 기적'이라고 말해도 틀리지 않다. 부모 세대들은 분명 자녀 교육을 통해 대한민국 성장의 발판을 만들었다.

과거 경제학자들은 '물-다이아몬드 패러독스water-diamond paradox'라는 것을 고민했다. 물은 모든 생명체에 필수적인 자원이고, 물이 부족하면 결국 죽게 된다. 반면 다이아몬드는 우리의 일상과는 별로 관련이 없다. 평생 그것을 단 한 번도 보지 못해도 사는 데 지장 없고, 갖지 않아도 생명에도 영향을 미치지도 않는다. 그런데 이렇게 절대적으로 우리에게 필요한 물은 매우 싸고, 별 필요도 없는 다이아몬드는 엄청나게 비싸다. 바로 이것이 물-다이아몬드 패러독스다. 이 문제를 해결할 수 있었던 것은 바로 '한계 효용'이라는 개념이었다. 물이 일정한 양만 필요하다. 일단 지금 갈증이 해소되었다면 옆에 1만 리터의 물이 있어도 별로 의미가 없다. 아무리 비싸지려고 해도 간헐적으로 필요할 뿐이니 비싸지지 않는다. 반면 다이아몬드는 애초에 매우 희귀하다. 가지고 싶어도 가질 수가 없으니 당장은 필요가 없어도 비싸지게 된다.

한 나라가 성장하는 데에도 한계 효용의 법칙이 적용된다. 한 국가의 GDP가 성장하는 것에는 크게 세 가지 요인이 있는 것으로 분석된다. 자본, 설비, 그리고 인적 자원이다. 일단은 돈이 있어야 되고, 공장이나 생산 시스템의 설비를 갖춰야 하고, 마지막으로 이를 운용하고 인력이 있어야 한다. 그런데 자본과 설비에는 '한계 효용'이 작동한다. 적절하게 필요할 때 자본을 투여하고 설비를 늘리면 성장에 큰 도움이 된다. 하지만 어느 순간부터는 아무리 자본을 투여하고 설비를 늘려도 성장이 비례하지 않는 순간이 다가온다. 이것은 마치 꼭 필요하지만, 일단 한번 충족되면 그 단계에는 더 이상 필요가 없는 물과 마찬가지다. 오히려 과도한 투자와 쓸모없는 설비가 되어 성장에 방해가 된다. 하지만 사람에 대한 투자는 완전히 다르다. 교육과 그 교육이 만들어내는 성과는 무한대이기 때문이다. 이는 마치 희귀하기에 더 가격이 비싼 다이아몬드와 같은 존재이기도 하다.

한국이 전 세계에서 유일하게 후진국에서 선진국으로 전환될 수 있었던 것은 바로 이 무한대의 힘인 인적 자원에 대한 강력한 투자가 있었기 때문이다. 우리 부모 세대가 교육에 투자했던 그 피와 땀은 대한민국이라는 나라가 한계 효용을 돌파하는 결정적인 역할을 했던 것이다.

디지털 시대의 개막과 한계에 이른 다이아몬드

그러나 이제 우리의 교육은 완전히 바뀌어야 할 때가 오고야 말았다. 지난 30년간 고스란히 축적된 부정적인 영향과 부작용, 그리고 디지털 시대에 걸맞은 인재를 키워내기에는 과거의 시스템은 더 이상 제대로 작동되지 않는다. 그 사이 공교육은 붕괴에 가까운 퇴보를 하고 있었다.

가장 단적인 지표는 지난 2020년 한국교육개발원KEDI에서 학부모 4,000명을 대상으로 하는 여론 조사 결과다. 사교육을 시키지 않는 학부모는 2.1%, 한국의 초·중·고 교육에 대한 A-B-C-D-E 중에서 긍정적(A+B)이라고 평가한 사람은 12.7%에 불과했다. 전체의 90%가 긍정적으로 평가하지 않으며, 전체의 98%가 대체재가 필요하다고 여기는 공교육에 어떤 특별한 가치를 둘 수 있을까?

이렇게 학부모들이 교육에 대해 부정적인 인식을 가지고 있을 때, 교사들은 자신의 직업을 포기하기 시작했다. 〈2019-2023년 초·중·고등학교 중도 퇴직 교원 현황〉에 따르면 매년 6,000명이 넘는 교사들이 퇴직했으며, 2023년에 발생한 '서이초 사건' 이후, 중도 퇴직 교사는 12.6% 늘어나 한 해 동안 7,600여 명에 달했다.

그런데 한국 교육이 이렇게 망가져가고 있음에도 그나마 유지될 수 있었던 이유가 있다. 바로 해외 전문가들의 오해와 세계적인 교육 평가 결과에 대한 잘못된 해석이었다.

가장 주요한 인물로 미국의 버락 오바마 전 대통령을 빼놓을 수 없다. 그는 2009년 한국을 방문한 이후 수차례 한국 교육을 칭찬했고, 수업 일수와 방과 후 프로그램 등에서 한국에 주목해야 한다고 언급했다. 이는 교육 분야에 있어서 미국이 한국을 벤치마킹해야 한다는 의미다. 그의 발언은 큰 파장을 미쳤다. 다른 사람도 아닌 현직 대통령이 미국이 아닌 한국의 교육을 칭찬했다는 점에서 한국인들이 교육에 대한 자부심을 갖기에 충분했기 때문이다. 한국 부모들은 비록 매일 자녀들이 학교에서 주입식 교육을 받고 있어도, '미국 대통령도 칭찬하는 교육'이라는 자기 위로를 하고 있었던 것이다.

2024년 9월 이창용 한국은행 총재는 영국 일간 〈파이낸셜타임스〉에서 이렇게 이야기했다.

"한국 교육 시스템에 찬사를 보내는 세계 지도자들은 그 실상을 제대로 알지 못한다. 서울의 부자들은 어린아이를 조기교육에 힘입어 입시학원까지 보낸다. 더욱이 여성들은 자녀 교육을 위해 일을 그만둔다. 이 치열한 경쟁은 경제를 해치고 모두를 불행하게 만든다."

이 총재의 '불행'에 관한 언급은 그의 주관적 느낌이 아니다. 2021년을 기준으로 해서 한국 어린이와 청소년의 주관적 행복도는 경제협력개발기구 OECD 회원국 중 꼴찌였다. 이러니 부모들이 행복할 리가 없고, 결국 '모두'가 불행해진다. 이제 한국의 교육은 성장을 만드는 사다리가 아닌, 나락으로 가는 미끄럼틀이 되어버렸다. 물론 오바마 대통령의 견해를 충분히 존중한다고 하더라도, 그것은 한국 교육을 바라보는 균형 잡힌 시각은 아니었다.

세계 교육기관들의 평가와 이를 잘못 해석한 언론도 빼놓을 수 없다. 2011년 11월 영국의 피어슨그룹 Education Group Pearson은 세계 40여 개국의 교육체계를 비교한 보고서를 발표했다. 이 보고서에 근거해서 한국 언론사들은 앞다투어 '한국 교육 시스템 경쟁력은 세계 2위'라는 기사를 쏟아냈다. OECD 40개국 중에서 핀란드에 이어 2위를 했으며, 그리고 우리가 알고 있는 모든 선진국들을 제쳤다는 점에서 매우 놀라운 결과가 아닐 수 없다. 거기다가 피어슨그룹이라면 〈파이낸셜타임스〉〈이코노미스트〉, 펭귄북스와 같은 미디어를 소유한 세계 최대의 다국적 교육출판미디어그룹으로 평가받고 있다. 우리 입장에서는 당연히 신뢰할 수밖에 없었다. 하지만 피어슨그룹의 실제 연구 보고서에서 '교육시스템 경쟁력'이라는 말은 그 어디에서도 찾아볼 수 없고, 단지 한국 학생들의 학업 성취도가 높다는 것, 그리고 졸업률이 높고 문맹률의 지표가 우수하다는 뜻일 뿐이었다.[1] 언론의 완전한 곡해였다.

심지어 지난 2024년 경제협력개발기구가 주관하는 국제 학업 성취도 평가 PISA에서도 대중들이 볼 때에는 충분히 오해할 만한 결과가 나왔다. 이 평가는 OECD 회원국 가운데 28개국을 포함한 세계 64개국의 만 15세 학생을 대상으로 이루어지는 평가이다. 2024년 8월에 발표된 결과를 기반으로 '한국의 학생들이 창의력 사고력 국제 비교에서 무려 세계 2위를 차지했다'는 보도가 나왔다. 이렇게만 본다면 '와, 한국 학생들의 창의력이 세계 2위구나!'라고 생각할 법하다. 하지만 과거의 평가에서 중국 학생들은 수학, 과학 과목에서 3~4차례 1위를 차지한 바 있다. 그렇다면 전 세계에서 중국 학생들이 수학과 과학에서 '최고'라고 평가할 수 있을까?

오바마 대통령의 관점도 이해는 가고, 세계 평가 기관들의 보고서에서 한국 교육의 희망을 찾고 싶었던 언론의 심정도 이해할 수 있다. 하지만 이제는 더 이상 머뭇거릴 수 있는 시간은 없다. 안타깝지만 과거 한국 교육의 성과에서 완전히 탈출할 시간이 되었다.

미래를 위한 유일한 투자, 교육

국가는 중요한 정부 기관을 만들어서 여러 가지 일을 하지만, 투여하는 에너지가 상당수 '미래'에 맞춰진 기관은 별로 없다. 국방부는 당장 오늘의 적을 막기 위해 총력을 기울이고, 외교부는 당장의 국제 질서에 적응하고 유리한 환경을 만들기 위해 노력한다. 보건복지부 역시 아기들이 태어났을 때부터 노인들이 사망하기까지 하루하루를 돌보는 복지에 신경 쓴다. 모든 목표가 '오늘, 현재'에 맞춰져 있고, 또한 성과도 바로 생긴다. 국방력이 강해지면 국민이 안심하고 일할 수 있기 때문에 생산성이 높아지고, 복건복지부의 돌봄 아래 건강을 지키는 국민들은 오늘도 행복하게 일할 수 있기 때문이다. 즉, 국가 기관이 하는 '오늘'의 노력이 곧바로 '오늘'의 성과로 돌아오게 된다.

하지만 교육부는 다르다. 1만 명의 아이가 초등학교부터 대학까지 무사히 졸업한다고 한들, 국가에 주는 이익은 별로 없다. 나라를 위해 일을 하지도 않고, 공장에서 일하며 생산성을 높이지도 않는다. 어떤 면에서 보자면 투입 대비 산출의 효율성은 극도로 낮다고 봐야만 한다. 그럼에도 교육에 막대한 예산을 쏟는 이유는 학생들이 대학 졸업 이후부터는 국가를 이끌어가는 주체가 되기 때문이다. 깊은 땅속에서 수많은 시간이 흘러야 비로소 반짝이는 다이아몬드가 되는 원리가 다르지 않다.

남아공의 첫 흑인 대통령이자, 많은 이들에게 존경을 받는 넬슨 만델라는 이런 말을 한 적이 있다. "교육은 가장 강력한 무기다. 이것을 통해 세상을 변화시킬 수 있다."

한국의 공교육이 변하지 않으면, 그것은 곧 미래를 살아나갈 무기를 잃어버리는 것이 마찬가지다. 지금 아무리 강대국이라도 언제 후진국이 될지 모르는 세상이다.

한때 잘살았던 나라가 어느 순간 뒤처져 경쟁조차 할 수 없을 정도로 저 멀리 뒤처지는 경우는 숱하게 많았다. 1950년대 초반까지만 해도 쿠바는 미국보다 월등히 잘살았다. 미국과의 GDP는 비교할 수도 없이 높았고, 라틴 아메리카에서 가장 높은 생활 수준과 번영을 누렸다. 1970년대에는 '멕시코의 기적 Mexican Miracle'이라는 것도 있었다. 당시 멕시코인들은 산업화를 통해서 경제적 번영을 이루면서 생활 수준도 상당히 향상됐다. 17세기에는 이른바 '네덜란드의 황금시대 Golden Age of the Dutch'라는 것도 있었다. 당시 암스테르담은 영국을 앞선 국제 금융의 중심지로 아시아의 무역을 장악하면서 막대한 부를 축적했다.

한국이 지금 이뤄놓은 여러 성취에 만족하고 있으면서 교육의 변화를 방치할 때, 우리는 언제든지 쿠바, 멕시코와 같은 처지로 전락할 수 있다는 사실을 잊어서는 안 된다.

교육 주체가 바뀌어야
교육이 바뀐다

세상의 거의 모든 일은 '누가 하는가'에 따라서 그 과정과 결과가 크게 달라진다. 우리가 주기적으로 국가의 지도자를 바꾸고, 기업에서도 새로운 경영자가 취임하는 일도 결국 그 주체를 바꾸어서 뭔가 새로운 시도를 해보자는 것과 다르지 않다. 이러한 방법은 교육에서도 그대로 적용될 수 있다. 물론 사람은 바꾼다고 다 성공할 리는 없으면, 분명 더 큰 실패를 할 수도 있다. 그러나 문제는 그러한 시도를 한 번도 해보지 않았다면 도전해보지도 않고 망해버리거나 방치되는 결과가 발생한다. 안타깝게도 한국 교육이 바로 이러한 상황에 있다.

한국 교육 정책의 첫 번째 주체라고 할 수 있는 교육부 장관은 거의 대부분 비슷한 배경, 비슷한 학력, 비슷한 출신을 가지고 있다. 경영자가 교육부 장관으로 임명되었던 사례는 단 한 명도 없었으며 공학자가 임명된 경우는 단 한 번이었다. 그렇다면 교육부의 지휘 아래 현장 교육을 담당하는 교사들은 어떨까? 마찬가지로 그 선발 과정 역시 한 번도 변한 것이 없다. 대한민국 정부 수립 이래 공교육 교육제도가 도입되면서 사범대학과 교육대학을 중심으로 교사를 양성했기 때문이다. 과연 우리는 교육의 주체가 바뀌지 않았음에도 불구하고 교육의 과정과 결과가 바뀌기를 기대할 수 있을까?

80년간 바뀌지 않았던 교육부 장관의 배경

역사적으로 '교육의 주체'에 대해서는 지속적으로 논란과 비판이 있어왔다. 고대 그리스 시대부터 이미 소크라테스는 '교사는 지식을 전달하는 역할이 아닌 학생의 사고를 유도하는 역할을 해야 한다'고 보았다. 이미 당시부터 교육적 주체의 역할에 대한 논쟁이 있었기 때문에 나온 주장이라고 볼 수 있다.

교육의 주체에 가장 강한 비판이 일었던 시기는 프랑스 구조주의 철학이 활발하던 1970~1980년대였다. 당시 구조주의 철학자였던 루이 알튀세르 Louis Althusser 는 학교 자체를 '국가의 이데올로기적 기구'라고 맹비난했다. 학생들은 규범에 맞춰 교육하면서 지배적 질서를 유지한다고 보았기 때문이다.

이 같은 오래된 논쟁을 다시 꺼내는 이유는 근본적 차원에서 한국 교육의 주체에 대해서 다시 논의해야 할 필요성이 있기 때문이다.

1948년 제1대 안호상 문교부 장관에서부터 시작해서 지난 2022년 취임한 이주호 교육부 장관까지, 지난 80년의 세월 동안 대한민국 교육부 장관을 역임했던 사람은 총 61명이다. 이처럼 여러 명이 교육부 장관을 역임했으면 그들의 배경이나 출신이 좀 색다를 수도 있을 수 있지만, 사실 교육부 장관만큼은 천편일률이라고 해도 될 정도 거의 엇비슷했다. 총 61명의 장관 중에서 50%가 서울대 출신이었으며, 대부분 교수 출신이었다.

교육부 장관들의 전공도 거의 거기서 거기였다. 경제학을 비롯해 행정학, 철학, 경영학, 법학, 사회학 등의 인문학 전공자들이 대부분이었다. 기계공학이나 물리학 전공자가 있긴 있었지만 극히 일부였다.

물론 그들은 모두 훌륭한 관료이며, 대한민국의 미래를 교육에서 찾는 우리 시대의 리더들이었을 것이다. 하지만 그들은 모두 전통적인 학문을 토대로 하고 있으며 그들의 경험은 연구와 행정에 한정되어 있는 것은 사실이다. 따라서 문제는 이러한 과정을 거친 사람들이 새롭게 다가올 시대에 걸맞은 교육의 방향을 선뜻 받아드리고 파괴적인 혁신을 단행할 수 있겠냐는 점이다. 더 나아가 실제로 교육을 더 긍정적인 방향으로 발전시킬 수 있는 방향이 있다고 하더라도 그것을 실행할 수 있는 용기를 낼 수 있느냐도 문제다. 이미 과거부터 얽혀있는 수많은 인맥의 네트워크에서 그 관계자들에게 손해가 갈 수 있는 정책을 실행하기가 몹시 곤란한 상황에 처할 수밖에 없다. 결국 이러한 문제점으로 인해 '교육부가 사라져야 교육이 정상화된다', '서울대가 사라져야 대한민국이 발전한다'라는 과격한 발언도 나왔다. 또한 '교육부는 교수 집단이 만들어가는 국민교육 이데올로기 기관'[2] 이라는 평가까지 존재한다. 심지어 초대 안호상 문교부 장관은 '이승만의 영도 아래 국가를 재편해야 한다'는 일민주의一民主義를 신념으로 가지고 있기도 했었다.

물론 교육부 장관의 출신과 배경만을 놓고 '그들은 새로운 도전을 할 수 있는 용기를 가질 수 없다'거나 '고리타분한 관료에 불과하다'는 평가를 내릴 수는 없다. 그러나 현실적으로 지난 80여 년간 교육에서 별로 변한 것이 없다는 점이 오히려 그러한 해석을 가능하게 한다. 80년이 변하지 않은 상태에서 비슷한 교육 주체를 임명한다는 것은 앞으로 80년도 변하지 않는다는 이야기와 다르지 않다.

고대와 중세의 교사들

또 다른 교육의 주체인 교사들은 장관보다 더 중요한 역할을 한다. 현업에 있는 한 아이들에게 직접적인 영향을 미칠 수밖에 없기 때문이다. 문제는 아무리 우수한 교사라고 하더라도 시대가 바뀌면 요구되는 전문성도 달라진다는 점이다. 그리고 이러한 전문성이 뒷받침되지 않는 이상, 교육의 발전은 담보될 수가 없다. 교사라는 신분은 끊임없이 시대적 요구를 반영한다는 점에서 '앞선 교사의 모습은 앞선 시대의 상징'이라고 할 수 있다.

과거 스파르타의 교사들은 거의 대부분 군인들이었다. 오랜 현장의 경험을 통해서 아이들에게 전투기술을 가르치기 위해서는 군인만큼이나 교사 역할을 잘할 사람은 없었다. 특히 군인 교사들은 '아고게Agoge'라는 특별한 군인 양성 교육 커리큘럼을 개발하고 운영했다.

중세 시대의 교사는 대부분 신학자이자 철학자들이었다. 그래야 아이들이 나중에 커서 교회에서 해야 할 일을 잘 배울 수 있었기 때문이다. 따라서 이때의 수업은 성경의 해석과 라틴어 사용에 초점이 맞춰져 있었다.

산업혁명이 발생한 이후에는 본격적인 '교사의 탄생'이 이뤄진 시대였다. 교사가 다른 신분을 겸하는 것이 아니라 오로지 학생의 수업에만 전념했기 때문이다. 그 배경에는 시대의 변화가 깔려 있다. 공장에서 일할 수 있는 많은 노동자들을 양성해야 하기 때문에 교사들은 다른 신분을 가질 여력이 없었다. 또한 아이들이 장차 산업 현장에 투입되기 위해서는 최소한 읽고 쓸 수가 있어야 기계를 다루고 관리할 수 있기 때문에 문해력 향상에 교육의 초점이 맞추어졌다.

시대마다 달라진 교사의 모습은 곧 지금의 교사들도 앞으로의 시대를 대비하면 그에 맞추어 변화해야 한다는 사실을 알려준다. 하지만 한국은 최고의 인재들이 교사가 될 수 있는 시스템을 마련해

놓았음에도 불구하고, 교사의 질적인 발전에는 노력을 기울이지 않았다.

우선 한국 교사의 우수성은 이미 오래전부터 국제적인 평가 보고서에서 잘 드러나고 있다. 2010년 발표된 〈매킨지보고서〉는 한국 교사들을 OECD 국가 중 가장 우수한 교사 집단으로 소개했다. 특히 싱가포르는 상위 30%의 인력풀에서 교사가 임용되고, 핀란드는 상위 20%, 한국은 상위 5%의 인재들이 교단에 선다고 분석했다. 반면 미국 교사의 약 50%는 대입 성적SAT 하위 3분의 1에 속한다. 그러면서 매킨지는 이렇게 보고서를 마무리하고 있다.

"한국 교육시스템에서 가장 부러운 것은 우수한 교사 집단이다. 한국 교사들은 소명의식에서도 세계 최고 수준이다."

OECD는 5년을 주기로 TALISTeaching and Learning International Survey 라는 자료를 발표한다. 교육 환경과 교사의 근로조건 등에 대한 전 세계의 자료를 수집해 교육 정책의 수립 및 개선을 도모하기 위한 국제 조사이다. 여기에서 '가르치는 일이 이 사회에서 가치있다'는 소명의식 분야에서 한국 교사들은 OECD 47개국 중 3위를 차지했다.

다시 태어나도 교사가 되고 싶은가?

하지만 교사가 아무리 우수하고 소명의식이 있다고 하더라도 국가가 뒷받침해주지 않는다는 소용이 없다. 2019년 10월 안드레아스 슐라이허 경제협력개발기구 교육국장은 한-OECD 국제 교육 컨퍼런스에서 이렇게 이야기했다.

"한국은 우수한 인력을 교사로 뽑아놓고 재직 중에는 투자를 소홀히 한다. 교사가 창의적 교수를 할 수 있도록 지원하는 체계적 노력이 아쉽다. 교사가 고도의 전문성을 가질수록 교직에 대한 만족도가 높기 때문이다."

앞에서 언급했던 TALIS 보고서에는 한국 교사의 소명의식이 OECD 3위 수준이라고 언급했지만, 같은 보고서에서 '교사가 되기로 한 것을 후회한다'는 응답도 OECD 3위를 기록했다. "다시 선택할 수 있다고 해도 나는 교사라는 직업을 택할 것이다"라는 물음에 동의하는 정도는 전체 47개 국가 중에서 36위로 매우 낮은 축에 속했다.

2024년 5월 한국 교총의 '교원 인식 설문조사'에서도 비슷한 모습이 발견된다. '다시 태어나도 교사를 하겠다'는 응답은 역대 조사 최저치인 19.7%에 불과했다. 2016년만 해도 무려 52%를 넘었던 것에 비하면 말 그대로 처참한 수준이다.

이제 한국 교육의 변화를 위한 방법을 새롭게 구상해야만 할 때이다. 현재의 제도를 그대로 유지하면서 세부적인 항목을 미세 조정해봐야 결국 도대가 되는 교육 방향은 절대로 변할 수 없다. 이제까지 우리는 '교육의 내용'을 바꾸려고 노력해왔다. 노무현 정부의 고교 등급제 폐지와 지방 대학 육성, 이명박 정부의 자사고 도입과 대학 구조 개혁, 박근혜 정부의 중학교 자유학기제와 대학 구조 개혁, 문재인 정부의 정시 확대와 혁신학교 확대까지, 한결같이 토대를 뒤흔들지는 않는 정책적 개편에 불과했고, 이는 학벌 위주의 사회를 뒤집지는 못했다.

이제 우리는 전혀 다른 방법을 찾아야 한다. 바로 그것이 '교육의 주체'를 바꾸는 일이다. 새로운 시대에 걸맞은 완전히 다른 경력, 전혀 다른 사고방식을 가진 사람을 교육부 장관으로 임명해야 하고, 교사의 양성 과정도 시대의 변화를 전면적으로 품어 안아야 한다.

모두가 아는 '우물 안 개구리'라는 격언이 있다. 자신 처한 환경에서 자신의 시선으로만 바라보는 사실을 비판하는 말이다. 그러나 정작 우리의 교육 주체들은 우물안 개구리의 신세였으며, 또한 그런 신세를 강요당하며 자신의 전문성을 강화할 기회를 빼앗겨왔다고 봐도 무방하다.

인도네시아와 베트남이 선택한 교육 혁신의 길

변화를 위해 도전하는 사람들에게는 다소 특별한 심성과 능력들이 필요하다. 틀을 바꿔버리겠다는 과감함, 실패해도 포기하지 않겠다는 낙관성, 타인과 공감하며 함께 나아가겠다는 리더십, 문제를 인식하고 근본적으로 다른 해답을 추구하는 통찰력…, 이런 것들을 충족하는 사람이라면 그렇지 않은 사람보다 도전에 성공하고 문제를 해결할 가능성이 매우 높다. 하지만 이런 능력이라는 것이 당장 가지고 싶다고 가질 수 있는 것은 아니다. 무엇보다 경험을 통해서 이를 갖추고 습성화한 사람이 최적의 인물이다. 그렇다면 과연 어떤 직업군이 사람이 이런 경험을 갖출 수 있을까? 대체로 기업을 운영해본 사람일 가능성이 크다. 특히 조그만 기업을 세워 모두가 감탄

할 만한 글로벌 기업으로 만든 사람이라면 이런 과감함, 낙관성, 리더십, 통찰력을 가지고 있을 수 있기 때문이다. 그러니 우리는 교육의 변화에서도 바로 이러한 사람이 교육부 장관을 하게 된다면 새로운 발전을 기대할 수도 있을 것이다. 하지만 우리에게는 아직 상상일 뿐, 과연 '조그만 스타트업에서 시작해 글로벌 기업을 일궈내고, 대한민국 교육부 장관이 된다'는 것을 머리에 떠올리기는 쉽지 않다. 그러나 실제 이런 사례가 있다. 바로 고젝의 창업자를 거쳐 현재 인도네시아의 교육문화기술연구부 장관직을 수행하고 있는 나디엠 마카림**Nadiem Makarim**이다.

시험 제도 바꾸고 온라인 플랫폼 도입

인도네시아는 우리가 상상하기 힘들 정도로 복잡한 나라다. 한국이라면 '한민족'이라는 단 하나의 민족, '한글'이라는 단 하나의 언어가 존재한다. 그러나 인도네시아의 민족 수는 300~480개, 언어는 580~700개로 알려져 있다. 우리의 개념에서는 어림잡기도 힘들다. 물론 단일한 언어인 인도네시아어가 있기는 하지만, 수없이 다양한 문화적 배경, 종교적 배경이 충돌하는 사회라는 것을 어렵지 않게 짐작할 수 있다. 거기다가 사람이 살고 있는 섬은 무려 6,000개에 이른다. 이러한 점들은 인도네시아의 교육 문제가 매우 쉽지 않음을 짐작하게 한다. 실제 인도네시아 사람들은 기본적인 문해력조차 매우 낮으며 여러 고질적인 문제를 안고 있었다. 사실 이러한 상태라면 그 누가 교육부 장관이 된다고 한들 쉽게 풀 수 있는 문제는 아니라고 할 수 있다. 특히 아주 작고 사소한 정책의 변화 역시 갈등과 반발을 불러일으킬 가능성이 매우 크기 때문이다.

그런데 지난 2019년 10월, 인도네시아 교육계를 깜짝 놀라게 할 만한 일이 벌어졌다. 당시 35세의 고젝 창업자 나디엠 마카림이 교육문화기술연구부 장관으로 발탁된 것이다. 인도네시아 역시 교육 관련 장관은 전통적으로 학자들이 역임해왔다. 그런데 갑자기 스타트업 창업자가 임명되었으니 그 누구라도 놀라지 않을 수 없었을 것이다. 조코 위도도 대통령은 나디엠 마카림이 경험했던 기업 경영의 노하우와 새로운 디지털 사회로의 진입을 촉진했던 그의 통찰력이 교육계에서도 발휘될 수 있기를 기대했다.

사실 나디엠 마카림이 걸어온 길은 전통 교육자의 길과는 전혀 상관이 없었다. 과거 경영 컨설턴트로 일했고, 이후 스타트업계에서 활약한 것이 전부다. 교육학을 전공하지도 않았고 학교의 강사로도 일한 적이 없다. 그러니 30대 중반 스타트업 출신의 교육부 장관이라니, 이제껏 보지 못했던 혁신적인 도전이었다.

실제로 그가 교육부 장관으로 일하기 시작하면서 가히 혁명과 같은 일들이 벌어졌다. 가장 대표적인 것이 바로 시험 제도를 바꾸는 일이었다. 과거 인도네시아 학생들은 '우지안 나시오날 Ujian Nasional'이라는 시험을 쳤다. 습득한 지식과 정보의 양으로 학습의 성취도를 파악하는 방법이다. 하지만 이렇게 공부한 인도네시아 학생들은 국제적인 기준의 평가에서 현저하게 낮은 점수를 받곤 했다. 이러한 평가 방식에서는 단순히 지식의 양이 많다고 해서 높은 점수를 받을 수는 없다. 비판적인 사고를 하면서 계산의 과정을 이해하고 논리적 결과가 도출되어야 하기 때문이다. 결국 그는 수십 년 동안 이어왔던 국가시험을 바꿨다. 더 나아가 학생들의 급진화나 편향성, 그리고 괴롭힘과 성폭력의 문제도 파악할 수 있는 평가 지표도 추가했다. 그리고 이를 소득, 지역으로 나누고 이를 데이터화하면서 인도네시아 사상 최대의 데이터 프로젝트를 교육 분야에서 해냈다.

"변화가 없을 때가 가장 위험한 상태"

또 교육에 본격적인 온라인 플랫폼을 도입했다. 새롭게 도입된 커리큘럼을 온라인 플랫폼에 공개해서 누구나 접근할 수 있도록 했으며, 교사들 사이에서 활용되는 행정 역시 이 플랫폼에 탑재해 교육의 질을 체계적으로 관리하고 전반적인 향상을 도모할 수 있도록 했다.

이뿐만 아니라 나디엠 마카림은 대학의 개념 자체를 완전히 바꾸기도 했다. 세계적 수준의 기업, NGO, 다국적 기구, 연구기관을 하나의 '작은 대학'으로 설정하고 이곳에서 일을 하며 대학 학점을 받을 수 있도록 했다. 심지어 그는 많은 유니콘 기업들과 협력해서 교육에 활용되는 모든 종류의 플랫폼을 만들고 있다. 그리고 이 협력의 강도를 극대화해서 마치 교육부 자체가 하나의 유니콘 기업처럼 움직이도록 만들었다.

더 나아가 그는 2024년 9월 교사들이 최저 생활 이상을 누릴 수 있도록 수입을 높여 안정된 직업을 누릴 수 있도록 정책을 바꾸고, 각 교육 기관에서 임시 교사의 자격을 자유롭게 규정하고 채용해서 수업과 강의를 맡길 수 있도록 했다. 이는 다양한 직업을 가진 사람들이 교육계로 진입하고 여러 분야의 지식들을 학생들에게 제공하도록 하는 것이다.

무엇보다 그는 사업가답게 '현상 유지'에 대한 적극적인 경계를 통해서 계속해서 앞으로 나아가는 인도네시아 교육을 주도하고 있다. 그는 2021년 글로벌 교육 혁신 서밋인 'HTHT 2021 콘퍼런스'에서 한국의 이주호 아시아교육협회 이사장과 나눈 대담에서 이런 이야기를 했다.

"교육의 가장 큰 위험은 현상 유지입니다. 변화가 없는 것은 단연코 가장 큰 위험입니다."

물론 그의 이러한 혁신이 성공했느냐, 실패했느냐를 따지기에는 아직 시간이 이르다. 교육의 효과는 비교적 오랜 시간을 두고 서서히 나타나기 때문이다. 우리가 주목해야 할 점은 '인도네시아가 교육의 변화를 위해 무엇을 했는가?'라는 점이다. 결국 나디엠 마카림이라는 새로운 교육의 주체를 세워 교육에 대한 접근법, 철학, 방법을 다르게 했다는 점이다. 그리고 이는 단순히 제도적인 틀내에서 사소한 정책을 바꾸는 것이 아니라 전체적인 틀 전반을 흔들어서 새로운 효과를 만들어내는 시도라고 평가할 수 있다.

이와 함께 교사의 변화라는 점도 이제는 좀 더 적극적으로 생각해봐야만 한다. 더 새로운 것에 도전할 수 있는 교사, 미래의 변화와 새로운 지식을 앞당겨 공부하고 그것을 학생들에게 전달하는 교사가 있어야만 한다는 이야기다. 다만 이는 교사 개개인의 능력이나 심성을 탓할 수는 없는 노릇이다. 엄격한 교사 공무원의 사회에서는 시스템이 변하지 않으면 교사도 절대로 변할 수는 없기 때문이다.

저자는, 나디엠 마카림이 인도네시아에 '혁신의 씨앗'을 뿌리고 있다고 생각한다. 인공지능 시대가 도래한 만큼 미래를 준비하는 공교육에 스타트업 DNA가 반드시 필요한 상황에서 다른 나라보다 빠르게 준비하는 나라가 인도네시아라고 생각하게 됐다.

베트남의 삼성, 빈그룹의 새로운 도전

인도네시아가 스타트업 출신 교육부 장관이 변화를 통해서 교육의 혁신을 이끌었다면, 베트남에서는 기업이 대학을 설립하면서 새로운 변화의 전기를 마련했다. 최근 들어 국가 전략의 차원에서 대학을 설립하고 전면적인 디지털 시대를 열어가는 가장 대표적인 사례는 바로 단연 베트남의 빈대학교를 손꼽을 수 있다.

빈대학교는 '베트남의 삼성'이라고 불리는 빈그룹 Vin Group이 만든 대학교이다. 빈그룹은 1993년 설립되어 부동산과 관광사업을 통해서 몸집을 불려왔으며 이후 건설, 리조트, 마트 사업으로 확장해왔다. 베트남 주식시장에서 시가총액 20%를 차지하는 막대한 영향력을 미치는 회사다. 빈그룹이 없는 베트남을 상상하는 것은 불가능에 가깝다. 특히 빈그룹은 최근 국가 차원의 승부수라고 할 수 있는 제조업에까지 뛰어들었다.

이러한 빈그룹이 베트남 경제와 국가의 미래를 염두에 설립한 대학교가 바로 빈대학교다. 지난 2020년 첫 학사 일정을 시작한 이곳은 우선 '베트남 최고의 인재'를 끌어모으고 있다. 입학생들의 고등학교 평균 학점은 전국 상위 2.5%에 해당한다. 또한 이들의 평균 IELTS와 SAT 평균은 전 세계 상위 5%에 해당한다.

더 중요한 것은 빈대학교에서 실시하는 커리큘럼이다. 총 학부는 3개이다. 경영대학에서는 혁신적 리더십과 기업가 정신을 교육받으며, 금융, 데이터 분석, 마케팅 등에서 다양한 실무 능력을 개발할 수 있다. 또한 공학 및 컴퓨터 과학대학에서는 과학적 지식을 바탕으로 최첨단 기술에 대한 연구와 이를 실제 창업으로 연결하는 교육을 받는다. 또 캠퍼스 역시 사회적 교류, 신생 기업 아이디어 공유, 프로젝트 연구 등에 최적화되어 설계됐다.

빈그룹이 투자한 돈도 막대하다. 대학의 건설비용만 한화 약 2,040억 원을 쏟아부었고, 향후 10년간 우수학생 장학금과 학생 재정 지원, 기타 관리비에만 한화 약 3,800억 원을 투자할 예정이다. 한마디로 빈내학교는 국가의 미래를 책임지겠다는 각오와 투자로 운영되고 있다.

초대 총장 로힛 베르마의 야심

초대 빈대학교 총장인 로힛 베르마Rohit Verma의 이야기를 들어보면 그들의 의도와 전략을 매우 정확하게 이해할 수 있다. 2020년 말, 그는 베트남 주요 일간지 〈뚜이뜨레Tuổi Trẻ〉와의 인터뷰에서 '창의적이면서도 기업가적인 사고방식', '혁신' 등을 언급하면서 디지털 세상을 이끌어가려는 의지를 매우 확실하게 표현하고 있다.

"학문적 명성을 가진 전통적인 세계적 수준의 대학을 개발하는 것은 오랜 과정이며, 이를 위해서는 상당한 자원과 전문 지식이 필요합니다. 후발주자이자 새로 설립된 대학으로서 우리는 창의적인 사고와 기업가적 사고방식을 활용하여 즉각적인 영향을 미치기 위해 최선을 다하고 있습니다."

"빈대학교가 제대로 운영된다면 베트남, 동남아시아, 전 세계 고등교육의 미래에 지대한 영향을 미칠 수 있습니다. 물론 이러한 중요한 프로젝트에는 많은 도전 과제가 있습니다. 하지만 저에게는 이어려움이 창의력과 혁신을 위한 절호의 기회라고 볼 수 있습니다. 힌디어에는 복잡한 문제를 해결하기 위해 파격적인 혁신을 뜻하는 주가드Jugaad라는 단어가 있습니다. 빈대학교는 과거의 결과에 영향을 받지 않는 완전히 새로운 대학이기 때문에 주가드의 완벽한 예입니다."[3]

이 정도면 빈대학교는 디지털 세대의 새로운 인재를 길러내기에 충분한 역량을 갖췄다고 평가할 수 있다.

더 나아가 빈대학교는 교수의 역량과 자질을 극대화했다. 강사, 교수, 프로젝트 담당자들은 모두 현업에서 일하고 있는 최고의 전문가들이다. 빈그룹이 운영하는 계열사에서 근무하는 최고의 전문가들은 부교수로 함께 일하게 했다. 예를 들어 혁신적인 기술 개발의 한 축을 담당하고 있는 빈에이아이VinAI, 의료영상분석 및 질병 예측 인공지능을 개발하는 빈브레인VinBrain, 첨단 전기차 제조업체인 빈패스트 VinFast의 고급 학위 소지자들이 빈대학교에서 동시에 부교수로 활약하고 있다. 또한 빈대학교의 학생들은 바로 이런 기업에서 제공하는 인턴십에 참여하고 그들의 연구 프로젝트에 직접 참여하면서 긴밀한 관계를 맺어나가게 된다. 베트남 최고의 빈그룹과 그 모든 자원을 아낌없이 활용할 수 있는 빈대학교는 베트남의 미래를 이끌어갈 혁신적인 인재양성 기관이 된다고 봐도 무방하다.

이제 교육의 현장에는 스타트업 DNA가 심어져야 한다. 교육부 장관과 중고등학교 교장, 대학의 총장은 스타트업을 이끌어가는 CEO처럼 사고하면서 시대의 흐름을 관찰하고 그에 발 빠르게 커리큘럼을 바꾸며 새로운 인재를 만들어가야 한다. 더 나아가 다른 잘나가는 기업과 협업을 하듯, 해외 교육기관과 협업하면서 서로의 인재들이 더 나은 경험을 할 수 있도록 이끌어주어야 할 것이다. 그리고 스타트업이 성장하기 위해서는 끊임없이 직원에 대한 재교육이 이뤄지듯, 교사들에 대한 재교육과 전문성 강화의 길을 마련되어야 한다.

이제 한국 교육이 나아가야 할 길은 뚜렷하다. 미래의 모습은 이미 확고하게 정해져 있다. 대안을 찾는 과정이라거나, 도전해볼 용기를 내야 하나 말아야 하나 고민하는 시기가 아니다. 우리는 이제 우리 앞에 놓여 있는 '가야 할 길'을 걸어가면 그 자체로 인해 교육의 질을 바꾸고 도약의 단계로 다시 나아갈 수 있다.

아세안의 국가 경쟁력도 교육에 있다

우리나라는 물론이고, 아세안 국가들 역시 계속해서 교육 혁신에 나서는 이유는 결국 세계 최강국이 되기 위한 궁극적인 목표 때문이다. 과거의 역사를 되돌아봐도 교육은 강대국으로 올라서는 결정적인 도약대가 아닐 수 없다.

미국과 영국, 그리고 싱가포르가 이를 잘 보여주고 있다. 특히 미국과 영국은 산업의 최강국임과 동시에 교육의 최강국이었다. 미국의 '아메리칸 드림'의 시작도 바로 19세기부터 시작된 강력한 교육 덕분에 가능했다. 이미 1770년대부터 토머스 제퍼슨은 '모든 남성에게 2년 이상의 무상 교육'이 필요하다가 주창했고, 20세기 초반부터 20세기 후반까지 교육 기회의 확대와 교육 개혁, 그리고 그 다양화를 줄기차게 시행해왔다. 지금 세계적인 대학들이 상당수 미국에 있다는 점은 과거 미국의 교육에 대한 투자가 국가의 토대에 얼마나 큰 영향을 미쳤는지를 잘 보여주고 있다.

영국 역시 마찬가지였다. 산업혁명의 시작과 함께 기술 및 직업

교육을 하는 동시에 옥스퍼드, 케임브리지와 같은 전통 명문대학을 세워서 지식인 계층을 양성함과 동시에 공립 학교 체제를 완전하게 구축했다. 그래서 지금도 영국은 교육과 연구의 글로벌 허브로서 매우 중요한 위치를 차지하고 있다.

아시아에서는 싱가포르도 마찬가지의 과정을 거쳤다. 1965년 싱가포르가 말레이시아로부터 독립할 때 세계 여러 언론은 '이 작은 섬나라가 생존하기는 어려울 것이다'라는 비관적인 전망을 했다. 상당수의 사람이 무단 정착촌에서 살아갔으니 제대로 된 교육이 될 리는 만무하고 실업률도 당연히 높았다. 이때부터 싱가포르 정부는 교육을 아예 '국가 생존의 핵심전략'으로 잡았고 이는 오늘날 싱가포르 성장의 큰 발판이 되었다. 비록 초등학교 때문에 우열반을 만들고 일종의 '걸러내기'를 한다는 점에서 가혹한 면도 없지는 않지만, 역사적으로 생존 자체가 쉽지 않은 국가였다는 점을 감안한다면 충분히 이해할 만하다. 오늘날 전 국민의 영어 습득 비율이 90%에 이르고 청년층이 100% 영어를 구사하면서 전 세계인과 어깨를 나눌 수 있는 것도 바로 이러한 교육의 힘 때문이라고 할 수 있다.

이제 한국과 아세안 국가들은 지금의 중차대한 변화의 시점에서 미래의 스타트업과 인공지능을 위한 교육을 해나가기 위해 영국, 미국, 싱가포르의 과정을 더욱 혹독하게 따라가야만 한다.

유발 하라리는 《사피엔스》에서 인류가 인지혁명, 농업혁명, 그리고 과학혁명을 통해 진화했다고 이야기하고 있다. 이러한 각 혁명의 중간중간에는 교육이 알알이 박혀 연결고리가 되었다고 볼 수 있다.

과거에 있었던 혁명적 지식이 다음 세대로 전수되는 교육이 이루어져야 하며 더 나은 시대를 맞이하는 변화가 있어야 한다.

이제 한국과 아세안 국가들은 새로운 혁명의 단계를 기꺼이 받아들이고 이에 걸맞은 진화를 해야 한다. 과거 한국이 교육을 통해서 나라를 일으켰던 경험을 전수하고, 더 나은 교육의 개혁을 통해 우리 스스로를 변화시키고 아세안도 동시에 변화시켜나가는 것, 바로 이것이 한국과 아세안이 단일 대오로 미래를 개척해나가는 길이 될 것이다.

교육 혁신의 중심
넥스트챌린지스쿨

교육 혁신은 우리나라만이 홀로 걸어가는 외롭고 쓸쓸한 길이 아니다. 이미 전 세계에서 미래의 디지털 전사를 양성하는 '혁신대학'이 곳곳에 들어서고 있다. 물론 앞에서 언급했던 해외의 혁신대학에 대해서도 주목해야 하겠지만, 정작 중요한 것은 한국에서 시작되고 있는 새로운 교육의 흐름이다. 한국에는 최초로 글로벌 7개국에 체류하면서 고등학생들에게 '스타트업 DNA'를 심어주는 넥스트챌린지스쿨NCS,

Next Challenge School이 있다. 저자가 재단을 세운 목적 또한 스타트업 대학과 스타트업스쿨**K1~K12** 미래학교를 세우는 것이었다. 인성과 도덕 등 기존의 전통적 교육은 고스란히 이어받으면서도 인공지능, 디지털 세대의 주역을 키워내는 교육을 한다는 점에서 한국 교육계가 반드시 주목하고 벤치마킹하도록 '퍼스트 무버'가 되어 인공지능과 스타트업 DNA를 접목해 교육 혁신을 주도하고 대한민국 교육의 미래를 이끌고자 넥스트챌린지대학 설립 이전에 스타트업 고등학교(대안교육기관)를 먼저 설립했다.

체계적 스타트업 로드맵의 구현

NCS는 완전히 스타트업에 특화된 새로운 인재양성 교육기관이다. 이곳은 세계가 직면한 문제의 해결 방안을 모색하며 글로벌 시민의식을 갖춘 혁신적인 리더로 양성하는 것을 목표로 한다. 무엇보다 '기업가 정신+미래기술+글로벌'에 특화된 밀도 있는 교육을 통한 글로벌 디지털 스타트업 인재를 양성하고 있다. 특히 일반적인 학교와는 완전히 다르게 NCS 학생들은 글로벌 7개국을 방문하면서 새로운 도전 과제를 받는다. 이 과정을 통해서 다양성에 기반한 현실의 이슈를 탐색하고 문제를 해결하며 새로운 관점과 아이디어로 솔루션을 발견하며 끊임없이 성장하도록 자극을 받게 된다. 또한 팀프로젝트형 수업을 통해서 지속 가능한 미래를 위한 문제 해결 역량을 기르게 된다. 특히 이러한 방식의 수업은 매우 탁월한 역량을 기르는 데에 큰 도움을 준다. 예를 들어 문제를 분석하고, 아이디어를 창출하고, 다양한 해결책을 모색하는 경험을 가지게 된다. 이 과정에서 의사소통 기술과 협력의 방법을 배우는 것은 물론이고 책임감과 리더십까지 기를 수 있기 때문에 미래 인재에 적합한 거의 모든 능력을 배우게 되는 것이다. 이렇게 고도화된 학생들의 노력들은 '넥스트챌린지 스타트업 로드맵'으로 고스란히 이어진다.

- 탐색Explore 단계: 글로벌 시장 기회 탐색 및 신사업 아이템 발굴
- 분석Analyze 단계: 시장 분석 및 디자인 씽킹, 사업 아이템 정하기
- 창조Create 단계: 크리에이티브 프로토타입 제작 및 테스트
- 소통Communicate 단계: 내외부 고객과의 소통 및 아이디어 검증
- 반성&회고Reflect&Remember 단계: 피드백을 반영한 아이디어의 고도화

특히 이 모든 과정에서 NCS가 쌓아온 스타트업 생태계의 전문성은 필수적이다. 그간 NCS는 국내외 현직 청년 스타트업 CEO 멘토진 및 강사진을 통한 경험 기반의 교육, 아이디어 단계에서의 사업화, 글로벌 진출까지 연계되는 스타트업 성장 단계에 따른 체계적인 액셀러레이팅 노하우를 가지고 있다. 또 글로벌 에듀테크에 대한 높은 이해도 역시 교육 과정에 큰 도움이 된다. 스타트업 교육에 최적화된 모바일 액티브 러닝 솔루션을 접목하는 것은 물론이고 NCS

의 특화된 모바일 액티브 학습 솔루션이 제공되어 몰입감을 높이고 언제 어디서나 액티브 러닝이 가능하다. 이와 동시에 국내 TOP 에 듀테크 스타트업 15개사와의 얼라이언스 구축도 전체적인 교육 과 정에 큰 도움이 된다.

체계화된 5개 모듈 커리큘럼

글로벌 창업 생태계와의 네트워크도 새로운 스타트업 인재 양성에 꼭 필요하다. 전략적 글로벌 스타트업 생태계 파트너와 프로젝트 수 업을 통해 아이템 발굴, 팀 빌딩을 얻을 수 있고, 이를 통해 학생들의 글로벌 인사이트를 확대하고 꿈을 키울 수 있는 계기를 마련한다.

특히 NCS는 체계적인 5개 모듈의 커리큘럼으로 과거 교육의 틀 에서 완전히 벗어나는 새로운 교육 방향을 제시한다. 체계적인 기업 가 정신 및 스타트업 빌드업 커리큘럼을 활용하여 '기업가 정신+기 술'이라는 트렌드에 대한 전반적인 이해도를 높이고 비즈니스 역량 을 강화한다. 여기에서 더 나아가 기업가 멘토링 등을 통해 글로벌 스케일업에 특화된 글로벌 인재를 양성한다. 5개의 모듈을 살펴보 면 기존의 디지털 교육과는 확연하게 차이가 나고 있음을 확인할 수 있다. 6년간 넥스트챌린지대학 설립을 준비하면서 쌓은 노하우를 고등학교 과정인 NCS에 고스란히 녹여냈다.

- **Entrepreneurship Inspiration**
- 스타트업 생태계 이론
- 스타트업 선배 CEO와의 만남
- 사회적기업 및 ESG
- 기술 스타트업 빌드업

- **Business Model Market Analysis**
- 고객 여정 발견하기
- 글로벌 시장 리서치
- 프로토타입 디벨롭먼트
- 비즈니스 모델 캔버스 구상
- 비즈니스 전략

- **Future Tech Transformation**
- 미래 기술 트렌드 세미나
- 디지털 리터러시
- 미래 금융
- 알고리즘/생성형 AI
- 블록체인/NFT
- 메타버스/AR/VR

- **Marketing and Branding**
  - 브랜딩
  - 디자인 기업가 정신
  - 디지털 마케팅 흐름 파악
  - 웹/모바일 베이스 실습

- **Global Scale-Up**
  - 글로벌 7개국 프로젝트
  - IR 스피칭 스킬업
  - 글로벌 대학교 방문
  - 창업 유관 기관과의 네트워크

졸업자의 진로는 매우 다양하다. 국내외 각종 창업경진대회에 출전해 수상하고, 중소벤처기업부 예비창업패키지에 지원하면서 예비 스타트업 CEO가 될 수 있다. 또 국내외 명문대의 벤처 창업, 그리고 기업가 정신을 기를 수 있는 학과에 진학할 수 있다. 또 유망 스타트업과 빅테크 기업의 인턴십을 하면서 기업 내에서 자신의 꿈을 펼쳐갈 수도 있다. 특히 NCS 예비 1기생인 나의 자녀를 NCS 교육의 첫 사례로 삼을 수 있다. NCS 입학 후 중학교 3학년 1학기에 공교육을 그만둔 뒤, 중학교 검정고시 합격과 동시에 수공예 플랫폼 창업 후 고등학교 2학년 때 검정고시로 졸업을 했다. 이때까지 3년 동안 영어 IELTS 공인점수를 취득하고 스타트업 포티폴리오를 만

드는 데 주력하여 싱가포르 SIM Singapore Institute of Management대학교
에 합격했다. SIM대학교는 1964년 싱가포르 정부 경제개발청 주도
로 설립되었으며 지금은 싱가포르 내 최대 규모의 인프라를 갖추고
15개국 2만여 명이 재학 중인 곳이다. 그러면서 10개 이상 글로벌
대학과 연결 학위를 취득할 수 있는 개방형 플랫폼 대학이다. 이외
에도 넥스트챌린지스쿨NCS을 졸업하면 다음에 소개하는 세계 여러
혁신대학과 얼라이언스 파트너십이 체결된 대학으로 진학을 꿈꿀
수 있다. 이들 대학교와의 협력은 NCS의 위상을 높여주는 것은 물
론이고, 대한민국 교육 개혁에 새로운 바람을 불어넣어줄 것이다.
넥스트챌린지스쿨 www.ncf.or.kr

1. 미네르바대학교 Minerva University
전 세계 도시를 오가며 학습하며, 미래 교육을 가장 잘 구현한 대학

2012년 미국 캘리포니아주 샌프란시스코에
설립된 사립대학교가 있다. 벤처 사업가 벤
넬슨이 최초로 아이디어를 냈고 벤처캐피털
로부터 한화 약 300억 원의 투자금을 받아 설립했다. 전통적인 캠퍼
스 없이 미국, 영국, 독일, 대만, 한국 등 전 세계 주요 도시에서 학습
을 진행하고 학생들은 다양한 문화와 환경을 경험하게 된다. 특히
글로벌 리더십과 문제 해결 능력 향상 이로 인해 현대 교육의 새로

운 모델로 주목받고 있다. 전체 입학 지원자의 1% 미만이 합격할 수 있는 것으로 알려져 있다. 다만 기존 대학처럼 성적 위주의 평가 방식보다는 지원자의 사고방식과 성취의 능력에 따르며, 기준에 맞는 학생이라면 무제한 등록을 허용하기 때문에 다른 학생과 입학 정원을 놓고 다투지는 않는 방식이다. 전공은 예술과 인문학, 경영학, 컴퓨터 과학, 자연과학, 사회과학 중 선택할 수 있다. 전공은 모두 다르지만, 여행과 경험을 통해서 문제를 발견하고 해결하는 것, 그리고 소통과 협업을 통해서 수업에 참여하는 것 등 미래 교육을 잘 구현하고 있다는 평가를 받고 있다.

minerva.edu

2. 싱귤래리티대학교 Singularity University
인류의 복잡한 문제를 최첨단 기술을 통해 해결하는 교육 및 창업 기관

2008년 미국의 미래학자이자 구글 이사였던 레이 커즈와일이 2008년 캘리포니아에 있는 나사 NASA로부터 공간을 제공받아 만든 민간 창업 혁신대학이다. 여기에는 인류가 안고 있는 '거대한 문제'들을 매우 혁신적인 방법으로 해결하기 위한 연구에 중점을 두고 있는 10주 프로그램이 있다. 예를 들어 '개발도상국의 식량문제를 극복하기 위한 최적의 바이오 기술과 활용

방안'과 같은 문제에 대한 해법을 추구한다. 이를 위해 인공지능, 로봇공학, 블록체인, 생명공학, 재생 에너지 등을 활용해 글로벌 리더들과 학생들을 교육하고 있다. 이러한 과정을 통해서 마지막 주에 창업계획안을 발표하고 이후 투자를 받아 실제 사업에 나서는 창업자도 있다. 그들은 스스로를 '퓨처 메이커'라고 부르고 있으며 이는 기술이 더 밝은 미래를 만들 수 있다는 신념을 바탕으로, 수동적인 관찰자가 아니라 세상을 적극적으로 변화시키는 사람을 의미한다.
su.org

3. 몬드라곤대학교 Mondragon University
협동조합이 만들어 프로젝트 실행과 기업가 정신을 기르는 교육 기관

1997년 스페인 바스크 지역에서 몬드라곤 협동조합이 설립한 대학이다. 기술전문학교로 출발했지만, 이후 혁신적인 교육 프로그램들이 보강되면서 '유럽의 미네르바대학교'라고 불리기 시작했다. 혁신과 창업을 장려하고, 학생들이 기업가 정신과 실질적인 경험을 쌓을 수 있도록 지원하는 대학이다. 지역 및 글로벌 기업들과 긴밀하게 협력해서 학생들에게 인턴십 및 취업 기회를 제공한다. 엔지니어링, 경영, 교육, 정보기술 등의 분야에서 다양한 프로그램을 운영하고 학생들이 이론 수업과 실습을 동시에 할 수 있는 교육 환경을 제공한다. 또한 이 대학은 '위대한 기업가 한 명을 탄생시키기보다는 기업가 정신으로 무장한 '위대한 팀'을 길러내는 것을 목표로 한다. 경영대학에서 개설한 4년제 학위 중 LEINN은 교수도 없고, 수업도 없으며 배정받은 팀이 하나의 회사가 되면서 공동창업자의 역할을 한다.

mondragon.edu/en

4. 하버스페이스대학교 Harbour Space University
마케팅, 디자인, 제품과 관련한 포괄적이고 혁신적인 프로그램 제공

2015년에 스페인 바로셀로나에서 창립했으며 현재 태국 방콕에도 캠퍼스가 있다. 태국 상공회의소, 태국 고등교육연구혁신부 TISTR와 함께 제휴해 여러 혁신적인 교육 과정을 제공하고 있다. 그간 정부의 공식적인 학위가 인정되지는 않았지만, 최근 들어 여러 기존 대학들과 협약을 체결해 디지털 마케팅, 하이테크 기업가 정신, 인터랙션 디자인, 컴퓨터 과학, 데이터 과학, 제품 관리 등에서 학위는 물론 석사 학위를 인정받을 수 있도록 했다. 일방적인 강의 형식이 아닌 협업을 중심으로 하는 대화형 접근 방식을 중심으로 하면서 산업의 영역을 통합하고 기술 중심의 맞춤형 교육을 제공하고 있다. 또 전문가와 경영진을 위한 별도의 3주 몰입형 프로그램도 운영하고 있다. 전 세계 산업 및 학계의 선도적인 전문가들이 기업가 정신, 리더십, 디자인, 컴퓨터 프로그래밍 등의 분야를 배울 수 있다. 이와 함께 12~18세 청소년을 위한 11일간의 여름 캠프인 테크 스카우트 Tech Scout도 개최하면서 스페인 청소년들의 기술에 대한 관심과 혁신에 대한 도전을 장려하고 있다.

harbour.space

5. 런던인터디서플리너리스쿨 London Interdisciplinary School
학문 간 경계를 넘나드는 통합적 교육의 제공

2020년, 영국 런던에 설립된 혁신적인 대학으로서 전통적인 학문의 경계를 넘어서는 통합적인 교육을 제공하고 있다. 학교의 이름에 들어가는 'Interdisciplinary'도 바로 '학제 간의', '여러 학문과 관련한'이라는 의미이다. 과학, 인문학, 사회과학, 예술 등의 학문이 총동원되어 학생들이 새로운 문제 해결 방법을 연구할 수 있도록 돕는다. 또 실습 중심의 프로젝트 학습이 강조되고 있으며 학생들이 산업 파트너, 비영리단체, 공공 부문 조직과 협력하여 실무에 적용할 수 있는 기술을 기를 수 있도록 한다. 교수진은 다양한 분야의 학계 전문가, 산업 전문가, 사상가들로 구성되어 있어 수업 내용이 현재 사회의 복잡한 문제의 해결에 도전할 수 있도록 동기를 부여한다. 영국에서 1960년대 이후 처음으로 설립 단계부터 학위 수여 권한을 부여받은 영국 대학 중 하나다.

lis.ac.uk

6. 알토대학교 Aalto University

창의성을 강조하는 창업지원과 산업계 협력

 핀란드 정부가 혁신을 중점을 둔 교육을 위해 설립한 대학이다. '알토'는 핀란드 사회에 크게 기여했던 건축가 알바 알토 Alvar Aalto의 이름에서 따왔다. 특이한 것은 여러 대학을 통합하는 과정에서 알토대학교가 탄생했다는 점이다. 헬싱키공과대학교, 헬싱키경제대학교, 헬싱키예술·디자인대학교가 통합되어 2010년부터 운영을 시작했다. 현재 핀란드에서 두 번째로 큰 대학이다. 이 대학의 프로그램은 핀란드 정부가 실시하고 있는 고등교육 과정의 혁신을 그대로 보여주고 있다. 과학, 기술, 비즈니스, 예술 및 디자인 분야를 통합하여 혁신적인 교육을 제공한다. 또, 헬싱키에 있는 디자인 회사, 벤처 프로그램 기업, 기업가 정신협회 등과 연계에서 창업에 특화된 프로그램들도 제공하고 있다. 학습은 지속 가능한 미래를 위한 연구, 교육을 통해 글로벌 문제 해결을 목표로 하고 있다.

aalto.fi/en

7. 싱가포르기술디자인대학교 SUTD, Singapore University of Technology and Design

기술과 디자인의 융합을 통한 혁신적 문제 해결력을 지닌 인재 양성

2012년 싱가포르 동부에 설립된 대학으로 공학, 건축, 디자인, 컴퓨터 과학 등 다양한 학문 분야에서 기술과 디자인을 융합하는 교육을 제공한다. MIT와 협력해 커리큘럼 개발, 연구, 교수진 교류 등을 진행하며 높은 수준의 교육과 연구 환경을 제공한다. 커리큘럼은 전공에 국한되지 않고 융합적 사고와 창의성을 강조하고 있으며 학생들은 다양한 분야의 지식을 통합해 실제 문제를 해결할 수 있는 능력을 기르는 데 중점을 둔다. 특히 실습 중심의 교육을 중요시하며 학생들이 학기 중에 다양한 프로젝트를 수행하도록 권장한다. 이러한 프로젝트 기반 학습은 학생들이 이론을 실제 문제에 적용해볼 수 있는 기회를 준다. 나아가 다양한 기업, 연구소와 협력 관계를 맺고 있으며, 이를 통해 학생들에게 인턴십 기회와 실무 경험을 제공하고 있다. 다수의 연구소를 운영하며 다양한 분야의 첨단 연구를 수행하고 있다.

utd.edu.sg

8. 아프리칸리더십대학교 African Leadership University

창의적으로 문제를 해결하는 아프리카 미래 인재 양성

2015년에 설립된 아프리카 대륙의 혁신적인 고등 교육 기관으로, 창의적이고 혁신적인 지도자를 양성하는 것을 목표로 한다. 현재 모리셔스와 르완다에 캠퍼스를 두고 있으며, 비전과 학습 방식에서 기존 대학들과는 차별화된 접근을 추구한다. 특히 아프리카 대륙의 경제 및 사회적 문제를 해결할 수 있는 리더를 양성하려 한다. 리더십 개발과 창의적 문제 해결 능력을 강조하며, 학생들이 실제 현장에서 문제를 찾고 해결할 수 있는 역량을 기르는 데 중점을 둔다. 또 전통적인 강의 중심 교육보다는 학생이 자신의 학습 경로를 설정할 수 있는 맞춤형 학습을 제공한다. 학생들은 자신의 관심 분야와 강점을 고려해 학습 목표를 설정하고, 이에 따라 필요한 지식과 기술을 습득할 수 있는 프로그램을 설계한다. 학생들에 대한 평가 방식도 기존의 전통적인 방식과는 다소 다르다. 학생들의 역량과 성취도를 프로젝트, 발표, 리더십 활동 등을 통해 평가하며, 이를 통해 학습의 질적 성과를 더욱 정확히 측정한다. 이러한 방식은 학생들이 학습 과정에서 실제 적용 가능한 능력을 키울 수 있도록 돕는다.

alueducation.com

9. 유니버시티칼리지런던 University College London

혁신적이면서도 글로벌한 학문접 접근을 통해 세계적 교육과 연구 지향

 1826년 영국 런던에 설립된 대학으로, '모든 사람에게 교육을 제공하겠다'는 목표를 갖고 있다.

초기에는 런던대학교 University of London 소속의 컬리지로 시작했으나, 지금은 독립적인 대학으로 운영되고 있으며 다양한 분야에서 탁월한 교육과 연구를 제공하는 기관으로 평가받는다. 학문적 명성과 연구 성과에서 세계적인 지위를 유지하고 있다. 과거 영국에서는 옥스퍼드대학교와 케임브리지대학교가 지배적인 교육 기관이었으며, 특정 종교와 성별에 따라 입학이 제한적이었다. 그러나 UCL은 영국 최초로 종교적 배경과 상관없이 모든 사람에게 문호를 개방했으며, 과학과 인문학의 융합을 통해 학문 발전을 꾀했다. 또한, 1878년에는 영국 최초로 여성 학생을 받아들여 성 평등 교육의 선구자로 자리매김했다. 학문 간의 경계를 넘어 융합과 혁신을 강조하며, 이를 통해 다양한 글로벌 문제를 해결하려고 한다. 최근에는 기후 변화, 인공지능, 유전자 편집, 글로벌 건강, 도시화 문제와 같은 다양한 글로벌 이슈에 대해 다학제적 접근을 통해 해결책을 모색하고 있다. 또, 산업계, 정부, 비영리단체와의 협력을 통해 연구 성과를 실질적인 문제 해결에 적용하고 있다.

ucl.ac.uk

10. 멜버른대학교 이노베이티드 Melbourne University InnovatEd

고등교육을 위한 에튜테크의 혁신을 위한 인큐베이션 프로그램

호주 멜버른대학교 University of Melbourne에서 운영하는 혁신적 교육 프로그램이다. 이 프로그램은 대학 내 구성원들이 교육 경험을 개선하고 혁신할 수 있도록 지원하는 것을 목표로 하고 있다. 이를 통해 교수진, 직원, 학생들이 협력하여 교육 관련 문제를 해결하고, 창의적인 아이디어를 실행할 수 있는 환경을 제공한다. 또, 교육의 질 향상과 학습 환경 개선을 위한 다양한 프로젝트를 지원하고, 교육 혁신을 통해 미래 지향적인 학습 경험을 설계하고자 한다. 특히 학생과 교수진이 가진 창의적인 교육 아이디어를 현실화할 수 있는 기회를 제공한다. 아이디어 공모전을 통해 혁신적인 교육 프로젝트를 발굴하고, 선정된 아이디어에 대해 자금 지원, 멘토링, 개발 자원 등을 제공하여 실제 프로젝트로 발전시킨다. 그 결과 다양한 성공 사례를 만들어내기도 했다. 새로운 학습 관리 시스템의 개발, 디지털 교육 도구의 도입, 온라인 학습 경험 개선 등이 그간의 혁신을 통해서 만들어진 프로젝트들이다. 이러한 프로젝트들은 학생들의 학습 효율을 높이고, 교수진의 교육 방식을 개선하는 데 큰 기여를 해왔다.

unimelb.edu.au/mec/melbourne-innovated

13. 말레이시아 선웨이대학교 Sunway University
'15분 도시'를 구현하고 있는 초연결성

말레이시아 최고의 사립대학으로 셀랑고르주에 위치한다. 선웨이그룹에서 운영하고 있으며 다양한 학부 및 대학원 프로그램을 제공한다. 경영, 호텔 경영, 컴퓨터 과학, 공학, 예술 및 디자인 분야가 유명하다. 대학과 도시를 연계하는 종합단지를 형성하고 있다는 점이 특이하다. 선웨이 시티 Sunway City 내에 위치해 있는데 이곳은 쇼핑몰, 레스토랑, 주거 시설, 의료 센터 등 다양한 편의시설을 갖춘 종합 단지다. 도보로 15분 이내에 모든 편의시설에 접근할 수 있기 때문에 초연결성을 보여주는 새로운 국제 운동인 지속 가능한 '15분 도시'의 좋은 사례라고 할 수 있다. 외국인 유학생이 많이 등록되어 있어 다국적, 다문화 교류가 활발하다. 또 학생들의 학업 및 생활을 지원하기 위해 다양한 상담 서비스, 경력 개발 프로그램, 인턴십 기회를 제공하고 있으며, 취업 준비와 관련된 워크숍 및 네트워킹 행사도 자주 개최한다.

sunwayuniversity.edu.my

14. 싱가포르 SIM대학교 Singapore Institute of Management

세계를 연결하는 플랫폼 대학

싱가포르 SIM은 1964년 싱가포르 정부 경제개발청EDB에 의해 설립되었으며, 싱가포르 사립교육위원회CPE에 등록되어 있다. 고등 교육 및 전문 교육 과정을 제공하며 싱가포르와 국제 학생들에게 다양한 학위 및 비학위 프로그램을 운영하면서 싱가포르 내 최고 사립대 중 하나로 자리 잡았다. 싱가포르에서 가장 큰 규모의 캠퍼스와 시설을 보유하고 있으며 20개국 이상의 나라에서 온 2만여 명의 학생들이 재학 중이다. 교과 과정이 다른 대학에 두 배에 이를 만큼 학업 일정이 힘들기로 유명한 글로벌 대학이다. 주요 전공 분야는 경영학, 경제학, 컴퓨터과학 및 IT, 사회과학, 물류 및 공급망 관리 등이다. SIM대학교는 '플랫폼 대학'을 지향해서, 세계적으로 인정받는 여러 대학과 협력하여 학위를 제공한다. 대표적인 협력 대학은 다음과 같다.

- University of London(영국)
- RMIT University(호주)
- University of Birmingham(영국)
- University at Buffalo, The State University of New York(미국)
- La Trobe University(호주)

sim.edu.sg

혁신을 총괄하는 컨트롤타워, 넥스트챌린지재단

 앞과 같이 혁신 교육을 제공하고 있는 넥스트챌린지재단에 대해 조금 더 알아보는 것은 이들의 교육 개혁이 어느 정도 영향력을 가지고 있는지 알 수 있게 해준다. 넥스트챌린지재단은 종종 미국 보스턴에 있는 매스챌린지Mass Challenge와 비교되곤 한다.

미국 최고의 비영리 글로벌 액셀러레이터로 자리 잡은 매스챌린지는 주정부와 대기업, 민간기관의 협력을 기반으로 전 세계에서 혁신적인 스타트업을 발굴하고 지원하며 사회적 문제 해결에 앞장서고 있다. 세계 5개국 7개 도시에서 프로그램을 운영하며, 성장 가능성이 높은 스타트업을 집중적으로 지원한다. 이 프로그램은 단순한 스타트업 지원을 넘어, 각국의 사회적 문제를 해결할 수 있는 혁신적인 접근 방식을 제시하는 것을 목표로 한다. 매스챌린지는 이윤을 최소화하는 대신 스타트업에 필요한 다양한 서비스와 네트워크를 제공해 실질적인 성장을 돕는다.

매스챌린지의 성공 배경에는 대기업과의 전략적 협력을 통해 오픈이노베이션 플랫폼을 구축한다는 점이 있다. 이는 스타트업들이 보다 쉽게 대기업과 협력하며 사업을 확장할 수 있는 기반을 마련해준다. 또한, 전문가 그룹을 통해 스타트업의 경쟁 모델과 브랜드를 강화하고, 글로벌 시장 진출을 위한 생태계 구축에 주력한다. 기존 사회 문제에 대해 공공의 관점에서 접근하며, 정부기관과의 협력을 통해 스타트업이 사회적 가치를 창출할 수 있는 환경을 조성하는 데 집중하고 있다.

2010년 설립 이후, 매스챌린지는 현재까지 81개 나라에서 1,500개 이상의 스타트업을 육성했으며, 약 9만 5,000개의 직·간접 일자리를 창출했다. 이는 전 세계적으로 창업 생태계에 긍정적인 영향을 미치며 사회에 기여하고 있다.

넥스트챌린지재단은 중소벤처기업부, 창업진흥원 주최 글로벌 "Collabo X" 구글 '창구', 인텔AI, 프랑스 탈레스(항공우주, 보안 등), 로레알(뷰티)의 주관사로서 글로벌 역량을 갖고 있으며 국내에는 서울, 판교, 인천, 부산, 고양, 시흥, 제주 서귀포 등 다양한 지자체와 교육청과 협력하여 민관이 함께 정책자문과 창업생태계를 조성하고 있다. 이 과정에서 미래 기술 교육, 혁신적인 공간 제공, 스타트업 네트워크 구축을 지원하며, 스타트업이 글로벌 무대로 성장하고 투자를 받을 수 있도록 돕는 중추적 역할을 수행해왔다.

- **● 넥스트챌린지재단의 미션**

1. 우리는 비영리재단으로써 문제 해결과 가치 창출에 집중한다.
2. 우리는 글로벌 창업 도시 생태계를 구축한다.
3. 우리는 스타트업 유치원, 초, 중, 고, 대학을 설립한다.
4. 우리는 대기업과 오픈이노베이션을 통해 신사업을 육성하고 스타트업 교류를 촉진한다.

넥스트챌린지재단을 이끄는 김영록 대표와 최진교 부대표.

류창완 한양대학교 창업지원단장은 넥스트챌린지재단의 활동을 이렇게 평가하고 있다. "국내에서 약 500여 개의 액셀러레이터가 활동하고 있지만, 그중 실질적인 효과를 내고 있는 곳은 약 5%에 불과하다. 넥스트챌린지재단은 고유의 철학을 바탕으로 통합적인 창업 생태계를 도시 관점에서 재해석하고 분석하여, 자신만의 독자적인 영역을 구축해왔다. 이는 보스턴의 '매스챌린지'와 유사한 접근 방식이다."

특히 넥스트챌린지재단은 이 책에서 언급한 스타트업의 생태계에 대한 실리콘밸리와는 다른 아세안 웨이를 개척하는 것에도 큰 도움을 주고 있다. 2023~2024년에 아세안의 국가 공무원들과 대학 관계자들이 한국을 방문해 넥스트챌린지 서울 벤처스튜디오에서 연수를 하면서 한국의 스타트업 생태계 성장 비결과 창업도시 구축, 미래 스타트업학교 NCS 교육 커리큘럼 외 창업국가로 나아가야 할 비전 및 방향성을 공부했다.

결론적으로 스타트업에 특화된 넥스트챌린지재단과 스타트업 인재양성 교육기관인 넥스트챌린지스쿨, 향후 넥스트챌린지대학의 결합은 가장 실전적이며, 심층적이며, 전문적인 결합이라고 볼 수 있다. 그리고 이러한 새로운 교육의 흐름은 앞으로 한국 미래 디지털 교육의 개혁에도 적지 않은 영향력을 줄 수 있는 계기가 될 것이다.

넥스트챌린지재단 www.ncf.or.kr

지식에 관한 패러다임 변화와 사고방식으로서의 '스타트업'

역사가 흐른다는 것은 단순히 시간이 간다는 의미가 아니다. 역사의 흐름에서 매우 중요한 것 중 하나는 바로 '사고의 방법'이 놀랍도록 바뀐다는 것이다. 이는 특정한 생각이 특정한 시대를 점령하고, 그 시대를 살아가는 사람들의 정신 속에서 끊임없이 관습적으로 반복된다는 사실을 의미한다. 역사가 흐르면서 때로 특정한 사고의 방법은 완전히 폐기되거나 더 나은 것으로 대체된다.

고대 인류는 자연을 통제하거나 예측할 수 있는 방법이 없었기 때문에 모든 곳에 신神이 존재한다고 믿었다. 이른바 '범신론'이다. 나무도 신이고 하늘도 신이며 태양도 신이었다. 그러니 인간 역시 이 신에 종속된 존재였다. 하지만 점차 과학이 발달하면서 이러한 사고의 방식이 달라지기 시작했다. 자연은 신이 아닌 그 자체의 법칙에 따라 움직이는 것이며, '생명'이 그 모든 것을 주관한다. 따라서 나무나 하늘은 더 이상 신이 아니며, 인간은 신에게 종속된 존재가 아니다. 스스로 자율성과 창조성을 가진 존재, 잠재력을 펼칠 수 있는 존재로 인식되기 시작했다. 거대한 사고방식의 진화가 이뤄진 것이다.

지금이 바로 이러한 진화가 이루어지고 있는 시기이며, 그에 따른 사고방식의 변화도 절실하게 필요한 시점이다.

프로그래밍을 배울 필요 없는 세상

인류의 역사는 지식의 발전사라고 해도 좋다. 우주와 자연, 사람과 사회에 대한 지식을 탐구하고, 그것이 엄청난 양과 속도로 쌓여가는 과정이었다. 교육도 바로 이러한 지식의 발전사와 궤를 같이해왔다. 이전의 지식을 다음 세대에 전달하고 더 나은 지식을 탐구해내는 것이 교육의 핵심이기 때문이다. 그리고 이러한 과정에는 개인의 삶도 결을 함께하고 있다. 한 개인이 보다 많은 지식, 더 전문화된 지식을 쌓는다면 그의 삶은 경제적으로 더 풍요로워지고 더 많은 명예를 얻을 수 있었다. 오늘날 직업 선호도가 지식의 양과 전문성의 정도와 관련이 있는 이유도 바로 여기에 있다. 대학교수, 의사, 과학자, 기술전문가 등은 모두 이 '지식'이라는 영역에 속해 있다. 기업에서도 '더 많이 배운 사람'을 선호하는 것은 당연한 일이었다. 해외 유수 대학에서 공부한 사람, 박사 학위를 받은 사람은 더 많은 연봉을 받고 더 높은 직급에 올랐다.

그런데 이제 이러한 지식을 두고 거대한 패러다임의 변화가 시작되고 있다. 특히 개인이 단순하게 지식을 축적하는 일은 점차 의미가 퇴색하고 있다.

2024년 2월, 아랍에미리트 정부가 주최한 '세계정부 정상회의'의 대담 프로그램에 참석한 엔비디아 CEO 젠슨 황 Jensen Huang은 이렇게 이야기했다.

지금은 아주 놀라운 시기다. 우리는 새로운 산업혁명 시대를 눈앞에 두고 있다. 증기와 전기로 에너지를 만들고 PC와 인터넷이라는 정보 혁명을 거쳐 지금은 인공지능의 시대이다.

이러한 시대에는 사람이 배워야 할 것도 완전히 달라진다. 그는 심지어 가장 시대를 이끌어가는 컴퓨터 공학과 프로그래밍에 관한 지식도 앞으로는 의미가 없다고 단언한다.

내 이야기는 아마 사람들이 생각하는 것과 완전히 반대로 들릴 것이다. 지난 10년, 15년 동안 이 대담에 참여했던 거의 모든 사람이 여러분에게 '컴퓨터 공학을 전공하고 프로그래밍하는 법을 배워야 한다'고 말했을 것이다. 하지만 내 의견은 정반대이다. 이제 아무도 프로그래밍을 할 필요가 없고 누구나 프로그래밍 언어를 사용할 수 있도록 만드는 것이 우리의 일이다. 이제 세상의 모든 사람은 프로그래머가 되었다. 코딩을 배우는 시대는 이미 지났다. 이것이 바로 인공지능의 기적이다. 내가 다시 고등학교 3학년으로 돌아간다면 생물학을 전공할 것이다.

물론 이것이 '이제 인간은 더 이상 지식을 쌓을 필요가 없다'거나 '지식을 쌓아봤자 소용이 없다'는 것을 의미하지는 않는다. 단순한 지식의 축적이 이제 더 이상 효용을 가지지 못한다는 의미이다. 이것은 기술이 인간을 추월하는 특이점이 도래한 것이다.

지식과 육체노동의 관계 변화

구글 전 CEO인 에릭 슈미트 **Eric Schmidt** 역시 인공지능의 변화로 인해 어떤 일까지 벌어질 것인지에 대해 말하고 있다. 그는 앞으로 기술이 세상을 완전히 바꿀 것이라고 이야기한다. 인공지능이 단편적인 질문에 답하는 것이 아니라, 인간이 말하는 맥락을 파악해 그 말을 알아듣고 실제로 인간을 위해 행동할 수 있는 정도까지 나아간다는 점이다. 예를 들어, 인공지능에게 화학의 모든 지식과 그에 따른 실험 결과를 알려준다면, 매우 강력한 화학자가 될 수 있다고 한다. 한마디로 화학적 지식에 관한 한 그 어떤 인간도 인공지능을 능가할 수 없게 된다. 그런데 이것이 화학적 지식에만 해당하는 일일까? 물리학 지식, 자동차 지식, 법률 조항에 대한 지식, 의학적 지식, 신약 지식, 철학적 지식 등… 이제까지 인류가 쌓아온 모든 지식을 인공지능이 흡수하고, 인간이 말하는 시의적절한 맥락을 파악하여 그에 따른 대답을 해주게 된다. 이러한 가공할 만하고 압도적인 지식의 양에 맞서 개별 인간이 쌓는 지식의 양은 비교할 만한 수준이 되지 못한다.

그 결과 '지식과 육체노동의 관계'도 완전히 변화하고 있다. 지금도 여전히 '학창 시절 공부를 열심히 하지 않으면 나중에 힘든 일을 하게 된다'는 인식이 있다. 그러나 이러한 공식은 완전히 깨지고 있다.

지난 2024년 1월, 독일 BMW는 자동차 생산 라인에 인간형 로봇을 투입하기로 했다고 발표했다. 이 로봇은 키 170센티미터에 무게 60킬로그램으로, 두 다리로 걷고 다섯 손가락의 손을 사용해 기계를 조립하며, 5시간마다 스스로 충전소를 찾아가 충전하는 기능을 지녔다. 전 세계 자동차 산업에서 2022년 한 해에만 13만 6,000개의 새로운 산업용 로봇이 설치되었는데, 이는 전자 산업에 이어 두 번째로 큰 규모이다. 이는 곧 대부분의 산업 영역에서 힘든 육체노동은 로봇이 대체하게 된다는 의미이다. 그러니 이제 '힘든 일을 하지 않기 위해 열심히 공부해야 한다'는 부모의 조언은 사실 아무런 의미도 없는 말이 되어버린다.

마지막으로 지식을 대하는 기업의 태도도 완전히 달라졌다. 지금도 좋은 대학을 나와야만 좋은 조건의 직장에 들어갈 수 있다고 생각한다. 하지만 이제 그렇지 않다. 미국에서는 대학 졸업장이나 학사 학위가 없어도 기술과 경력만 보고 인재를 채용하려는 추세가 갈수록 뚜렷해지고 있다. 〈월스트리트저널〉에 따르면 구글, IBM, GM, 월마트 등은 일부 직종에서 대졸 학위를 더 이상 요구하지 않고 있다. 물론 단순 관리직이니 그럴 수 있지 않겠냐고 할 수도 있다. 하지만 그렇지 않다. 미국의 한 대형 의료 장비 업체의 경우, 학사 학위가 없는 비율이 가장 높은 부서가 바로 IT 부서였다.[4]

더 나아가 기업의 형태도 지금과는 완전히 달라지게 된다. 미국의 투자자이자 기업가인 나발 라비칸트 Naval Ravikant는 스타트업 투자 플랫폼인 앤젤리스트 AngelList의 공동 창업자로, 트위터와 우버에 초기 투자한 것으로도 유명하다. 그는 이렇게 이야기했다.

> 앞으로는 몸집이 큰 대기업이 성공하는 시대가 아니며, 작고 빠르게 움직이는 회사가 성공할 것이다. 결국 모든 회사가 스타트업이 된다. 이제 더 이상 기업들은 과거처럼 계속해서 새로운 공장을 짓고 수천, 수만 명의 직원을 고용하며 몸집을 키우려고 하지 않는다. 뛰어난 직원 몇 명이 지금의 모든 기술을 활용해 엄청난 크기의 사업을 만들어낼 수 있으며, 앞으로 더 많은 채용 공고는 대기업이 아닌 소규모 스타트업에서 나올 것이다.

어떤 면에서 보면 지금 우리에게 닥쳐오는 변화들은 너무 과도

하고 극단적이다. 지식, 교육, 노동, 취업과 일자리 등 인간을 둘러싼 제반의 환경이 너무 한꺼번에 빠르게 변하고 있기 때문이다.

어쩌면 이러한 상황에서 허탈함, 혹은 미래에 대한 암울함을 느낄 수도 있다. '그럼 이제 인간은 무엇을 배워야 하고, 무슨 일을 해야 하지?' 혹은 '인공지능이 활개 치는 세상에서 과연 인간이 할 수 있는 것이 있기나 하나?'라는 생각이 드는 것도 사실이다.

이제는 진짜 인간의 능력을 'Start Up' 해야 할 시기

하지만 저자는 지금이야말로 진정한 인간이 중심이 되는 '제2의 르네상스'가 펼쳐지는 시기라고 확신한다. 과거의 르네상스는 신을 중심으로 하는 제한적인 사고에서 벗어나 인간이 가진 역할에 대한 무한한 탐구가 일어났던 시기였다. 이제 우리는 인공지능과 기술의 발전으로 단순한 지식의 축적과 고된 육체노동에서 해방될 수 있다. 시험을 앞두고 밤을 새우며 억지로 교과서의 내용을 암기할 필요가 없고, 취업을 위해 몇 년씩 고시원에 틀어박혀 공부하는 사람도 이제는 극소수가 될 것이다. 자칫하면 신체를 손상하거나 목숨을 잃을 수도 있는 육체노동을 위해 인생을 낭비할 필요도 없어지는 것이다. 게다가 수많은 사람이 하나의 조직에 묶여 위계질서 속에서 서로 사내 정치를 하고 눈치를 봐야 하는 일도 줄어들게 된다. 회사의 수많은 일이 조각조각 나뉘어 회사 외부에서 할 수 있는 네트워킹이 이루어지기 때문에 일하는 시기도, 방식도 자신이 결정할 수 있을 것이다.

이것이야말로 또 한 번의 인간 해방이다. 노예가 평생 지긋지긋했던 주인으로부터 해방되어 오롯이 자신의 인생에 충실할 수 있듯, 이제 인간은 단순한 지식 축적이 개인의 삶을 좌우하던 시대에서 벗어나고, 육체노동에서 벗어나게 된 것이다. 이렇게 해방된 인간은 인간 본연의 능력과 잠재력에 집중하며 스스로의 창의성을 발굴하고 연습하기에 가장 좋은 시기를 맞이했다.

바로 여기에서 우리가 떠올려야 할 핵심적인 키워드가 '스타트업'이라는 용어다. 일반적으로 스타트업이라는 용어는 '설립한 지 얼마 되지 않은 신생 기업'을 의미하지만, 저자가 말하는 스타트업은 인공지능 시대에 인간이 가져야 할 새로운 사고방식으로서의 스타트업이다.

실제로 스타트업이라는 기업의 형태는 과거와는 완전히 다른 사고방식과 행동의 원칙을 제시하고 있다. 빠르게 실험하고 피드백을 반영해 최선의 결론을 내리는 의사 결정 방식, 필요한 것을 최대한 협조적으로 주고받는 협업의 태도, 인류에 닥친 여러 문제를 해결하려는 정신, 과거의 모든 것을 의심하며 완전히 다른 솔루션을 만들어내려는 혁신적 자세 등을 의미한다. 여기에 인공지능은 결코 할 수 없는 모험에 도전하는 정신, 사람의 감정에 대한 공감 능력, 리스크를 회피하지 않는 열정적 자세 등이 포함된다. 이 모든 것은 오로지 인간이기에 할 수 있는 것들이다. 무거운 지식의 짐을 벗어 던진

244

우리는 이제 '인간적인, 너무나도 인간적인' 삶을 살아갈 수 있을 것이다. 게다가 'Start Up'이라는 말 자체에 이미 새로운 것에 대한 추구와 그것을 통해 미래로 전진하려는 강력한 의지가 담겨 있다. 저자는 전편 《진격의 늑대》에서도 스타트업을 창업의 대상이 아니라 '혁신의 도구'라고 생각해야 한다고 역설했다.

지금 이 순간에도 역사가 흐르고 있다. 과거의 사고방식에서 벗어나 생각을 '스타트업'하고, 행동을 '스타트업'할 수 있을 때, 인류는 자멸의 길로 빠지지 않고 자생의 길로 달려나갈 수 있을 것이다.

인공지능 시대는 모호함을 극복하는 것이다

《돈의 심리학》《불변의 법칙》의 저자 모건 하우절은 미래를 예측하는 것은 매우 어렵지만, 변하지 않는 법칙에 집중하는 것이 중요하다고 이야기한다.[5]

그는 역사 속 사건들이 예기치 않은 변수에 의해 큰 영향을 받았음을 설명하며, 사람들의 행동 패턴을 이해하고 열린 상상력을 유지해야 한다고 말한다. 성공은 작은 변화가 누적해 이루어지며, 목표를 이루기 위해서는 고통을 감내해야 한다고 강조한다. 결국, 불확실한 세상에서 변하지 않는 본질에 집중하는 것이 중요하다고 결론짓는다.

우리는 미래를 예측하는 데 서툴기에, 변하지 않는 법칙을 이해하는 것이 중요하다. 과거와 현재, 미래에 걸쳐 변함없는 원칙을 알면 더 나은 결정을 내릴 수 있기 때문이다. 아마존의 창업자 제프 베이조스는 앞으로 10년 동안 변할 것보다 변하지 않을 것에 대해 더 많은 질문을 받는다고 한다. 그는 저렴한 가격과 빠른 배송에 대한 고객의 욕구가 사라질 수 없다고 믿고 있다.

변하지 않는 인간의 행동 방식과 특성을 이해하면 세상의 복잡한 모습을 더 잘 이해할 수 있으며 이를 통해 우리는 더 나은 전략을 세울 수 있는 기반을 마련할 수 있다. 역사를 통해 우리는 예기치 않은 사건들이 어떻게 세상의 흐름을 변화시켰는지를 배울 수 있다. 이러한 사건들은 때로는 긍정적이고 때로는 부정적인 결과를 가져오기도 한다. 역사는 예측할 수 없는 다양한 사건들이 얽혀 만들어진 결과다. 사소한 요인들이 역사적 사건에 큰 영향을 미칠 수 있음을 보여준다.

미래 예측의 어려움과 함께 인간의 행동 패턴을 이해하는 것이 중요하다. 경제적 유인에 대한 반응과 열린 상상력을 통해 다양한 가능성을 고려해야 한다. 인간의 결정은 감정과 호르몬에 의해 영향을 받으며, 통계나 수학 공식으로 설명할 수 없는 복잡한 요소들이 존재한다. 경제와 시장은 기계처럼 합리적으로 작동하지 않으며, 시장의 정서와 스토리가 큰 영향을 미친다.

영국 경제학자 케인스는 시장에 영혼과 감정이 있다고 주장하며 투자 가치가 단순한 숫자 이상의 의미를 가지고 있다고 말했다. 그는 투자자들이 미래에 대한 스토리와 현재의 숫자를 결합하여 가치를 평가한다고 말했다.

2008년 리먼브라더스의 파산은 투자자의 신뢰가 숫자 이상의 중요한 요소임을 보여준다. 리먼브라더스의 재무 건전성은 양호했지만, 신뢰의 붕괴가 파산을 초래했다. 게임스탑의 주가 폭등도 커뮤니티의 스토리가 시장에 미치는 강력한 영향을 보여준다. 투자자들의 관심이 폭증하면서 기업은 자금을 확보하고, 이는 예측할 수 없는 결과를 가져왔다.

위험은 예측할 수 없는 사건에서 발생하며, 이러한 사건들은 대개 심각한 결과를 초래한다. 따라서 미리 준비하는 것이 중요하며, 예측보다는 리스크 관리에 집중해야 한다. 코로나 팬데믹은 아무도 예상하지 못했다. 준비하지 않으면 피해가 클 수밖에 없다. 리스크의 본질은 예측 불가능성에 있다. 예측에 의존하기보다는 언제 드러날지 모르는 리스크에 대비하는 것이 중요하다. 지진처럼 위험을 바라보는 시각이 필요하다. 일본 국민은 지진이 언제나 발생할 것이라고 생각하며 이에 대해 철저히 준비한다.

진화는 단세포 유기체에서 현대 인간으로의 변화를 보여주는 놀라운 과정이다. 이 과정은 지구가 38억 년 동안 유리한 특성을 선택하며, 작은 변화들이 쌓여 엄청난 결과를 만들어내는 복리의 효과를 시사했다. 진화의 교훈은 투자와 같은 다른 분야에서도 적용된다. 사람들은 종종 단기 성과에 집중하지만, 장기적인 관점에서 바라보는 것이 중요하다.

제프 베이조스는 자신의 직업에서 즐길 수 있는 것의 중요성을 언급하며, 목표를 세우는 데 있어 고통의 불가피성을 강조한다. 이는 모든 분야에 적용될 수 있는 현실적인 조언이다. 목표로 삼을 가치가 있는 것에는 비용이 따르며, 이 비용은 종종 스트레스나 불확실성으로 나타난다. 발전과 성공을 위한 이러한 비용은 불가피하며, 이를 비효율성으로 이해하는 것이 필요하다.

세상은 혼란스럽고 불완전하지만, 우리는 비효율성을 수용하고 극복하는 과정에서 성장할 수 있다. 변하지 않는 본질에 집중하며, 변화 속에서도 확신을 가지고 앞으로 나아가야 한다. 비효율성을 견디는 능력이 없는 경우, 타인과의 협력에서 성공할 확률이 낮아진다.

변화의 속도가 빨라지더라도 변하지 않는 본질에 집중해야 한다. 이러한 본질을 이해하면, 우리는 불확실한 상황에서도 방향성을 찾을 수 있다. 예측 불가능한 사건이 미래에 영향을 미칠 수 있기 때문이다. 긍정적인 기회를 잡고 부정적인 영향을 최소화할 수 있는 준비가 필요하다. 결국 미지의 세계를 탐험하는 것은 우리 인생의 모호함을 극복하는 일과 같다.

이 책을 쓰면서 영감을 받은 세 사람이 있다. 《사피엔스》의 유발 하라리, 《특이점이 온다》의 레이 커즈와일, 《불변의 법칙》의 모건 하우절까지, 마치 세 사람의 뇌를 나의 뇌에 링크하는 상상을 하며 책을 집필했다. 프롤로그에서 언급한 '미지' 두 가지 의미에 더해, 1년 동안 이 책을 집필하면서 얻은 또 다른 세 번째 의미의 '미지의 본질'을 깨달으면서 글을 마친다.

아세안 국가들에게 필요한 창조의 불꽃, 두바이의 끝없는 상상력

인간의 생각은 현실의 제약에 얽매여 있는 경우가 많다. 현재 주어진 조건과 환경 안에서 가능한 것들을 추구해야 한다는 점에서 생각은 늘 현실의 속박에서 완전히 자유롭기 어렵다. 하지만 우리에게는 전혀 다른 생각법이 하나 있다. 바로 현실의 제약을 완전히 부수는 생각, 바로 상상력이다. 이는 빛의 속도만큼 빠르게 미래로 전진해 나가고, 오늘의 현실을 완전히 바꾸는 힘을 가지고 있다. 개인의 상상력은 자신의 인생을, 국가의 상상력은 나라의 비전을 완전히 바꾸어버린다.

아세안 여러 국가는 자신의 운명을 바꾸기 위해 사력을 다하고 있다. 최첨단 디지털 세상에서 과거 식민지의 흔적과 뒤처진 산업화에 대한 열등감을 벗어던지고, 다시 글로벌 세상의 당당한 주요 세력으로 우뚝 서기 위해 노력 중이다. 이러한 노력에 필요한 것이 바로 상상력이라는 창조의 불꽃이다. 이 불꽃이 아세안으로 확산할 수 있다면, 지금 아세안의 노력은 횃불이 되어 더 크게 불타오를 수 있을 것이다.

'이곳은 상상력의 끝이다'

저자는 2024년 10월 아랍에미리트^{UAE} 두바이를 다시 방문했다. 아랍에미리트는 7개 토후국^{Emirate}으로 이루어진 연합국의 형태이다. 그중 하나인 두바이는 '중동의 뉴욕' '아랍의 베니스' '사막의 기적'이라고 불리는 곳이다. 구름을 마주 보는 압도적인 높이의 초고층 빌딩과 세계 지도마저 바꿔버리는 바다 위의 인공섬들은 인류가 이뤄낸 또 하나의 위대한 성과다.

20~30년 전만 해도 두바이는 작은 어촌 마을에 불과했다. 마을 주민들이 생계를 위해 종일 대추야자를 따고, 맨손으로 진주 조개를 잡아서 수출하던 소박한 지역이었다. 게다가 사람이 살 수 있는 곳은 전체 국토 면적의 2%일 뿐, 98%는 사막이었다. 객관적인 환경으로만 봤을 때, 두바이는 이후에도 계속해서 가난한 어촌 마을이어야 했고, 사람이 살지 못하는 사막이 국토의 대부분인 안타까운 나라여야 했다.

하지만 지금의 두바이는 천지개벽이라는 말이 무색할 정도로 완벽하게 변했다. 물류, 항공, 관광 인프라가 구축된 세계에서 가장 유명한 지역 중 하나가 됐다. 두바이의 놀라움은 끝이 없다. 현존하는 세계 최고층 건물인 부르즈 칼리파Burj Khalifa, 부르즈 알 아랍Burj Al Arab 호텔, 아름다운 주메이라Jumeirah 해변, 인공 수로를 따라 만든 초호화 주거 단지와 요트 클럽 등이 모여 있는 두바이 마리나Dubai Marina, 세계 지도를 그대로 본떠 만든 더 월드The World와 같은 인공섬들…. 여기에 두바이 몰Dubai Mall을 방문하면 입이 떡 벌어진다. 축구장 50개 크기와 맞먹는 엄청난 규모에 1,200개가 넘는 상점, 200여 개의 레스토랑, 실내 아이스링크, 영화관이 들어 있다. 세계에서 두 번째로 크게 지어진 아쿠아리움은 두말할 필요가 없다. 심지어 두바이에는 세계적인 건축가가 지은 건물들이 많아서 중동 예술의 중심지로 급부상했다. 이곳이 과거 대추야자를 따고 진주 조개를 잡던 곳이었다는 사실은 가히 상상하기 힘들다.

물론 많은 사람이 두바이가 '오일머니' 때문에 이렇게 거대한 도시를 만들어낼 수 있었다고 생각하기도 한다. 하지만 이는 큰 오산이다. UAE 전체의 석유 매장량은 상당하지만, 두바이의 매장량은 4%에 불과하다. 결코 오일 머니가 오늘날의 두바이를 만들었다고 생각할 수 없다. 오일 머니가 결정적 역할을 했다면, 두바이보다 더 많은 오일 머니를 가진 주변 국가들이 오늘날 두바이를 능가했을 것이다.

이러한 기적을 일으킨 사람은 바로 두바이의 무함마드 빈 라시

지구상 가장 아름다운 건축물
미래박물관 개관

세계에서 가장 아름다운 건축물로 선정된 아랍에미리트 두바이의 '미래박물관'. 세계적인 건축가 숀 킬라가 설계한 이곳은 전시 외에도 미래학자, 혁신가, 대중이 서로 영향을 주고받고 새로운 아이디어를 창조할 수 있는 공간으로 유명하다.

드 Mohammed bin Rashid 총리겸 군주이다. 그는 현실적인 돈과 자원이 국가의 미래를 바꿀 수 없다는 사실을 잘 알고 있었다. 그래서 그가 의지했던 것이 바로 '상상력'이었다. 그는 60명에 이르는 싱크탱크를 운영하며 늘 그들에게 이렇게 강조했다.

"두바이의 끝은 상상력의 끝이다. 그러니 당신들은 상상하라. 나는 당신들의 상상을 실현할 것이다."

이는 인간이 할 수 있는 모든 상상력을 동원하자는 이야기며, 그것을 통해 국가의 운명을 완전히 뒤집어버리자는 제안이었다. 그때부터 두바이의 놀라운 변화가 시작됐고, 그 상상은 오늘에 이르고 있다.

교육과 스타트업의 도시 샤르자의 새로운 도전

이제 두바이는 또 한 번 상상의 나래를 펴나가고 있다. 바로 스타트업 생태계의 발전과 교육의 변화를 통한 또 한 번의 도약이다. UAE 7개 토후국 중 수도 역할을 하는 정치 중심지는 아부다비 **Abu Dhabi**이고, 문화와 교육의 중심지 역할을 하는 곳은 샤르자 **Sharjah**다. 규모와 역할의 측면에서 비유해보자면 아부다비-두바이-샤르자는 서울-경기-인천에 해당한다.

샤르자에는 많은 초·중등 교육기관은 물론이고 '아메리칸대학교 **AUS**'와 '샤르자대학교 **University of Sharjah**'가 있다. 이 두 학교는 UAE 뿐 아니라 중동 전역에서 높은 평가를 받는 종합 대학교이다. 다양한 학문 분야에서 학생들에게 국제적인 교육을 제공하며, 많은 외국인 학생과 교수진이 함께하고 있어 국제적인 분위기를 자랑한다. 아부다비나 두바이의 부자들과 고위층들도 모두 자녀를 샤르자로 보낼 정도로 교육 수준이 높다. 또한 이곳은 훌륭한 교육을 마친 인재들이 스타트업에 도전할 수 있는 충분한 환경도 갖추고 있다.

'샤르자리서치테크놀로지&이노베이션파크 **SRTIP**'는 기술 혁신과 창업을 촉진하기 위해 설립된 공간으로, 신생 기업들이 연구 개발, 실험, 제품 출시 등을 진행할 수 있도록 다양한 자원과 서비스를 제공하고 있다. 이곳에서는 인공지능, 사물인터넷, 에너지 및 환경 기술 등 다양한 첨단 기술 분야에서 스타트업을 지원하고 있다.

또, '샤르자기업가센터 **Sharjah Entrepreneurship Center**'도 있다. 이곳은

주요 창업 지원 기관으로, 창업 교육, 멘토링, 자금 조달 연계 등 스타트업을 위한 포괄적인 지원을 제공하며, 특히 청년층을 대상으로 혁신적인 아이디어를 현실화할 수 있도록 지원하는 동시에, UAE와 중동 전역에서 기업가 정신을 장려하는 중요한 플랫폼으로 자리 잡고 있다. 한국의 넥스트챌린지재단 역시 이곳 샤르자에서 만난 박형문 전 UAE 태권도 감독님과 함께 새로운 미래의 혁신적인 교육 기관과 창업 생태계의 발전을 도모하고 있다. 샤르자가 두바이에 이어 또 한 번의 상상력을 펼칠 경우, UAE는 '아부다비+두바이+샤르자'의 역량이 합쳐져 또 한 번 세계적으로 진격하는 국가가 될 것이다.

차원이 다른 상상력이 필요한 아세안

상상력이 가진 위대한 힘은 약점을 강점으로 전환하고, 새로운 방법을 사용할 수 있도록 만든다. 현실의 악조건과 속박의 고리를 끊어버리고 무한한 자유의 나래를 펼칠 수 있게 한다. 이렇게 하면 주어진 운명을 묵묵히 받아들이는 대신, 근본적으로 판세를 뒤집는 결과를 만들어낼 수 있다. 한국이 바로 이러한 길을 걸어왔고, 아세안에서 유일한 선진국이라고 할 수 있는 싱가포르가 그랬다.

물론 아세안의 디지털 전환 역시 상상력에 기반한 것이지만, 지금 아세안에는 주어진 환경과 현실적 제약을 압도할 수 있는 더 큰 상상, 차원이 다른 상상력이 필요하다. 두바이를 넘어서는 상상력을 가져야만 아세안 혁신의 길이 더 활짝 열린다.

　사실 두바이도 '상상력의 끝판왕'은 아니었다. 이보다 더 강력한 상상의 나래를 펼친 인물이 있었다. 15~16세기에 활약했던 천재 레오나르도 다빈치다. 그의 스케치에는 수많은 아이디어가 담겨 있다. 그가 스케치한 잠수함은 100년 후에나 실제로 만들어졌고, 헬리콥터는 무려 400년이나 지난 뒤 만들어졌다.

　저자를 '현대의 다빈치'라고 소개했듯이 아세안의 현재를 탐색하고 미래를 통찰하는 사람으로서, 이 책의 마지막에서 아세안에 이런 이야기를 남기고 싶다.

　아세안이여, 상상하라! 두바이보다 더 광활한 상상을 하고, 다빈치보다 더 위대한 상상을 하라. 바로 그것이야말로 위대한 아세안의 미래를 만들어가는 일이다.

2024. 10. 15. 두바이에서
김영록

부록

2022~2024
신규 유니콘 기업 아이템 분석

언론에서 다수의 유니콘 기업에 대한 정보를 찾아볼 수 있지만, 사실 유니콘 기업들도 끊임없이 명멸을 거듭한다. 인수합병, 상장폐지, 폐업을 하면서 사라지기도 하고, 일부 유니콘 기업은 불법에 연루되어 창업자가 기소되기도 한다. 그런 점에서 현재 언론에 나와 있는 유니콘 기업들이 모두 생존한다고 보기 힘들다. 특히 최근 유니콘 기업으로 진입한 스타트업에 대한 정보는 찾아보기가 매우 어렵다.

CB인사이트는 기술, 스타트업, 벤처캐피털, 인수합병, 신흥 산업 및 시장 트렌드 데이터를 제공하는 미국의 시장 조사 및 비즈니스 인텔리전스 플랫폼이다. 이곳에서는 정기적으로 '글로벌 유니콘 클럽' 보고서를 업데이트하면서 신규 진입한 기업에 대한 정보를 제공하고 있다. 이 자료를 토대로 현재 전 세계에서 활약하고 있는 유니콘 기업에 관해 잘 알 수 있다. 여기에 게재한 기업들은 2022년부터 2024년까지 신규 진입한 유니콘 기업만 따로 모은 것이다. 스타트업을 진행하고 있거나 준비하시는 독자들에게 매우 유용한 정보가 될 것이다.

● 앤트로픽Anthropic(미국)

인공지능 챗봇 비즈니스를 제공하는 기업. 뛰어난 전문지식을 보유하고 있으며, 오픈AI보다 개방적 투자 여건을 지니고 안전하고 윤리적인 인공지능 구축을 목표로 함. 창업자 전원이 오픈AI 출신으로, 설립자는 안전팀을 이끌었던 연구 부사장 출신. 2024년까지 연간 1조 이상의 수익 창출을 예상하고 있음. 아마존웹서비스 AWS 역사상 최대 규모의 투자와 국내 SK텔레콤의 1억 달러 투자를 유치.

• 보어링컴퍼니 The Boring Company (미국)

인프라, 터널 건설 서비스 및 장비 업체Space X 자회사. 터널링 속도를 기존 몇 년에서 몇 주로 단축하며 비용 절감 효과를 달성. 설립자는 일론 머스크. 누적 승객 수 100만 명 이상을 기록했으며, 시간당 4,500명 이상의 승객을 수용할 수 있는 능력을 보유. 현재 라스베이거스와 캘리포니아주 호손 등에서 5개 프로젝트를 진행 중.

• 코어위브 CoreWeave (미국)

클라우드 기반 고성능 컴퓨팅 자원을 제공하는 기업. 대규모 GPU 클러스터와 고성능 컴퓨팅 인프라를 통해 머신러닝, 그래픽 처리 및 데이터 분석을 효율적으로 처리. 창업자는 냇소스 Natsource Asset Management 및 허드슨리지 Hudson Ridge Asset Management 출신. 기존 클라우드 공급업체보다 최대 35배 빠르고 80% 저렴한 서비스를 제공. 현재 유럽 내 14개 데이터 센터를 2배로 확장할 예정.

• 소나소스 SonarSource (스위스)

소프트웨어 품질 및 보안 분석 도구 회사로, 소나큐브 SonarQube, 소나린트 SonarLint, 소나클라우드 SonarCloud 등의 제품을 제공. 개발자와 팀이 버그 및 보안 취약성이 없는 고품질 코드를 작성하도록 지원. 창업자는 도이치뱅크와 JP모건 어소시에이트 출신. 40만 개 이상의 조직과 700만 명 이상의 개발자가 사용 중이며, 포춘 100 기업의 80%가 활용. 영업 인력을 두 배로 늘리고, 스위스 제네바, 프랑스 안시, 독일 보훔, 텍사스 오스틴의 사무실에서 마케팅 팀을 확장할 계획.

• 어브노멀시큐리티 Abnormal Security(미국)

인공지능과 머신러닝을 활용하여 이메일 보안 및 사이버 공격 방어 솔루션을 제공하는 기업. 인공지능 기반 행동 데이터 과학을 이용하여 현대적인 이메일 공격을 정교하게 방어. 창업자는 X(前 트위터) 매니저 출신. 포춘 500 기업 중 15%가 고객이며, 에어비앤비, 맨파워, ADT 등의 고객을 보유.

• 인플렉션AI Inflection AI(미국)

자연어 처리와 대화형 인공지능 기술을 개발하여 인간과 인공지능 간의 상호작용을 혁신하는 회사. 최신 인공지능 연구를 기반으로 대규모 언어 모델을 구축하고 자연어 이해와 생성 능력을 향상. 창업자는 구글 딥마인드 임원을 지냈고, Bing/Edge 등 소비자용 인공지능 제품과 연구를 주도. 엔비디아와 코어위브와 협력하여 2만 2,000개 이상의 H100 GPU를 갖춘 세계 최대 인공지능 클러스터를 구축. 대화형 인공지능 솔루션의 상용화를 가속화할 계획.

• 유가랩스 Yuga Labs(미국)

블록체인 및 NFT 분야의 선두주자로, 인기 NFT 컬렉션과 메타버스 프로젝트를 개발하는 기업. 유명 NFT 컬렉션인 BAYC Bored Ape Yacht Club을 포함한 블록체인 프로젝트의 성공적 런칭과 관리. 창업자는 액티비전 블리자드 Activision Blizzard의 전 임원. BAYC는 1만 개의 고유 NFT로 구성되며, 컬렉션의 평균 거래가는 수십만 달러에 이름. NFT와 메타버스 프로젝트의 기술적 및 창의적 개발을 강화할 계획.

• 이토로 eToro(영국)

소셜 트레이딩 및 다중 자산 브로커 플랫폼을 제공하는 핀테크 기업. 성공적인 투자자들의 거래를 실시간으로 모니터링하고 그들의 전략을 자동으로 복사하는 기능을 제공. 창업자는 WiTech 및 Meitav Dash 창업 경험을 보유. 3,000만 명의 사용자와 5,000개의 상품을 보유하고 있으며, 모든 사람이 간단하고 투명한 방식으로 투자할 수 있도록 시장 개방을 목표로 함.

• 빌트리워드 Bilt Rewards(미국)

임대료 지불을 통해 포인트를 적립할 수 있는 리워드 프로그램을 제공하는 기업. 월세를 내면서도 포인트를 적립할 수 있어 임차인들이 여행, 쇼핑 등 다양한 혜택을 받을 수 있음. 창업자는 Kairos와 Humin 등의 기술 스타트업을 성공적으로 이끈 경험을 보유. 250만 개 이상의 부동산 후보군을 보유하고 있으며, 지역 식당, 식료품점, 승차 공유 및 기타 소매 구매를 포함하도록 네트워크를 확장할 계획.

• 레이어제로랩스 LayerZero Labs(미국)

블록체인과 암호화폐 생태계에서 블록체인 간 상호 운용성을 향상하는 솔루션을 제공하는 기업. 서로 다른 블록체인의 dApp을 통합하는 옴니체인 상호 운용성 프로토콜을 제공. 창업자는 BuzzGraft, OpenToken 등 블록체인 관련 스타트업 창업 경험을 다수 보유. 출시 후 10일 만에 Stargate는 34억 달러 이상의 자산을 확보하고, 2억 6,400만 달러 이상을 송금. 크로스 체인 DeFi 프로토콜과 dApp 커뮤니티를 구축할 예정.

• 노드시큐리티 Nord Security(리투아니아)

사이버 보인과 개인징보 보호 진문 기업으로, VPN, 암호 괸리, 사이너 보안 소프트웨어를 제공. NordVPN을 비롯한 다양한 제품군은 높은 보안성, 사용자 친화적인 인터페이스, 광범위한 서버 네트워크를 제공. 창업자는 절친한 두 친구로, 더 안전하고 접근하기 쉬운 인터넷 도구 제작을 목표로 설립. 60개 이상의 국가에서 수천 개의 서버를 운영 중이며, 제품 기능 강화와 새로운 사이버 보안 솔루션 개발을 계획.

• 4패러다임 ⁴Paradigm (중국)

인공지능 테크놀로지 및 서비스 제공 기업으로, 〈MIT Technology Review〉의 '50대 스마트컴퍼니' 목록에 선정된 플랫폼 중심 인공지능 솔루션을 제공. 금융, 소매, 제조, 에너지 및 전력, 통신, 의료 분야에서 사용되는 end-to-end 인공지능 제품을 개발하며, 중국의 플랫폼 중심 의사 결정 엔터프라이즈 인공지능 시장에서 1위를 차지. 홍콩 증권거래소에 상장됨.

• 고킨솔라 Gokin Solar (중국)

태양광 에너지 기술 전문 기업으로, 높은 변환 효율과 내구성을 자랑하는 패널을 통해 더 적은 공간에서 더 많은 에너지를 생산할 수 있음. 창업자는 재생 에너지 분야에서의 경험을 바탕으로 고킨솔라를 설립하였으며, 태양광 기술과 시장 전략을 주도. 연간 수백 메가와트 규모의 태양광 패널 생산 시설을 운영 중이며, 보유 자금을 통해 태양광 기술의 연구 및 개발을 강화하고 새로운 시장으로 확장 추진 계획.

• 뉴트라볼트 Nutrabolt (미국)

스포츠 영양 및 건강 보조 식품을 제공하는 회사로, 유명 브랜드인 Cellucor와 XTEND 제품을 판매. 과학에 기반한 고품질 제품과 강력한 브랜드 인지도가 강점. 창업자는 Arrive Logistics를 공동 창립하고, 사모펀드 그룹인 Green Leaf Capital Partners의 파트너. 현재 125개국에 진출해 있으며, 글로벌 시장 확장과 제품 포트폴리오 다변화를 추진 중.

• 트릿지 Tridge(한국)

농·축·수산물 무역 거래 플랫폼으로, 유통업체와 생산업체가 원하는 농축수산물을 전 세계에서 조달해 공급. 빅데이터 기반의 공급망 관리 및 풀필먼트 서비스를 제공. 창업자는 도이치뱅크 어소시에이트와 KIC 매니저 출신. 200개 나라와 30만 개 이상의 기업을 고객으로 확보하고 있으며, 주간 데이터 포인트 수는 100만 이상. 원자재 교역 플랫폼에서 농축수산물 거래 플랫폼으로 사업 모델을 전환.

• 피규어 Figure(미국)

창고 정리 등 인간의 육체 노동을 대신할 휴머노이드 로봇 개발 스타트업으로, 다양한 산업에 걸쳐 최첨단 인공지능을 활용한 최초의 상업적 실행 가능 로봇을 제공. 창업자는 테슬라와 보스턴 다이내믹스 출신 엔지니어들로 구성됨. 최대 44파운드의 탑재량을 운반하며, 한 번 충전으로 최대 5시간 작동 가능. BMW와 계약을 맺어 자동차 제조업체의 창고에 로봇을 배치.

• 백베이스 BackBase(네덜란드)

금융 서비스 기업을 위한 종합적인 고객 경험 관리 플랫폼을 제공하는 핀테크 기업으로, 고객 경험을 혁신하는 강력한 디지털 플랫폼을 통해 금융 서비스의 디지털 트랜스포메이션을 지원. 창업자는 SDL과 Twinspark의 창업자. 150개 이상의 금융기관과 4,000명 이상의 전문가를 확보하고 있으며, 유럽과 북미를 중심으로 국제적 확장을 계속하며 아시아 시장으로의 진출을 모색 중.

• 벤딩스푼스 Bending Spoons(이탈리아)

모바일 애플리케이션 개발과 관련된 다양한 제품을 보유한 스타트업으로, 고품질의 모바일 애플리케이션 설계와 개발에 강점이 있으며 사용자 경험을 극대화하는 데 중점을 둠. 창업자는 석사 과정 중 Evertail을 설립했다가 피벗하여 현재 사업을 운영 중. 누적 유저 10억 명과 월간 활성 사용자^{MAU} 1억 명 이상을 보유하고 있으며, 6,000만 명의 회원을 보유한 소셜 네트워크 Meetup을 인수함.

• 오우라 Oura(핀란드)

사용자의 건강 상태를 추적하고 개선하는 스마트 링을 제공하는 헬스테크 기업. 사용자의 생체 데이터를 종합적으로 분석하여 맞춤형 건강 정보를 제공하고 생활 습관 개선을 지원. 창업자는 여러 회사의 파트너로, 스타트업에 대한 높은 이해도를 보유. 100만 개 이상의 제품을 판매하며 20개 이상의 생체 지표를 판독 가능. 영국의 해리 왕자와 킴 카다시안이 착용함.

• 차바이다오 ChaBaiDao(중국)

중국을 기반으로 하는 식품 및 음료 업계, 특히 차에서 혁신적인 기업. 전통적인 차의 품질을 현대 기술과 결합하여 프리미엄 차 제품을 생산. 창업자는 전통 중국 차와 현대 음료 산업에 대한 깊은 이해를 보유. 321개 도시에서 7,000개의 매장을 운영하며, 인재와 브랜드의 적합도 및 온라인 전환을 통해 생방송 성공.

• 알파센스 AlphaSense(미국)

인공지능을 활용하여 기업의 시장 조사와 정보 분석을 지원하는 플랫폼으로, 고급 자연어 처리^{NLP} 기술과 인공지능을 통해 방대한 데이터를 분석해 인사이트를 추출. 창업자는 실리콘 밸리에서 투자 은행 분석가로 활동한 경력을 보유. 전 세계 1,500개 이상의 기업 고객을 보유하며, S&P100 기업 중 85개가 클라이언트. 재무 데이터 및 워크플로 도구의 선도적 공급업체인 Tegus를 인수함.

- **코다페이먼츠** Coda Payments**(싱가포르)**

디지털 결제 솔루션과 온라인 결제 서비스를 제공하는 글로벌 핀테크 기업으로, 지역별 결제 인프라와 협력하여 다양한 결제를 지원하며, 모바일 및 디지털 콘텐츠 결제에 강점을 보임. 창업자는 GSM Association 출신으로, 300개 이상의 퍼블리셔가 전 세계 1,000만 명 이상의 유료 고객과 연결됨. 확보 자금을 통해 결제 기술 발전 및 새로운 시장 확장을 계획 중.

- **게임스24x7** Games24x7**(인도)**

인도에 본사를 둔 게임 개발 및 운영 회사로, 〈RummyCircle〉과 〈My11Circle〉 등 게임을 제공. 인도 시장에 최적화된 모바일 게임 플랫폼을 제공하며, 창업자는 게임 산업과 스타트업 경험을 보유. 1억 명 이상의 사용자와 55억 건 이상의 게임 시행 기록을 보유. 게임 포트폴리오 확장과 새로운 게임 장르 탐색을 계획 중.

- **제티리소스** Jetti Resources**(미국)**

희귀 금속 및 자원 채굴 분야에서 혁신적인 기술을 적용하는 기업으로, 특히 구리 채굴에 집중. HydroMetallurgical 공정을 통해 저품위 광석에서 경제적으로 구리를 추출 가능. 창업자는 BHP President Minerals Americas 출신으로, 5개의 시범 프로젝트를 진행 중이며, 23개의 프로젝트 파이프라인을 보유. 칠레에서 연간 2,000만 파운드의 구리 양극 생산을 목표로 함.

- **문샷AI** Moonshot AI**(중국)**

인공지능 기반의 혁신적인 솔루션을 개발하여 여러 산업에 적용하는 기업. 자율주행, 예측 분석, NLP 등 다양한 인공지능 솔루션을 제공. 창업자는 구글과 메타 인턴 경력과 칭화대 조교수 출신. 매출이 10만 달러에서 수억 달러에 이르는 고객을 보유하며, 수십억 개의 파라미터를 포함한 대규모 인공지능 모델을 보유.

• 사이파이브 SiFive(미국)

RISC-V 아키텍처를 기반으로 맞춤형 반도체 설계 솔루션을 제공. 개방형 RISC-V 표준을 활용해 다양한 산업의 애플리케이션에 고성능, 저전력 컴퓨팅 밀도를 제공. 창업자는 퀄컴 Qualcomm 수석 부사장 출신. RISC-V 기술 발전 및 새로운 반도체 설계 솔루션 개발을 계획 중.

• 베타테크놀로지스 Beta Technologies(미국)

전기 수직 이착륙 비행기 eVTOL와 지속 가능한 항공 운송 솔루션을 개발하는 기업으로, 전기 항공기 및 eVTOL 분야에서 기술 혁신을 통해 효율적이고 친환경적인 항공 교통을 제공. 창업자는 Dynapower 전 엔지니어링 책임자이며, 하버드 대학교 응용 수학 학위를 보유. 60대 이상의 비행기 계약이 예정되어 있으며, 배송기업과 미 공군 등 다양한 고객을 보유.

• 글린 Glean(미국)

정보 검색과 지식 관리 솔루션을 제공하는 기업으로, 회사의 모든 애플리케이션을 검색해 업무에 필요한 정보와 문서를 찾을 수 있는 플랫폼을 제공. 창업자는 구글의 DB Distinguished Engineer 출신. 주당 2~3시간 절감 효과와 ARR 4배 성장을 기록하였으며, 70개 이상의 고객을 확보. 생성형 인공지능 기능이 여러 LLM을 지원하며, 크롬 기반 브라우저 확장 기능을 제공할 예정.

• 뉴프런트인슈어런스 Newfront Insurance(미국)

보험 기술과 혁신을 통해 기업 고객에게 맞춤형 보험 솔루션을 제공하는 보험 중개 플랫폼. 실시간으로 맞춤형 보험 상품을 추천하고, 디지털화된 보험 관리 및 청구 과정을 제공. 창업자는 보험 산업과 금융 기술 분야에서 풍부한 경험을 보유. 1만 4,000명 이상의 고객과 연간 28억 8,000만 달러 거래를 기록. 신규 보험 상품과 서비스 라인업 확장을 계획 중.

● **클라우드워크** CloudWalk **(중국)**

중국의 4대 인공지능 스타트업 중 하나로, 안면 인식 기반 인공지능 플랫폼을 제공. 스마트 파이낸스, 스마트 거버넌스, 스마트 교통 등 다양한 영역에 집중하며, 새로운 기반시설 확립을 목표로 다양한 정부 프로젝트를 수주하고 주요 고객사를 확보. 2022년 5월에 중국 상장.

● **지브스** Jeeves **(미국)**

인공지능 기반 비즈니스 경비 관리 및 재무 자동화 솔루션을 제공. 인공지능과 데이터 분석을 통해 경비 처리를 자동화하고 실시간 재무 모니터링 및 보고서를 생성. 다양한 산업의 수백 개 기업을 고객으로 보유하며, 매월 수천 건의 경비 청구를 처리. 플랫폼 기능 강화와 인공지능 기반 분석 도구 개선을 계획 중.

● **비바월렛** Viva Wallet **(그리스)**

디지털 결제 솔루션과 핀테크 서비스를 제공하는 유럽 기반 기업으로, 모바일 결제, POS 시스템, 온라인 결제 솔루션을 통합적으로 제공. 창업자는 은행 부문에서 18년의 경험을 보유. 유럽 23개국에서 서비스를 제공하며, 주요 시장은 그리스, 이탈리아, 스페인, 포르투갈. 유럽의 복잡한 금융 규정과 법 준수 문제에서 높은 가시를 제공.

● **21닷코** 21.co **(미국)**

암호화폐와 블록체인 기술을 기반으로 한 혁신적인 금융 플랫폼으로, 사용자 친화적인 인터페이스와 강력한 보안 기능을 제공. 72억 달러 이상의 자산을 관리하며, 52개의 암호화폐를 발행하고 15개의 글로벌 거래소를 지원. 플랫폼 기능 개선과 블록체인 기술 혁신, 새로운 시장으로의 확장을 계획.

• 바벨파이낸스 Babel Finance (홍콩)

디지털 자산 및 암호화폐 거래를 위한 금융 서비스와 솔루션을 제공하는 글로벌 암호화폐 금융 플랫폼. 포괄적인 암호화폐 금융 서비스와 고급 거래 플랫폼, 데이터 분석 도구를 통해 최적화된 거래 전략과 자산 관리를 지원. 창업자는 전직 뱅커 출신이며, 월별 파생상품 거래량은 평균 8억 달러, 약 500명의 고액 자산가 고객을 보유. 비트코인, 이더리움, 스테이블 코인 중심으로 사업을 제한.

• 비제로 BeZero (영국)

탄소 신용 평가와 환경 관련 데이터를 제공하는 회사로, 탄소 신용의 신뢰성을 평가하여 기업의 탄소 중립 목표 달성을 지원. 창업자는 뱅크오브아메리카 채권 부분 애널리스트 출신이며, 1만 회 인용, 250개 이상의 논문에 기재되었고, 팀의 70% 이상이 박사학위 소지자. 미국과 아시아의 주요 성장 시장에 사무실을 개설하고 직원 채용을 예정.

• 서티크 CertiK (미국)

블록체인 및 스마트 계약 보안 서비스를 제공하는 기업으로, 스마트 계약의 취약점을 평가하고 보안 감사 플랫폼을 통해 동작을 인증. 예일대와 컬럼비아대 컴퓨터 과학 교수들이 2018년에 설립. 40억 건 이상의 자산 이전 및 30억 건의 거래를 모니터링하며, 예약 수익은 2,300% 증가. DeFi, NFT, 메타버스 등 블록체인 분야로 확장을 목표로 함.

● **클리어스트리트** Clear Street **(미국)**

금융 거래의 원활한 실행과 관리를 위한 혁신적인 기술 솔루션을 제공하는 핀테크 기업으로, 기술 중심의 혁신적 솔루션과 뛰어난 거래 처리 속도를 제공. 창업자는 Knight Capital Americas의 결제 플랫폼 구축에 참여한 경력을 보유. 450개 이상의 기관 고객을 보유하며, 연간 성장률은 94%. 기술 혁신과 거래 플랫폼 기능 강화 및 새로운 시장 확장을 계획.

● **코히어** Cohere **(캐나다)**

인공지능 기반 자연어 처리 **NLP** 기술을 제공하는 기업으로, 높은 성능과 확장성을 자랑하며, 개발자와 기업이 손쉽게 NLP 기능을 통합 가능. 창업자는 구글브레인에서 연구원으로 활동한 경험이 있으며, 2023년 1,300만 달러에서 2024년 3월 2,200만 달러로 성장. 다양한 기업과 협업 중이며, Oracle Industry-Specific Applications와의 통합을 발표.

● **미스트랄AI** Mistral AI **(프랑스)**

최신 인공지능 기술을 연구하고 개발하는 기업으로, 최신 대규모 언어 모델을 설계하여 고성능 NLP 및 생성 모델을 제공. 창업자는 메타와 구글 딥마인드에서 근무한 경험을 보유. 70억 개의 매개변수를 가진 LLM '미스트랄 7B'를 오픈소스로 공개하였으며, 구글, 오픈AI 등과 경쟁하기 위해 대규모 자금 추가 필요.

● **미스틴랩스** Mysten Labs **(미국)**

차세대 블록체인 인프라와 스마트 계약 플랫폼을 개발하는 기업으로, 확장 가능하고 고성능이며 보안이 강화된 블록체인 인프라를 제공. 창업자는 페이스북의 Novi구 Libra에서 연구 및 개발을 담당한 경력을 보유. 100명 이상의 직원을 보유하고 있으며, 블록체인 기술 및 정보 보안 전문가가 포함됨. 15명의 솔루션 및 스마트 계약 엔지니어 채용을 계획 중.

• 리막오토모빌리 Rimac Automobili (크로아티아)

고성능 전기차 기술을 개발하는 크로아티아의 혁신적인 자동차 제조사로, 전기 하이퍼카 'Rimac C_Two'를 개발하여 높은 성능과 긴 주행 거리, 첨단 기술을 보유. 창업자는 21세에 창업하였으며, 내연기관 BMW 폭발을 계기로 엔지니어링 방식을 재창조. 매년 수백 대 수준의 고성능 전기차를 생산하고 있으며, Bugatti Rimac는 창업자가 55%, Porsche가 45% 소유.

• 록스모터 ROX Motor (중국)

전기 모터와 전기 구동 시스템을 개발 및 제조하는 기업으로, 고성능 전기 모터와 전기 구동 시스템의 혁신적 설계 및 기술을 보유. 창업자는 텐센트 PM 출신과 웨이마자동차 WMM Motors 전 CTO. 연간 수십만 개의 전기 모터와 구동 시스템을 생산하고 있으며, 새로운 전기 모터 기술 개발 및 글로벌 시장 확장을 계획 중.

• 샐시파이 Salsify (미국)

디지털 상거래와 제품 정보 관리를 전문으로 하는 플랫폼 기업으로, 중앙 집중형 제품 정보 관리 PIM 플랫폼을 제공하여 브랜드와 소매업체가 모든 디지털 채널에서 일관된 제품 정보를 관리할 수 있도록 지원. 창업자는 IRI/Circana Global Strategy의 사장 출신. 1,000개 이상의 고객사를 보유하고 있으며, 자금을 통해 제품 기능 강화 및 AI와 데이터 분석 기능 추가를 계획.

• 시프트키 ShiftKey(미국)

병원과 의료 인력을 연결하는 플랫폼을 제공하여 의료 인력의 유연한 근무를 지원. 의료 인력이 근무 시간과 장소를 선택할 수 있게 하여 병원의 인력 부족 문제를 해결. 창업자는 기술, 의료, 비즈니스 관리 분야에서 20년 이상의 경험을 보유. 1만 개 이상의 의료 시설을 확보하고 있으며, 간호사들이 자신의 조건에 따라 근무할 수 있도록 지원.

• 직방 ZigBang(한국)

부동산 매물 정보, 중개 서비스, 데이터 분석을 제공하는 플랫폼으로, 사용자 친화적인 플랫폼과 강력한 데이터 분석 기능을 제공. 창업자는 삼일회계법인 및 블루런벤처스 VC 출신. 월간 활성 사용자 MAU 229만 명, 매출은 1,200억 원 이상을 기록. 3D와 VR 등 메타버스 기술을 고도화하여 부동산 시장을 혁신할 계획.

• 콘서트AI ConcertAI(미국)

헬스케어 및 생명과학 분야에서 인공지능과 데이터 분석을 활용하여 임상 연구와 치료 효율을 높이는 플랫폼. 대규모 임상 데이터를 분석하여 맞춤형 치료 방법과 연구 인사이트를 제공. 창업자는 와드와니AI Wadhwani AI를 창업한 와드와니 형제. 수천만 명의 환자 데이터를 분석하고 연간 수십억 건의 임상 데이터를 처리. 북미 시장을 중심으로 글로벌 확장을 계획 중이며, 유럽과 아시아 시장으로의 진출도 예정.

• 머티리얼뱅크 Material Bank(미국)

건축 및 디자인 자재 샘플의 신속한 요청 및 관리를 지원하는 플랫폼으로, 자재 샘플을 빠르고 간편하게 주문할 수 있는 플랫폼을 제공. 창업자는

SANDOW의 창업가로, 500개 이상의 브랜드 파트너를 보유. 인수를 통해 새로운 브랜드 출시 및 핵심 사업 확장을 계획.

• 닌자원 NinjaOne(미국)

IT 관리 및 원격 지원 솔루션을 제공하는 기업. 원격 모니터링, 시스템 관리, 패치 관리, IT 자산 관리를 통합하여 IT 팀의 문제 해결 및 시스템 유지보수를 지원. 창업자는 4~5개 회사의 연쇄 창업자. 7M 엔드포인트, 80개국 진출, 1만 7,000명 이상 고객을 보유하며 ARR 70% 이상 성장. Hello Fresh, 닛산, 엔비디아 등 주요 클라이언트를 보유.

• 메가존 MEGAZONE(한국)

클라우드 서비스 및 IT 솔루션 제공 기업. 클라우드 컴퓨팅 및 IT 인프라 관리 분야에서 풍부한 경험과 전문성을 보유. 창업자는 Cisco, AWS, GE 출신. 6,000개 이상의 클라이언트를 보유하고 있으며, 연 매출은 1조 5,000억 원에 달함. 주요 클라우드 플랫폼과 협력하여 클라우드 전환 및 보안 솔루션을 제공.

• 아스트로너지 Astronergy(중국)

태양광 모듈 및 솔루션을 제공하는 글로벌 기업. 대규모 태양광 발전소 설계 및 시공, 에너지 저장 솔루션을 통해 지속 가능한 에너지를 제공. 창업자는 30년 이상 태양 전지 기술의 R&D와 상용화 경험을 보유. 연 매출은 10억 달러 이상이며, 다수의 글로벌 태양광 발전소 및 제조 시설을 운영. 세계 최초로 Thin Film PV 모듈 대량 양산에 성공.

• 헬싱 Helsing(독일)

인공지능과 데이터 분석을 기반으로 방위 및 안전 분야의 문제 해결 솔루션을 제공하는 기업. 군사 및 방위 작전에서 실시간 인사이트를 제공하고 데이터 기반 의사결정을 지원. 창업자는 에어버스에서 25년간 디지털 혁신 프로그램을 이끌었던 경험을 보유. 여러 국가의 군사 및 방위 기관과 협력하며, 수십 개의 고객사를 보유. 글로벌 방위 시장 확장 및 고객 확보를 목표로 함.

• 카인드바디 Kindbody(미국)

여성의 생식 건강을 중심으로 한 통합 헬스케어 서비스를 제공하는 기업. 클리닉, 온라인 상담, 맞춤형 치료 계획 등 통합적인 접근 방식으로 포괄적 건강 관리를 제공. 창업자는 헬스케어 기업 설립 및 운영 경험을 보유. 전국 26개의 진료소를 운영하고 있으며, 모든 이가 편리하고 저렴한 불임 및 가족 형성 케어를 받을 수 있는 환경 조성을 목표로 함.

• 콴텍사 Quantexa(영국)

데이터 분석 및 인공지능 기술을 통해 기업의 복잡한 데이터 세트를 통합하여 인사이트를 제공하는 기업. 고급 데이터 분석과 인공지능으로 복잡한 데이터 세트를 연결하고 통합함. 창업자는 언스트앤영 EY에서 최연소 전무 출신. ARR 100%를 기록하며, 1조 건 이상의 데이터를 통합. 확보한 자금을 통해 기술 개발을 가속화하고 글로벌 시장으로 확장할 계획.

• 퀘스트글로벌 Quest Global(글로벌)

다양한 산업 분야에 엔지니어링, R&D, 기술적 도전 과제 해결 및 혁신을 지원하는 글로벌 기업. 고객 맞춤형 솔루션을 제공하며, 기술직 전문성과 혁신을 통해 비즈니스 성장을 지원. 창업자는 카르나타카대학교에서 기계공학 학위를 취득. 연 매출은 10억 달러 이상이며, 20개국 이상의 지사를 운영. 엔지니어링 및 기술 솔루션의 품질 향상과 시장 확장을 계획 중.

• 스크롤 Scroll (세이셸)

블록체인 기술을 활용하여 확장성과 효율성을 개선하는 플랫폼을 제공하는 기업. 이더리움 Ethereum 기반의 레이어2 솔루션으로, 롤업 rollup 기술을 사용하여 트랜잭션 처리 속도를 개선하고 비용을 절감. 블록체인 기술 및 분산 시스템에 대한 깊은 이해와 경험을 바탕으로 설립됨. 14억 TVL total value locked, 7,000만 회 거래 횟수를 기록. 레이어2 솔루션의 개선과 새로운 기능 추가를 통해 플랫폼의 성능을 계속 향상할 계획.

• 비트고 BitGo (미국)

암호화폐 자산의 안전한 저장과 관리, 그리고 기관 투자자를 위한 다양한 금융 서비스를 제공하는 플랫폼. 고급 보안 기능과 멀티시그(다중 서명) 기술을 통한 암호화폐 자산의 안전한 관리. 창업자는 구글에서 엔지니어링 및 기술 관련 역할을 수행. 50개국 이상에서 1,500개 이상의 기관 고객에게 운영 백본을 제공하며, 비트코인 거래의 약 20%를 처리. DeFi, 스테이킹, NFT 지갑 등에 대한 액세스를 제공하며, 래핑된 비트코인 WBTC의 세계 유일 보관기관 역할을 함.

• 크루소 Crusoe (미국)

석유 및 가스 산업에서 발생하는 플레어 가스를 활용하여 데이터 센터의 전력 공급에 이용하는 혁신적인 솔루션을 제공. 에너지 효율을 극대화하고, 환경에 미치는 영향을 최소화하는 동시에 데이터 센터에 필요한 전력을 공급하는 점이 강점. 창업자는 Jump Trading과 GETCO에서 양적 연구원이자 트레이더로 일했으며, 알고리즘 트레이딩 전략 포트폴리오를 개발하고 관리한 경험이 있음. 약 65만 톤으로 추산되는 이산화탄소 배출량을 줄일 수 있는 용량을 보유하며, 86개 디지털 플레어 완화 데이터 센터는 약 25억 입방피트의 플레어링을 방지하고 최대 99.89%의 메탄 배출 제거를 달성. 텍사스 주에 200메가와트 데이터 센터를 건설 중이며, 2025년 가동 예정.

- **프런트** Front(미국)

고객과의 이메일, 메시지, 알림 등을 효율적으로 관리하고 협업할 수 있도록 지원하는 통합 커뮤니케이션 플랫폼. 다양한 커뮤니케이션 채널(이메일, 메시지, 소셜 미디어 등)을 하나의 통합된 플랫폼에서 관리 가능. 창업자는 Concord PM 출신. 100개국 이상에서 8,000명 이상의 고객을 유치하였으며, Shopify Inc., Airbnb Inc., Lyft Inc. 등이 이 회사의 이메일 및 고객 지원 소프트웨어를 사용.

- **마이크로커넥트** Micro Connect(홍콩)

수익 공유 투자, 파이낸싱 모델을 통해 중국 스타트업과 글로벌 자본을 연결하는 금융 플랫폼. 수백만 개 매장의 일일 현금 흐름에 대한 직접적이고 다각화된 노출을 위한 새로운 자산 클래스로 일일 수익 의무 DRO를 제공하며 사업주에게 자본을 더 쉽게 접근하고 저렴하게 제공. 창업자는 홍콩거래소 전 CEO와 Op Investment 창립자. 198개 중국 도시에서 9,000개 이상의 오프라인 사업체에 투자하고 있으며, 중국 본토 전역의 중소기업에 자금을 지원하는 것을 목표로 하며 수익 의무를 거래하는 플랫폼을 운영.

- **멀티버스** Multiverse(영국)

혁신적인 학습과 인재 개발을 제공하는 플랫폼을 통해, 기술과 비즈니스 분야에서 실무 경험을 쌓을 수 있는 고급 교육 프로그램을 운영. 실무 중심의 교육과 학습을 통해 인재의 기술직 역량과 직무 준비성을 향상시키는 깃을 목표로 함. 창업자는 전 영국 총리 토니 블레어의 아들이며, 1,500개 이상의 선도적 기업과 협력하며 1만 6,000명 이상의 전문 견습생을 교육. 인공지능 기반 채용 및 평가 제품을 구축하는 스타트업인 서치라이트 Searchlight를 인수.

• 팍스8 Pax8(미국)

클라우드 기반의 IT 솔루션을 제공하는 플랫폼으로, 강력한 파트너십 모델과 직관적인 플랫폼을 통해 클라우드 서비스의 조달, 관리, 결제를 간편 처리할 수 있도록 함. 창업자는 버라이즌Verizon에 인수된 혁신적인 네트워크 보안 회사인 프로텍트와이즈Protectwise의 설립자 겸 CEO. 전 세계적으로 수천 개의 파트너사와 협력하고 있으며, 클라우드 솔루션을 유통. 플랫폼 기능을 강화하고 클라우드 서비스의 포트폴리오를 확장할 계획임.

• 리디자인헬스 (Redesign Health(미국)

헬스케어 분야에서 혁신적인 기업과 솔루션을 설계하고 개발하여, 새로운 건강 관리 모델을 창출하는 기업. 헬스케어 분야의 문제를 해결하기 위해 새로운 기업을 설립하고, 이들 기업에 초기 자금과 전략적 지원을 제공. 창업자는 Lone Pine Capital의 파트너이자 수석 헬스케어 분석가로, BCG와 골드만삭스 출신임. 50개 이상의 의료사업과 30개 이상의 헬스케어 회사를 보유하고 있으며, 200명 이상의 의료 종사자를 확보. 글로벌 헬스케어 시장으로의 확장을 통해 다양한 지역의 건강 관리 문제를 해결할 계획임.

• 테세라테라퓨틱스 Tessera Therapeutics(미국)

전자 치료와 유전자 편집을 혁신적으로 발전시키는 플랫폼을 개발하여 질병 치료의 새로운 가능성을 열어주는 생명공학 기업. 유전자 쓰기Gene Writing이라 불리는 차세대 유전자 편집 기술을 개발하여 기존의 유전자 편집 기술보다 더 정밀하고 효율적으로 유전자를 교정하거나 추가할 수 있는 능력을 보유. 창업자는 하버드 대학교에서 유전학 박사 학위를 받았으며, 생명공학 및 유전자 편집 기술에 대한 깊은 이해를 보유. 현재 2억 3천만 달러 이상의 자금을 유치했으며, 다양한 유전 질환을 대상으로 한 연구와 개발을 활발히 진행 중. 글로벌 제약사 및 연구 기관과의 협력을 통해 임상 시험을 가속화하고, 상용화를 추진할 예정임.

• 어센드엘리먼츠 Ascend Elements (미국)

폐기된 리튬 이온 배터리를 재활용하여 고품질 배터리 소재를 공급하는 혁신적인 솔루션을 제공하는 기업. 독자적인 재활용 기술을 통해 배터리 소재를 회수하고 재활용하는 효율성을 높임. 창업자는 A123 Systems에서 기업 전략 책임자를 역임했음. 50%까지 낮은 비용과 90%까지 탄소 배출량을 감소시킴. 켄터키에 미국 최초의 상업적 규모의 NMC 양극 전구체 pCAM 및 양극 활성 물질 CAM 제조 시설을 건설할 예정임.

• 크레디보홀딩스 Kredivo Holdings (싱가포르)

동남아시아의 디지털 금융 서비스를 제공하는 선두 기업으로, 실시간 의사 결정에 따라 고객에게 전자상거래 및 오프라인 구매에 대한 즉각적인 신용 자금 조달과 개인 대출을 제공함. 창업자는 소비자 대출 기업 크레디보홀딩스와 SSP 소프트웨어 플랫폼 코믈리 창업 경험을 보유. 440만 개 이상의 계좌를 보유하며, 인도네시아 전체 상거래 GMV의 3~4%를 차지. 동남아시아 지역으로의 확장을 추진하며, 새로운 금융 제품과 서비스를 개발할 계획임.

• 유니스왑 Uniswap (미국)

이더리움 블록체인 기반에서 자동화된 유동성 프로토콜을 사용하여 사용자들이 암호화폐를 직접 교환할 수 있는 탈중앙화 거래소 DEX. 중개자 없이 사용자 간 직접 거래를 가능하게 하는 탈중앙화 프로토콜을 제공. 창업자는 기계 공학을 전공한 후, 이더리움 스마트 컨트랙트 개발에 관심을 보이며 설립함. 현재까지 4,890억 달러 이상의 거래량을 기록하였으며, 7,100만 회 이상 거래 횟수를 달성하고, 커뮤니티 사용자 4,400명을 보유. 다양한 블록체인 네트워크와의 통합을 추진하며 DeFi 생태계를 확장할 계획임.

• 인크레더블헬스 Incredible Health(미국)

병원과 의료 기관이 간호사 및 의료 전문 인력을 신속하고 효율적으로 채용할 수 있도록 지원하는 플랫폼. 인공지능과 머신러닝을 활용한 매칭 알고리즘을 통해 병원과 적합한 간호사 및 의료 인력을 연결하는 능력을 보유. 창업자는 펜실베이니아대학교 출신의 의사임. 100만 명 이상의 간호사와 1,500개가 넘는 병원을 확보. 미국 전역으로의 확장을 추진하며, 다양한 의료 분야에 특화된 솔루션을 제공할 예정임.

• 옵티미즘 Optimism(미국)

이더리움 블록체인의 확장성을 개선하고 거래 처리 속도와 비용을 효율적으로 향상하는 레이어2 솔루션을 제공하는 기업. 거래 처리 속도를 크게 개선하고 가스 비용을 절감할 수 있는 기술을 제공. 창업자는 블록체인 기술과 분산 시스템에 대한 깊은 이해를 바탕으로 설립함. 초당 수천 건의 거래를 처리할 수 있으며, 이더리움 메인넷의 거래 처리량을 크게 개선. 옵티미스틱 롤업 기술을 사용하여 이더리움 메인넷과의 호환성을 유지하면서도 더 높은 거래 처리량과 낮은 비용을 실현함.

• 아폴로 Apollo(미국)

영업 및 마케팅 팀이 효율적으로 고객을 발굴하고 관리할 수 있도록 지원하는 데이터 중심의 B2B 영업 및 마케팅 플랫폼. 광범위한 고객 데이터베이스와 고급 검색 기능을 통해 영업팀이 적합한 잠재 고객을 빠르게 발견할 수 있도록 지원. 창업자는 브레인지니 Braingenie 창업 경험을 보유. 현재 2억 7,500만 개의 연락처와 7,300만 개의 회사를 확보. 인공지능 기반의 분석 및 예측 기능을 강화하여 영업 및 마케팅 전략을 더욱 효과적으로 수립할 예정임.

• 캐피톨리스 Capitolis (미국)

파생상품과 외환 거래에서 리스크 관리와 효율성을 향상시키는 금융 시장 솔루션을 제공하는 혁신적인 플랫폼. 고급 데이터 분석과 알고리즘을 활용하여 거래 최적화, 리스크 감소, 비용 절감 등을 지원하며, 특히 대규모 금융 기관과 거래소와 협력하여 시장의 복잡성을 해결. 금융 기술 및 파생상품 거래 분야에서의 풍부한 경험. 확보한 자금을 통해 플랫폼의 기능을 강화하고, 거래 및 리스크 관리 솔루션을 확장할 계획.

• 크레스타 Cresta (미국)

인공지능을 활용하여 기업의 고객 서비스와 판매 성과를 최적화하는 솔루션을 제공하는 기업. 인공지능 기반의 코칭과 피드백을 제공하여 상담원이 고객과의 상호작용을 개선하고, 고객 경험을 향상하며, 판매 성과를 증대. 북미 및 유럽 시장에서 활동하고 있으며, 아시아 및 기타 국제 시장으로의 확장을 계획.

• 매직에덴 Magic Eden (미국)

솔라나 Solana 블록체인을 기반으로 하는 NFT 마켓플레이스. 빠른 거래 속도와 낮은 거래 수수료를 제공하면서 사용자 경험을 향상. BCG 컨설턴트를 거쳐 구글 PM 출신. 월평균 2,200만 개의 고유 세션을 수신하고 매일 4만 개 이상의 NFT를 거래.

• 몬테카를로 Monte Carlo (미국)

데이터 신뢰성 플랫폼을 제공하여 기업들이 데이터 품질 문제를 모니터링하고 해결할 수 있도록 지원. 데이터 파이프라인에서 발생할 수 있는 오류와 이상 징후를 실시간으로 감지하고 해결할 수 있는 강력한 모니터링 도구를 제공. Gainsight에서 고객 운영 부사장으로 포춘 500 기업과 협력 경력을 가짐. ARR 2배 확대, 매출 21년 대비 800% 증가. 사업의 3분의 2는 미국, 3분의 1은 중동과 북아프리카에서 나옴.

• 페이브 Pave(미국)

원 보상과 급여 데이터를 분석하고 최적화할 수 있도록 지원하는 플랫폼. 실시간 급여 데이터와 시장 비교 분석을 통해 기업들이 최신 보상 동향을 파악하고, 경쟁력 있는 급여 패키지를 설계. 페이스북 소프트웨어 엔지니어 출신. 현재 2,000개 이상의 기업 고객을 보유. 다양한 산업 분야의 기업들이 보상 패키지를 최적화할 수 있도록 맞춤형 솔루션을 제공할 예정.

• 반타 Vanta(미국)

기업의 보안 및 규정 준수를 자동화하는 플랫폼을 제공. 대시보드를 통해 회사는 보안 및 개인 정보 보호 절차를 지속적으로 모니터링하고, 공급업체 위험을 평가하고, 주요 지표를 표면화하고, 즉시 데이터 보고서를 생성. Dropbox Paper의 제품 관리. Atlassian, Autodesk, Quora를 포함한 7,000개 이상의 회사 확보, Vanta 활용을 통해 약 50만 달러 절감 효과. 자금을 활용하여 플랫폼의 기능을 확장하고, 더 많은 보안 및 규정 준수 표준을 지원할 계획.

• 프레시라이프스타일 서플라이체인매니지먼트 Fresh Life Style Supply Chain Management(중국)

세계 최대의 사료 생산 능력과 중국 최대의 가금류 가공 능력을 보유하고 있으며 중국 최대의 육류, 계란, 우유 종합 공급업체. 최신 기술을 활용하여 공급망의 복잡성을 관리하고, 물류 및 배송의 효율성을 높임. 유명한 민간 기업가인 리우용하오 Liu Yonghao가 설립. 16만 대 이상의 트럭, 2,800개 이상의 카운티 포괄 60만 개 매장 보유. 공급망 관리의 혁신을 위해 지속적으로 기술 개발과 서비스 확장에 투자할 계획.

• 파이어 Sire (영국)

블록체인 기반의 지속 가능한 개발과 사회적 책임을 강조하는 플랫폼. 블록체인 기술을 활용하여 기업의 사회적 책임 CSR 활동을 투명하게 관리하고 보고할 수 있는 기능을 제공. World Web3 Association 출신. 글로벌 100개 이상의 기업 고객을 보유하고 있으며, 다수의 파트너십을 통해 사회적 책임을 강조하는 프로젝트를 진행. 지속 가능한 개발 목표를 달성하기 위해 다양한 산업 분야에 걸쳐 솔루션을 제공할 예정.

• 보바 Boba (미국)

보바 네트워크 Boba Network는 이더리움 및 기타 블록체인의 확장성과 성능을 개선하는 레이어2 솔루션을 제공. 빠른 트랜잭션 처리 속도와 낮은 수수료를 통해 블록체인의 확장성을 크게 향상. 엔지니어와 투자자로 활동. 4,352만 회 총 거래, 5만 9,000개 활성 계정, 6,091개의 활성 토큰 보유. 신규 수익을 사용해 보바 액셀러레이터와 같은 개발자 프로그램을 통해 팀을 개발하고 확장 예정.

• 독 Dock (브라질)

금융 서비스를 위한 API 플랫폼을 제공하는 브라질의 핀테크 기업. 사용자 맞춤형 금융 솔루션을 제공하여 기업들이 혁신적이고 효과적인 금융 제품을 빠르게 시장에 출시. HR 스타트업에서 마케팅 VP. 7,000만 개 활성 계좌, 80억 건의 거래량, 4,000명의 고객 확보. 라틴 아메리카 및 북미 시장으로의 확장을 계획.

• 퍼스트모드 First Mode(미국)

중장비 차량용 대체 연료 및 배터리 엔진과 수소 연료 공급 장비를 설계, 제조 및 유통하는 다국적 탈탄소화 기업. 디젤 연료를 대체할 수 있는 청정에너지 솔루션을 제공. 소행성 채굴 회사 Planetary Resources 전 구성원 11명. 여러 대형 프로젝트를 진행 중이며, 다양한 산업 분야에 걸쳐 지속 가능한 에너지 솔루션을 제공. 청정에너지 기술의 연구 개발을 가속화하고, 기존의 디젤 연료 기반 시스템을 대체하는 다양한 솔루션을 개발할 계획.

• 아일랜드 Island(미국)

직원의 보안과 생산성을 향상하는 기업용 브라우저. 웹 브라우징을 안전하게 관리하고 모니터링할 수 있는 클라우드 기반 플랫폼을 제공. 사이버 보안과 IT 분야에서의 풍부한 경험을 바탕으로 아일랜드의 전략 수행. 다양한 산업군의 기업 고객을 보유하고 있으며, 주요 글로벌 기업과 협력. 기술 개발을 강화하고, 웹 브라우징 보안 솔루션의 기능을 확대할 계획.

• 재스퍼 Jasper(미국)

인공지능을 활용하여 콘텐츠를 자동으로 생성하고 편집할 수 있는 플랫폼. GPT-4와 같은 최신 인공지능 모델을 활용하여 고품질의 콘텐츠를 신속하게 생성할 수 있는 능력. 세 번의 창업 경험을 가진 인물. 전 세계적으로 10만 명 이상의 사용자와 1만 개 이상의 기업 고객 확보. 다양한 언어 지원과 통합 기능을 강화하여 글로벌 시장에서의 경쟁력을 높일 예정.

• 쿠시키 Kushki(에콰도르)

라틴 아메리카와 카리브해 지역을 위한 결제 처리 솔루션. 라틴 아메리카의 다양한 결제 수단과 통화에 최적화된 결제 플랫폼을 제공하며, 통합된 결제 솔루션으로 기업들이 지역 특성에 맞는 결제 서비스를 쉽게 구현할 수 있도록 지원. 창업자 정보 없음. 1,000개 이상의 기업 고객 보유, 최대 초당 75개 거래 처리, 200개 이상의 보안 규칙과 99.9%의 가동률. 50만 개가 넘는 단말기를 운영하고 있는 멕시코 회사 빌포켓 Billpocket을 인수.

• 람다랩스 Lambda Labs(미국)

고성능 인공지능 및 머신러닝 컴퓨팅 하드웨어와 클라우드 기반 솔루션을 제공. Perceptio software 엔지니어 출신. 5만 개 이상의 머신러닝팀 활용. 인텔, 마이크로소프트, 아마존리서치, 미국 국방부 등을 고객으로 확보.

• 오르나테라퓨틱스 Orna Therapeutics(미국)

혁신적인 순환 RNA 기술을 기반으로 한 유전자 치료를 개발하는 생명공학 기업. 선도적인 원형 RNA 기술 플랫폼과 지질 나노입자 LNP 전달 솔루션을 개발. 하버드 대학교에서 박사학위를 받았으며, 유전자 치료 및 RNA 생물학 분야에서 오랜 경력. 현재 5개의 파이프라인 보유. 신체에서 필요한 곳이라면 어디든 혁신적인 RNA 약물을 제공하는 것이 비전.

• 타비 Tabby(UAE)

'Buy Now, Pay Later BNPL' 솔루션을 제공하여 소비자들이 제품이나 서비스를 구매하고 나중에 분할 결제할 수 있도록 지원하는 핀테크 기업. 사용자가 제품을 즉시 구매하고 나중에 결제할 수 있는 유연한 결제 옵션을 제공. 하버드 MBA 출신의 남시닷컴 Namshi.com 창업자. 1,000만 명의 사용자, 10대 유통 그룹 포함 3만 개 이상 브랜드와 협력. 북미 및 유럽 시장으로의 확장을 목표로 하며, 다양한 결제 옵션과 기술 혁신을 통해 경쟁력을 강화할 예정.

• **업사이드** Upside**(미국)**

캐시백 리워드 앱. 주유소, 레스토랑, 식료품에 대해 다양한 캐시백 보상을 제공, 일부는 20% 이상의 캐시백 규모. 구글 매니저, 코슬라벤처스 Khosla Ventures 파트너 출신. 5.5억 달러 환급, 소매업체 10억 달러 이익 증가, 50억 달러 거래액. 개인화된 오퍼를 통해 전국의 수백만 명의 소비자를 오프라인 리테일러와 연결하는 디지털 마켓플레이스.

• **매시진** Mashgin**(미국)**

무인 체크아웃 및 자동화된 결제 솔루션을 제공하는 유니콘 기업. 고도의 이미지 인식 기술과 인공지능을 활용하여 고객이 제품을 빠르고 정확하게 스캔. 창업자 정보 없음. 미국 내 4,000개 이상의 매장에서 사용, 최근 몇 년간 연간 거래량이 10억 달러를 초과. 자금을 활용하여 글로벌 시장으로 확장 계획, 특히 북미와 유럽 시장에 집중.

• **런웨이** Runway**(미국)**

인공지능 기반의 비디오 및 이미지 편집 플랫폼을 제공. 직관적인 UI와 짧은 영상 생성 가능한 인공지능 소프트웨어 개발. NYU Tisch School of the Arts ITP 프로그램 연구원. 100만 명 이상의 사용자와 5,000개 이상의 기업 고객 보유. 인공지능 모델 성능 개선 및 기능 추가 계획.

• **집** Zip**(미국)**

B2B 조달 프로세스를 간소화하여 기업의 지출 관리를 돕는 스타트업. 무코드 구성과 지능형 워크플로를 통한 자동 라우팅. 에어비앤비 PM, Y Combinator 파트너. 120만 개 공급업체와 140개 이상 국가 결제 지원, 44억 달러 절감. 새로운 제품과 기능 도입 계획.

• 아카디아 Arcadia(미국)
청정에너지 데이터 및 서비스 플랫폼 제공 기업. 데이터 기반의 에너지 관리 솔루션과 유틸리티 통합. American Efficient 설립자. 9,500개 이상의 유틸리티 공급업체와 연계, 52개국에서 200만 개 이상의 유틸리티 계정 관리. 4개 기업 인수, 최근 Urjanet 인수.

• 보드린모터스 Bordrin Motors(중국)
기업 정보 없음.

• 시프트업 SHIFT UP(한국)
게임 개발 회사, 〈승리의 여신: 니케〉와 〈스텔라블레이드〉 개발. 뛰어난 게임 개발 능력과 독창적인 그래픽 스타일. NC소프트에서 그래픽 디자이너 출신 창업자. 2023년 글로벌 매출 1억 달러. IPO를 통해 자금을 조달하며, 글로벌 확장 계획 중.

• 화순 Huasun(중국)
초고효율 N형 실리콘 이종접합 HJT 태양광 웨이퍼, 셀 및 모듈의 연구 개발 및 대량 생산. HJT 기술을 선구적으로 사용. 창업자 정보 없음, 경영진은 평균 15년 이상의 태양광 기술 경험 보유. 전 세계 40개국 이상에 약 5GW의 HJT 제품 공급. 2025년 말까지 40기가와트의 HJT 용량 달성 계획.

• AI21랩스 AI21 Labs(이스라엘)
대규모 언어 모델과 NLP 기술을 개발하는 인공지능 스타트업. 고급 언어 모델인 Jurassic-2와 텍스트 애플리케이션 플랫폼 제공. Mobileye 설립자, 스탠퍼드대학교 명예 교수, 구글 엔지니어 출신 창업자. 전 세계적으로 1,000만 명 이상의 유저 확보. 인공지능 모델 성능 개선 및 인력 채용 계획 중.

• 아마기 Amagi(인도)

TV 및 OTT를 위한 클라우드 관리형 비디오 인프라 제공. 방송 및 스트리밍 서비스 운영의 유연성 제공. 다수의 특허를 보유한 연쇄 창업가가 설립. 40개 이상의 국가에서 50억 건 이상의 광고와 700개 이상의 콘텐츠 브랜드 확보. 클라우드 기반 솔루션과 AI를 활용한 광고 최적화 기능 추가 계획.

• 보트 boAT(인도)

오디오 제품 디자인 및 제조, 글로벌 공급 브랜드. 세련된 디자인과 뛰어난 음질, 경쟁력 있는 가격 제공. Citi 매니저, KPMG 컨설턴트, Advanced Telemedia 공동창업자가 설립. 2,000만 개 이상의 오디오 제품 판매, 연 매출 3억 달러 이상, 인도 시장 점유율 30%. 신제품 라인업과 최신 기술 도입에 중점.

• 버킷플레이스 Bucketplace(한국)

맞춤형 인테리어 디자인 및 가구 구매 서비스 디지털 플랫폼. 맞춤형 인테리어 시뮬레이션과 가구 추천 제공. 서울대학교 디자인 전공자로, 다양한 디자인 및 기술 스타트업 경험을 가진 창업자가 설립. 100만 명 이상의 활성 사용자와 2,000개 이상의 파트너 가구 브랜드 보유. 인공지능 기반 디자인 추천 시스템과 VR 기술 강화 계획.

• 폭스에스 Fox Ess(중국)

세계적인 태양광 인버터 및 에너지 저장 솔루션 개발 기업. 디지털화된 인버터와 인공지능 기반 에너지 흐름 관리 시스템으로 에너지 수확을 극대화함. 창업자는 SolaX Power의 Sales Director 출신. 3년 만에 전 세계에 10만 개 이상의 배터리를 판매. 칭산그룹 Tsingshan Group 자회사로 2019년 설립.

• 리퀴드데스 Liquid Death (미국)

음료 회사. 펑크 록과 반항적인 분위기의 캔 물을 통해 Z세대와 밀레니얼 세대를 타겟. 창업자는 광고업계에서 일하던 마이크 세사리오 Mike Cessario. 2억 6,300만 달러의 소매 매출을 기록하며, 미국과 영국 전역의 11만 3,000개 소매점에서 판매. 탄산수 및 전해질 파우더 'Death Dust' 등의 신제품 출시 예정.

• 리퀴디티 Liquidity (이스라엘)

기업 성장 및 중견 시장 대출에 투자하고 자동화하는 신용 중심의 핀테크 플랫폼. 특허받은 위험 예측 기술로 실시간 위험 평가를 제공. 창업자는 PlanetSoho 등 여러 기업 설립과 Kenshoo Local에서 GM 근무 경력을 가짐. 10억 달러 이상의 거래량을 처리하며, 50개 이상의 암호화폐 거래소와 파트너십을 맺음. 머신러닝 및 실시간 데이터 모니터링 통합으로 신용 투자 라이프사이클을 최적화함.

• 님블알엑스 Nimble Rx (미국)

약국과 환자를 연결하는 디지털 헬스케어 플랫폼. 약물 배달 시스템을 통합하고, 의료 제공자와 협력해 약물 관리 및 정확성을 보장. 창업자는 스탠퍼드대학교 졸업 후 매킨지앤컴퍼니 매니저로 3년간 근무. 1,000개 이상의 제휴 약국과 협력하며, 매월 10만 건 이상의 서방전을 처리. 미국 내 다른 주 및 해외 시장으로의 진출 강화 계획 중.

• 원카드 OneCard(인도)

디지털 카드를 통해 통합 금융 서비스를 제공하는 플랫폼. 실시간 카드 관리, 결제, 경비 추적, 다양한 보상 프로그램 접근, 사용 내역 분석을 통한 맞춤형 금융 조언과 지출 관리를 지원. 금융 서비스 및 스타트업 경험이 풍부한 창업자가 설립. 200만 명 이상의 활성 사용자와 1,500개 이상의 제휴 가맹점을 보유. 아시아 및 북미 시장에 집중하며, 새로운 기능 개발과 사용자 경험 개선을 중점으로 함.

• 패들 Paddle(영국)

소프트웨어 기업의 글로벌 판매, 결제 및 구독 관리, 세금 처리를 자동화하는 통합 결제 플랫폼을 제공하는 SaaS 회사. 디지털 제품에 특화된 결제 솔루션과 글로벌 세금 및 규제 컴플라이언스 기능을 통합 제공. 창업자는 브리스톨대학교 컴퓨터 과학 전공자로, 스타트업 및 소프트웨어 개발 분야에서 경험을 쌓음. 4,000개 이상의 고객을 확보하고, 4,300만 건의 거래를 처리하며, 1.1억 달러의 세금 징수를 관리. 아시아와 유럽 시장 진출을 강화 중.

• 제프토 Zepto(인도)

초고속 식료품 배달 서비스를 제공하는 스타트업. 하이퍼로컬 다크 스토어 네트워크를 통해 신속하게 식료품을 제공함. 창업자는 19세에 스탠퍼드대학교를 중퇴하고 창업하였으며, 이전에 승차 공유 출퇴근 앱 등의 프로젝트를 진행함. 인도의 7개 도시에서 하루 30만 건 이상의 주문을 처리하며, 연간 매출 7억 달러 이상을 기록. 경쟁사 블링킷 Blinkit이 모은 금액보다 적은 금액으로 매각됨.

• 임플로이먼트히어로 Employment Hero(호주)

클라우드 기반 HR, 급여 관리, 채용, 성과 관리 솔루션 제공 플랫폼으로 중소기업의 인사 관리와 운영 효율성을 극대화. 창업자는 인사 및 HR 분야에서 오랜 경력을 보유하며, 이전 HR 소프트웨어 기업에서 경영 역할을 수행함. 30만 개 기업이 플랫폼을 사용하여 약 300만 명의 직원을 관리하며, 채용, 인사, 복리후생을 자동화함. 인공지능 및 데이터 분석 기능 강화를 통해 고객 맞춤형 HR 솔루션을 제공할 예정.

• **무버블잉크** Movable Ink(미국)

개인화된 이메일 및 디지털 마케팅 콘텐츠를 실시간 생성 및 최적화하는 플랫폼. 사용자 행동과 환경에 따라 동적으로 변하는 콘텐츠를 제공하여 높은 클릭률과 전환율을 달성. 창업자는 엔진야드 Engine Yard에서 북미 매니저 경험을 보유. 500개 이상의 기업 고객을 확보하며, 연간 1억 달러 이상의 매출과 매달 50억 건 이상의 이메일 및 디지털 콘텐츠를 발송. 유럽 및 아시아 시장으로 글로벌 확장을 계획 중.

• **재규어마이크로시스템즈** Jaguar Microsystems(중국)

고성능 반도체 및 첨단 집적 회로 IC 설계 솔루션을 제공하는 기술 기업. 혁신적인 반도체 설계 기술과 높은 성능의 IC를 개발하며, 창업자는 브로드컴 Broadcom의 프로세서 및 무선 인프라 사업부의 그레이터 Greater 중국 상무 출신임. 연간 1,000만 개 이상의 반도체 칩 출하량을 기록하고 있으며, 인공지능 및 머신러닝을 위한 고성능 반도체 개발에 집중하면서 연구 개발과 제조 능력을 확장 중.

• **라이텐** Lyten(미국)

리튬-황 배터리 기술을 개발하여 전기차 및 모바일 전자 기기의 성능을 향상시키는 배터리 기술 스타트업. 기존 리튬-이온 배터리보다 높은 에너지 밀도와 긴 수명을 제공하는 리튬-황 Li-S 배터리 기술을 상용화하고 있음. 창업자는

Private Equity consulting firm에서 근무한 경력을 보유함. 연간 1,000톤 이상의 배터리 생산 능력을 보유하며, 연간 1억 달러 이상의 매출을 목표로 하고 있음. 에너지부로부터 400만 달러의 보조금을 확보.

• 바이오포미스 Biofourmis(미국)

인공지능 기반 원격 모니터링 및 디지털 치료 솔루션을 제공하는 헬스케어 기업. 건강 데이터를 실시간으로 분석하여 맞춤형 치료를 제공하며, 원격 모니터링으로 의료 서비스의 효율성을 관리함. 창업자는 듀크의학대학교 학사 출신으로, 아마존 Medical Officer 경력을 보유. 치료 평균 비용을 38% 절감하며, 자금을 디지털 치료법 M&A와 임상 시험, 홈 케어 사업 확장에 사용할 계획.

• 이피셔리 eFishery(인도네시아)

인공지능 기반 스마트 피딩 시스템으로 양식업의 효율성을 높이는 수산업 스타트업. 자동화된 피딩 시스템과 실시간 데이터 분석으로 사료 낭비를 줄이고, 생산성과 품질을 개선함. 창업자는 대학생 시절부터 양식업에 종사하며 76개의 양식장을 운영한 경험을 보유. 어부 6만 명과 양식장 28만 개를 확보하며 사료 낭비를 30% 이상 절감. 인공지능 및 데이터 분석 기능 강화를 통해 글로벌 시장에서 입지를 확장할 예정.

• 에콰쉴드 Equashield(미국)

방사선 치료 및 제약 산업에서 약물 안전 관리를 위한 밀폐형 약물 조제 시스템을 제공하는 기업. 약물 조제 시 안전성을 극대화하기 위해 설계된 밀폐형 시스템으로, 전 세계 3,000개 이상의 고객을 확보하고 있으며 99%의 고객 유지율을 보유하고 있음. 창업자는 다양한 기술 및 경영 경험을 보유하고 있으며, 인공지능과 머신러닝 기반의 품질 관리 및 제조 라인을 운영하는 11만

2,000평방피트의 제조 시설을 운영하고 있음.

● **해시키** HashKey (홍콩)

아시아 시장을 타깃으로 블록체인 및 디지털 자산 관리 솔루션을 제공하는 기업. 최고 규정 준수 표준을 유지하며 규제 프레임워크 내에서 운영하고 있으며, 25년 이상의 증권 및 자산 관리 경험을 가진 창업자가 설립. 출시 4개월 만에 15만 5,000명의 등록 사용자를 확보했으며, 전문 투자 기관을 위한 투자 전략 및 기술 솔루션을 개발하고 있음.

● **키팩터** Keyfactor (미국)

디지털 인증서 및 키 관리 솔루션을 제공하는 사이버 보안 기업. 종합적인 인증서 관리 플랫폼과 클라우드 기반의 보안 솔루션을 통해 기업들이 인증서와 키를 중앙에서 관리하고 자동화할 수 있도록 지원. Thales의 글로벌 사이버 보안 회사에서 활동한 창업자가 설립했으며, 현재 전 세계 1,500개 이상의 기업을 확보하고 포춘 100대 기업 중 40% 이상이 신뢰. 70개국에 걸쳐 1,500명 이상의 고객에게 도달하고 있으며, 개발자와 보안 전문가를 위한 오픈소스 커뮤니티도 운영 중임.

● **링크트리** LinkTree (호주)

여러 링크를 하나의 웹 페이지에 통합하여 쉽게 공유할 수 있도록 돕는 링크 관리 플랫폼을 제공하는 기업. 간편한 링크 관리와 사용자 맞춤형 링크 페이지 생성을 지원하며, 디지털 마케팅과 스타트업 경험을 바탕으로 창업자가 설립. 현재 5,000만 명 이상의 사용자를 보유하고 있으며, 확보한 자금을 통해 플랫폼 기능을 강화하고, 사용자 맞춤형 도구와 분석 기능을 추가할 계획.

• 마스터컨트롤 MasterControl (미국)

생명과학 및 규제 산업을 위한 클라우드 기반 품질 및 제조 소프트웨어를 제공하는 기업. 품질 및 제조 프로세스를 디지털화, 자동화, 연결하여 제품 품질을 향상하고 비용을 절감하며 시장 출시 시간을 단축하는 솔루션을 제공. 소프트웨어 업계에서 20년 경력을 가진 중견 금융 서비스 소프트웨어 공급업체의 임원이 창업. 현재 1,000명 이상의 사용자를 확보하고 25만 개 이상의 제품을 관리하며 연간 25% 이상의 성장률을 기록하고 있음. 확보한 자금을 활용해 SaaS 솔루션을 강화하고, 인공지능, 머신러닝, 자연어 처리 등의 신기술에 투자 중임.

• 옵티버스 Optibus (이스라엘)

대중교통 시스템을 관리하고 최적화하는 SaaS 솔루션을 제공하는 기업. 인공지능과 데이터 분석을 통해 대중교통의 효율성을 극대화하며, 창업자는 마이크로소프트의 시니어 엔지니어와 지멘스 연구원 출신임. 전 세계 6,000개 이상의 도시에서 대중교통 운영을 지원하고 있으며, 코로나19 팬데믹 동안 수요가 증가하여 지속 가능한 도시 교통 인프라 구축을 목표로 하고 있음.

• 그레이터베이테크놀로지 Greater Bay Technology (중국)

첨단 배터리 기술 및 에너지 솔루션을 개발하는 기업. 고에너지 밀도, 빠른 충전 속도, 긴 수명의 배터리를 통해 전기차와 에너지 저장 시스템의 효율성을 향상함. 전기차 및 배터리 기술 분야에서 오랜 경험을 가진 창업자가 설립. 연간 수십 기가와트시 GWh 이상의 배터리 생산 능력을 보유하고 있으며, 50개 이상의 제조업체와 파트너십을 유지하고 있음. 1,000킬로미터 주행거리 제공과 외부 온도에 영향받지 않는 성능을 유지하는 기술을 개발.

• 에어슬레이트 airSlate(미국)

클라우드 기반의 비즈니스 프로세스 자동화 플랫폼을 제공하는 소프트웨어 기업. 직관적이고 통합된 플랫폼으로 문서 관리와 비즈니스 프로세스 자동화를 지원하며, 소프트웨어 개발 및 비즈니스 자동화 분야에서 경력을 가진 창업자가 설립. 3만 개 이상의 기업 고객 및 파트너십을 보유하고 있으며, 연간 수억 건의 문서와 워크플로우를 처리하고 있음. 유럽과 아시아 시장 진출을 목표로 하며, 새로운 기능 추가 및 기술 개발에 집중하고 있음.

• 클래스도조 ClassDojo(미국)

학급 관리 및 학생 행동 추적을 돕는 클라우드 기반의 교육 플랫폼. 직관적인 사용자 인터페이스와 다양한 기능을 통해 교육 현장과 가정 간의 연계를 강화하고, 학생의 참여와 동기를 유도함. 케임브리지대 경제학 전공 후 고등학교에서 경제학을 가르친 경험을 가진 창업자가 설립. 전 세계 50만 개 이상의 교실에서 사용되며, 5,000만 명 이상의 학생과 학부모가 플랫폼을 이용. 8년간 무료로 운영되던 교사용 행동 추적 관리 서비스가 프리미엄 구독으로 전환됨.

• 폴리헤드라네트워크 Polyhedra Network(미국)

Web3 상호운용성을 위한 인프라를 구축하는 회사. 영지식 증명 ZKP 기술을 바탕으로 높은 보안성과 빠른 처리 속도를 지원하며, 다양한 블록체인 간의 안전한 상호작용을 가능케 하는 zkBridge 프로토콜을 제공. Web3 NFT 기업 Overeality Labs 창업자 출신의 창업자가 설립. 2,000만 건 이상의 크로스 체인 거래를 처리하고, 25개 블록체인에 걸쳐 4,000만 긴 이상의 증명을 생성힘. Google Cloud와 협력하여 ZK 증명 시스템의 확장성과 성능을 최적화 중임.

● **탈로스** Talos(미국)

사이버 보안 및 위협 탐지 솔루션을 제공하는 보안 기술 기업. 복잡한 사이버 공격 패턴을 신속하게 분석하고, 자동화된 대응 시스템을 통해 위협을 빠르고 효율적으로 차단함. 여러 보안 관련 스타트업에서 주요 역할을 수행한 창업자가 설립. 500개 이상의 대기업 및 정부 기관과 협력하며, 연간 1억 건 이상의 사이버 데이터를 분석하고 있음. 연구 개발을 강화해 새로운 사이버 보안 기술과 솔루션을 시장에 선보일 계획.

● **투게더AI** Together AI(미국)

생성형 인공지능 플랫폼을 제공하는 업체로, 오픈소스 모델을 중심으로 클라우드 기반 인공지능 모델 배포를 지원. 높은 성능의 인공지능 인프라와 첨단 연구로 시장에서 차별화되며, 오픈소스 인공지능 모델을 통해 벤더 종속성을 피할 수 있음. 애플 시니어 디렉터 출신의 창업자가 설립. 4만 5,000명의 등록 사용자를 확보하고 있으며, 클라우드 공급업체로부터 컴퓨팅 파워를 임대하고, 새로운 모델 아키텍처를 구축하기 위해 연구원을 고용할 예정.

● **시트긱** SeatGeek(미국)

티켓 검색, 구매 및 판매 플랫폼을 통해 다양한 이벤트 티켓을 쉽게 찾고 구매할 수 있도록 지원하는 서비스. 데이터 분석 및 인공지능 기술을 활용해 최적의 티켓 가격과 좌석을 추천하며, 독창적인 시각적 좌석 배치도와 가격 비교 기능 제공. 연간 거래액이 10억 달러를 초과하며, 플랫폼에서 1,000만 개 이상의 이벤트 티켓 거래. 플랫폼 기능 확장과 새로운 기술 도입을 통해 사용자 경험을 향상시킬 계획.

• 쉽로켓 Shiprocket(인도)

물류 및 배송 솔루션 플랫폼으로, 전자상거래 기업들에게 통합된 배송, 추적, 물류 관리 서비스를 제공하여 효율적인 운영을 지원. 다채로운 물류 파트너와 통합된 플랫폼을 통해 효율적인 배송 솔루션을 제공. 25만 개 이상의 리테일러 지원, 2만 4,000개 이상의 서비스, 220개 이상의 국가 확보, 연간 GMV 기여도 50억 달러 이상. Wigzo, Rocketbox 등 다수의 인수를 통해 성장.

• 카트닷컴 Cart.com(미국)

전자상거래 솔루션을 제공하여 판매자에게 통합된 쇼핑몰 구축, 물류, 결제 및 고객 관리 서비스를 제공. 모든 전자상거래 기능을 단일 플랫폼에서 제공해 복잡한 기술적 문제를 해결하지 않고도 온라인 상점을 운영할 수 있도록 지원. 2,000개 이상의 상점 및 브랜드와 협력하며, 연간 거래액이 수십억 달러에 달함. 신규 투자를 통해 고객 수요 충족, 국제적 확장, 제품 개발 계획.

• 카스토어 Castore(영국)

프리미엄 스포츠 의류 및 액세서리를 디자인하고 제작하는 브랜드. 스포츠 과학을 기반으로 한 기술적 솔루션과 고급 소재를 사용하여 신체 기능을 최적화하며, 프리미엄 브랜드 이미지를 구축. 연간 매출이 2억 달러를 초과하며, 전 세계적으로 100개 이상의 매장을 운영. 스포츠 스타와의 협업 및 축구 유니언들과의 파트너십을 통해 브랜드 인지도를 높임.

• 초코 Choco(독일)

레스토랑과 공급업체를 위한 식품 시스템을 구축하는 기술 회사. 사용자 친화적인 인터페이스와 실시간 데이터 처리를 통해 주문 오류를 감소시키고, 공급망의 투명성을 향상시킴. 1만 5,000개 이상의 요리사와 1만 개 이상의 대리점 확보, 매달 50만 건의 주문을 처리. 2026년까지 전 세계 식품 도매 시장을 디지털화하여 식품 낭비를 없애는 목표를 가짐.

• 라이트매터 Lightmatter (미국)

광학 컴퓨팅 기술을 활용하여 데이터 처리 속도와 효율성을 크게 개선하는 스타트업. 광학 컴퓨팅 기술로 낮은 전력 소모와 높은 연산 성능을 제공하며, 전력 수요를 21% 감소시키고, 기존 대역폭의 100배로 데이터를 전송함. 수십만 개의 GPU를 사용해 인공지능 슈퍼컴퓨터 구축 목표.

• 뮤즈 Mews (네덜란드)

현대적이고 사용자 친화적인 클라우드 호스피탈리티 플랫폼. 직관적이고 통합된 플랫폼을 통해 호텔 운영의 모든 측면을 실시간으로 관리할 수 있도록 지원. 2,500개 이상의 호텔 및 숙박업체와 파트너십을 맺고 있으며, 연간 거래액은 수억 달러. 유럽과 북미를 넘어 아시아 및 중동 지역으로의 진출을 목표로 하고 있음.

• 아워넥스트에너지 Our Next Energy (미국)

전기차 및 에너지 저장 시스템을 위한 혁신적인 배터리 기술을 개발하여 지속 가능한 에너지 솔루션을 제공. 장거리 주행이 가능한 고밀도 배터리와 지속 가능한 에너지 저장 솔루션 제공. 현재 100킬로와트시 이상의 용량을 제공하며, 전기차의 주행 거리를 400마일 이상으로 확장. 미시간에서 최초의 미국 리튬-철-인산 LFP 셀 및 팩 공장을 건설 중.

• 스펙트럼메디컬 Spectrum Medical (영국)

의료 기기와 기술을 개발하여 환자의 생명과 건강을 개선하는 데 중점을 둔 헬스케어 기업. 첨단 의료 기술과 혁신적인 제품 개발에 중점을 두어, 특히 심혈관 및 중환자 치료 분야에서 차별화된 솔루션 제공. 전 세계 500개 이상의 병원 및 의료 기관에 제품을 공급하며, 연간 수천만 달러의 매출 기록. 신제품 라인업 개발과 기존 제품 성능 향상 계획.

● 스토리 Stori (멕시코)

멕시코 기반 디지털 금융 서비스 플랫폼으로, 금융 접근성을 개선하는 핀테크 스타트업. 간편한 디지털 플랫폼을 통해 신용 카드와 금융 서비스 접근성을 개선하며, 신용 기록이 부족한 사용자까지 포용. 멕시코 내 140만 명 이상의 사용자와 연간 수억 달러의 거래 처리. 멕시코를 넘어 라틴 아메리카의 다른 국가로 확장 계획.

● 스위프트리 Swiftly (미국)

소매업체와 브랜드를 위한 데이터 분석 및 솔루션을 제공하여 매장 운영을 최적화하는 플랫폼. 실시간 데이터 분석을 통해 소매업체가 고객의 구매 패턴과 매장 운영을 효과적으로 이해하고 개선할 수 있도록 지원. 1,000개 이상의 소매업체와 파트너십을 맺고 수백만 건의 고객 데이터를 분석. 최근 BYBE 인수로 서비스 확장 도모.

● 유닛 Unit (미국)

금융 서비스를 제공하는 플랫폼을 구축하여 기업들이 은행 및 결제 솔루션을 손쉽게 통합하고 관리할 수 있도록 지원. API 기반의 통합 솔루션으로 금융 서비스를 빠르고 효율적으로 구축. 200개 이상의 고객사와 파트너십, 매달 수억 달러 거래 처리. 플랫폼 기능 확장과 추가 금융 서비스 제공 계획.

• 비즈.ai Viz.ai(미국)

인공지능을 활용한 의료 영상 분석 플랫폼. 인공지능 알고리즘으로 의료 영상 데이터를 자동 분석하여 뇌졸중 등 급성 질환의 조기 진단과 신속한 치료 결정 지원. 전 세계 900개 이상의 병원에서 사용 중. 자금 확보로 기능 확장 및 새로운 질병 영역 인공지능 솔루션 개발 계획.

• 콜로설 Colossal(미국)

최신 생명공학 기술로 멸종된 동물 종을 복원하는 혁신적인 연구를 추진하는 기업. 유전자 편집 및 복원 기술을 통해 멸종된 종 부활에 중점. 현재 5개 이상의 복원 연구 프로젝트 진행 중. CRISPR/Cas9 기술 활용으로 멸종된 종을 되살리고 기존 종을 보존하는 목표.

• 소스글로벌 SOURCE Global(미국)

태양광 기반의 혁신적인 물 공급 시스템을 통해 청정 식수를 제공하는 기업으로, 물 부족 문제 해결에 기여. 태양광 에너지를 이용해 공기 중의 수증기를 응축하여 식수를 생산하는 기술. 30여 개국에 1,000개 이상의 설치 사례를 보유하며, 연간 수백만 리터의 식수를 생산. 물 부족 문제를 겪고 있는 개발도상국과 지역 사회에 중점을 두어 보급을 확대 예정.

• 유나이티드 Younited(프랑스)

프랑스 기반의 디지털 대출 플랫폼으로, 사용자에게 신속하고 투명한 개인 대출 서비스를 제공. 완전 디지털화된 대출 프로세스와 인공지능 기반의 신용 평가를 통해 투명하고 정밀한 대출 서비스 제공. 유럽 전역에 150만 명 이상의 사용자와 누적 55억 유로 대출 거래를 보유하며, 75% 즉각 대출 결정. 프랑스, 이탈리아, 스페인, 포르투갈, 독일에서 운영.

- **다나** DANA(인도네시아)

인도네시아 기반의 디지털 결제 플랫폼으로, 모바일을 통해 쉽고 안전하게 결제 및 금융 거래를 지원. 사용자 친화적인 인터페이스와 광범위한 서비스 통합을 통해 빠르게 성장하는 디지털 경제에 대응. 1억 명 이상의 등록 사용자를 보유하며, 매일 수백만 건의 거래 처리. 기술 인프라 강화 및 동남아 국가로의 확장을 계획.

- **이네이블** Enable(미국)

리베이트 관리 소프트웨어를 제공하여 기업들의 공급망과 거래 관계에서 리베이트 효율성을 관리. 복잡한 리베이트 관리 문제를 해결하고 거래 조건의 투명성을 높이는 소프트웨어 제공. 1만 개 이상의 고객사와 1조 달러의 누적 거래량 보유. 인공지능 및 데이터 분석 기능 강화로 고객에게 더 나은 인사이트 제공 예정.

- **캐리부** Caribou(미국)

자동차 보험과 재융자에 특화된 보험 핀테크 기업. 자동차 금융 및 보험 산업 주요 업체와의 협력을 통해 경쟁력 있는 금리를 확보. 평균적으로 자동차 대출금을 월 115달러 이상 절감. 2021년 모터리파이 MotoRefi에서 사명 변경.

- **치프** Chief(미국)

여성 리더십 역량 개발 네트워크로, 여성 리더들을 위한 맞춤형 지원과 네트워킹 기회를 제공. 네트워킹 이벤트, 리더십 워크숍, 멘토링 프로그램 운영. 8,500개 이상의 회사에서 온 1만 2,000명 이상의 고위 임원 확보, 6만 명이 대기 리스트. 다양한 산업의 여성 리더에게 더 나은 지원 제공을 위해 프로그램과 콘텐츠 강화 예정.

• 일레븐랩스 ElevenLabs(미국)

자연스러운 음성 합성 및 변환 기술을 제공하는 인공지능 기반 음성 기술 스타트업. 인공지능을 이용한 고품질 음성 합성 기술을 통해 정확하고 자연스러운 음성을 제공하며, 다양한 언어와 악센트를 지원. 수천 명의 사용자를 보유하고 있으며, 다양한 산업 분야에서 100여 개 이상의 기업과 파트너십. Perplexity의 강력한 검색 및 콘텐츠 엔진과 협력하며, 2024년 디즈니 액셀러레이터 기업으로 선정됨.

• 임플라이 데이터 Imply Data(미국)

실시간 데이터 분석 및 대규모 데이터 처리를 위한 플랫폼을 제공하는 기업. 실시간 데이터 처리 및 분석을 위한 오픈소스 기반의 혁신적인 플랫폼을 제공. Atlassian, Cisco, InterContinental Exchange, Reddit을 포함하여 150개 이상의 고객을 보유. 투자금을 활용하여 직원을 100명 늘리고, 실시간 데이터 분석 및 인공지능 기반 데이터 처리 기술을 강화할 예정.

• 인텔리케어 IntelyCare(미국)

인공지능 기반 인력 관리 플랫폼을 제공하여 의료 인력의 스케줄링과 관리 과정을 효율화. 인공지능 기반 스케줄링 시스템을 통해 의료 인력의 배치를 최적화하고, 간호사와 기타 의료 인력에게 유연한 근무 기회를 제공. 2023년 기준 3만 명 이상의 간호사와 인력을 보유하며, 1,600개 이상의 의료기관과 협력. 현재 28개 주에서 운영 중이며, 36개 주까지 확장할 계획.

• 인보카 Invoca(미국)

인공지능 기반의 콜트래킹 및 분석 플랫폼으로, 기업 전화통화 데이터를 분석하여 마케팅과 영업 전략 최적화를 지원. 정교한 콜트래킹과 분석 기능을 통해 실시간으로 통화 데이터를 분석하고 마케팅 캠페인의 성과를 정확히 측정하며, 고객 경험을 개선. 2,300여 개 이상의 고객사, 3억 3,700만 건 이상의 전화 통화 처리. 인공지능 기술과 분석 기능을 강화하고 글로벌 시장으로의 확장을 계획하며, 통화 데이터의 프라이버시와 보안 문제가 리스크.

• 머티리얼시큐리티 Material Security (미국)

이메일을 보호하기 위해 제로 트러스트 기술을 사용하는 보안 업체. 이메일의 민감한 콘텐츠를 자동으로 분류하고 대응하여 중요한 메시지를 보호. 드롭박스의 엔지니어링 관리자 출신이 창업. 순수익 유지율 150%. 공격자가 다른 서비스를 하이재킹하는 것을 방지하며, 이메일을 통한 측면 계정 인수를 차단.

• 나우포츠 Nowports (멕시코)

인공지능과 데이터 분석을 활용하여 물류와 운송을 디지털화하는 디지털 화물 운송 플랫폼. 복잡한 수송 과정을 간소화하고, 실시간 추적 및 분석 기능을 제공하여 운영 효율성을 극대화. 1,000여 개 이상의 고객사와 협력, 매달 수천 건의 운송 거래 처리. 기술 인프라 강화와 중남미 지역(브라질/콜롬비아) 시장 확대 목표.

• 피직스왈라 PhysicsWallah (인도)

이공계 시험 준비를 위한 온라인 강의를 제공하는 인도 기반의 교육 플랫폼. 고품질 교육 콘텐츠를 저렴한 가격에 제공하며, 뛰어난 강사진과 커리큘럼을 보유. 유튜브 구독자 수 1,000만 명 이상, 플랫폼 가입자 수 600만 명. PrepOnline, Altis Vortex 등 8개의 에드테크 스타트업을 인수.

● **퍼플** Purplle **(인도)**

온라인 뷰티 및 개인 관리 제품을 판매하는 인도 기반의 플랫폼. 방대한 제품군, 사용자 친화적인 플랫폼, 인도 시장에 특화된 마케팅 전략. 인도 공과대학 졸업 후 리먼브러더스 애널리스트로 근무한 경험. 2023년 기준 700만 이상의 월평균사용자 MAU를 확보, 1,000여 개의 브랜드와 협력하여 5만 개 이상의 제품 판매. Carmesi, Faces 캐나다, NY Bae와 같은 자체 프라이빗 브랜드 운영.

● **리커버** Recover **(스페인)**

지속 가능한 섬유 재활용 및 생산을 전문으로 하는 스페인 기반 기업. 지속 가능한 폐기물 관리와 혁신적인 재활용 기술 제공. 페레 Ferre 가문이 100년 넘게 섬유 산업에 종사, 알프레도 페레 Alfredo Ferre가 가업을 물려받음. 연간 수천 톤의 섬유를 재활용하며, 전 세계 60개국 이상에 재활용 섬유 공급. 4세대에 걸친 지속 가능한 재활용 코튼 분야에서 75년 이상의 전문성 보유.

● **스태프베이스** Staffbase **(독일)**

기업의 내부 커뮤니케이션을 강화하고 직원 참여를 증진하기 위해 디지털 솔루션과 플랫폼을 제공하는 기업. 다양한 커뮤니케이션 채널을 통합하여 기업 내부 소통을 원활하게 하고 정보 전파를 효과적으로 지원. 2,500개 이상의 기업 확보. 플랫폼 기능을 개선하고, 더 많은 기업과의 파트너십을 확대할 예정.

● **텔레포트** Teleport **(미국)**

신원 기반 인프라 접근 관리를 제공하는 사이버보안 스타트업. 인프라 접근을 단일 플랫폼으로 통합하여 공격 표면을 줄이고, 규정 준수와 운영 오버헤드를 줄이는 데 중점. 메일건 Mailgun의 CEO 겸 공동 창립자로, 엔지니어로서 근무 경험 보유. 매출이 2020년부터 2021년까지 거의 3배 증가, 고객 기반이 2배 확대. ID 공격 방지, 인프라 보안 및 규정 준수에 집중하여 심층적인 인프라 방어를 강화.

• 와사비 Wasabi (미국)

고성능, 저비용 클라우드 스토리지 솔루션을 제공하는 미국 기반 기업. 기존 클라우드 스토리지보다 80% 저렴한 비용과 높은 성능 제공. 데이터 백업 서비스 회사인 카보나이트 Carbonite의 공동 창업자로, IT 및 데이터 스토리지 분야에서 경력 보유. 4만 개 이상의 고객사와 20개 이상의 글로벌 데이터 센터 운영. 글로벌 데이터 센터 확장과 기술 인프라 강화를 위한 자금 조달 예정.

• 1콤마5 1Komma5 (독일)

유럽 내 태양광, 전기 저장, 충전 인프라 판매 및 설치를 원스톱으로 제공하는 에너지 업체. IoT 기반 히트 펌프와 충전소 운영을 관리하는 이산화탄소 중립 에너지 관리 시스템 'Heartbeat' 제공. 전 테슬라 관리자 출신. 2022년 매출 2억 600만 유로에서 2023년 약 4억 6,000만 유로로 2배 이상 증가. 덴마크의 선도업체 비아솔 인수, 2023년 말까지 스페인, 이탈리아, 오스트리아, 스위스로 진출 예정.

• 서클 Cirkul (미국)

개인 맞춤형 음료 시스템을 제공하여 사용자가 원하는 음료를 조절할 수 있는 기술을 가진 기업. 자체 시스템을 통해 다양한 물맛을 조절할 수 있어 편리성 제공. 다트머스 대학교 출신. 100개 이상의 다양한 맛 보유, 플라스틱 사용량 84% 감소. 출시 첫날 병 5,000개와 카트리지 4만 개 판매.

• 제로엑스^{0x}(미국)

이더리움 블록체인 기반의 오픈소스 프로토콜을 개발하여 디지털 자산의 탈중앙화된 거래 인프라 제공. ERC-20 토큰을 비롯한 다양한 디지털 자산을 탈중앙화된 방식으로 안전하게 교환할 수 있는 기술 제공. 보스턴대학교 물리학 및 컴퓨터공학 전공 후 연구원으로 활동. 1,410억 달러 이상 거래량, 6,600만 건 이상의 거래, 700만 개 이상의 고유 지갑. 단일 API 통합으로 100개 이상의 거래소와 유동성을 갖춘 수천 개의 거래 확보.

• 인크레드 InCred(인도)

인도에서 다양한 금융 서비스를 제공하는 핀테크 기업. 기술을 활용한 금융 서비스 혁신과 고객 중심 접근 방식. Deutsche Bank의 기업 금융 부문 책임자, APAC 채권 및 주식 부문 경력 보유. 총 ₹7,500 crore의 대출 포트폴리오, 지난 3년간 50% 이상의 연평균 성장률 기록. 소비자 대출, 학자금 대출, 중소기업 대출 등의 사업 분야 확장에 자금을 활용.

• 레플릿 Replit(미국)

인공지능 기반 소프트웨어 개발 및 배포 플랫폼으로, 소프트웨어를 빠르게 구축, 공유, 제공할 수 있도록 지원. 인공지능이 내장된 클라우드 작업 공간에서 협업 가능하며, 자연어를 코드로 변환하고 정밀한 디버깅 제공. 전 야후와 페이스북에서 소프트웨어 개발자로 근무. 2억 3,500만 개의 프로젝트 제작, 2,250만 명의 개발자 보유. 10억 명의 소프트웨어 개발자에게 힘을 실어주는 사명 추진.

• 비앤씨케미컬 B&C Chemical(중국)

반도체 소재 포토레지스트를 생산하는 중국 반도체 기업. 중국 반도체 진흥 전략에 기반하여 집적 회로 리소그래피 재료 개발 및 독립성과 안전성 강화. 제14기 전국인민대표대회 대표, 국가중대인재공학 선발자. 100개의 ArF/KrF 모노머 및 포토레지스트 개발, 70개 이상의 중국 칩 제조업체 확보. 중국에서 포토리소그래피 재료의 산업 발전에 참여한 최초의 기업.

• **제로원.AI**[01.AI **(중국)**]

자율주행 및 기계학습 분야에 특화된 중국의 인공지능 기술 기업. 고급 인공지능 알고리즘과 자율주행 기술, 실시간 데이터 처리 및 센서 기술에서 두각. 구글, 마이크로소프트, 화웨이, 알리바바 등 빅테크 출신의 LLM 전문가로 구성. 340억 개 매개변수를 가진 Yi-34B 모델로, 중국어와 영어 지원. 중국은 140개 이상의 LLM을 출시했지만, 살아남는 것은 일부에 불과할 것으로 전망.

• **어뎁트** Adept **(미국)**

ML 연구 및 제품 개발을 진행하는 기업. 독자적인 모델로 정확도 및 신뢰성을 향상하고, 자연어 지침 설정 가능. 오픈AI 엔지니어링 총괄자와 구글 인공지능 모델 담당자 출신. 제미나이 프로 Gemini Pro보다 높은 MMMU 벤치마크 점수. 설립 1년 만에 유니콘 달성, 메타 등과 인수 협상 중.

• **안달루시아랩스** Andalusia Labs **(UAE)**

디지털 자산 리스크 관리 인프라 제공 업체. 분산형 신뢰의 글로벌 네트워크를 활용하여 스테이커와 개발자가 모여 혁신 촉진. 코인베이스, 구글, AWS, 골드만삭스 출신. 10억 달러 이상의 암호화폐 확보 및 다양한 블록체인 통합 구축. Karak, Subsea, Watchtower와 같은 다양한 보안 및 리스크 관리 플랫폼 보유.

• 앱토스 Aptos (미국)

블록체인 기술을 활용한 차세대 탈중앙화 네트워크 구축 기업. 블록체인의 처리 속도와 확장성을 극대화하는 새로운 합의 알고리즘 도입. 블록체인 기술 및 금융 서비스 분야에서의 풍부한 경험 보유. 초당 트랜잭션 TPS 7,800 이상, 390만 명 이상의 일일사용자, 500개의 노드. 블록체인 기술 개발 및 생태계 확장을 위해 자금 확보, 더 많은 개발자 유치 계획.

• 애트모스피어 Atmosphere (미국)

공공장소용 스트리밍 TV 콘텐츠를 제공하는 기업. 광고 지원 무료 콘텐츠와 맞춤형 채널 제공으로 다양한 환경에 적합한 프로그램 제공. 레스토랑 관리 및 기술 통합 분야에서 20년 이상의 경험 보유. 2만 5,000개 이상의 공공장소에서 사용, 월간 5,000만 명 이상의 활성 시청자. 스포츠 바, 레스토랑, 헬스클럽, 병원 등 다양한 장소에서 사용.

• 아우구스티누스바더 Augustinus Bader (영국)

고급 스킨케어 브랜드로, 혁신적인 피부 관리 제품을 제공. TFC8 기술을 통해 피부 재생과 최적의 상태 유지 지원. 바이오로직스 및 스킨 바이오테크놀로지 분야 박사. 92개 글로벌 뷰티 어워드 수상, 전 세계 약 250개 매장에서 판매. 2024년 더현대 백화점 팝업스토어 오픈 예정.

• 애비뉴원 Avenue One (미국)

글로벌 부동산 투자 및 관리 서비스를 제공하는 기업. 통합된 자산 관리 솔루션으로 부동산 포트폴리오 최적화. 부동산 투자 및 재정 분야에서 20년 이상의 경험 보유. 400개 이상의 지역 파트너와 통합, 4억 달러 이상의 계약 진행. 기술 혁신과 데이터 분석으로 부동산 투자 전략 최적화.

- **바이추안AI** Baichuan AI(중국)

다양한 산업에서 인공지능 기술을 개발하고 서비스를 제공하는 생성형 인공지능 기업. 자율주행 및 대화형 인공지능 기술에서 혁신적인 접근. 소우거우 CEO 및 구글, 텐센트, 바이두 출신의 핵심 개발진. 오픈소스 인공지능 모델 'Baichuan 7B/13B'는 누적 다운로드 600만 회를 기록, 평가 목록 상위권 차지.

- **비머리** Beamery(영국)

인공지능 기반 인재 관리 플랫폼 제공 기업. 통합 플랫폼을 통해 인재 관리 과정을 최적화. 기술 및 IT 분야의 경험을 바탕으로 설립. 400개 이상의 글로벌 기업과 협력. 인공지능 기술로 인재 채용, 관리, 유지를 위한 종합 솔루션 제공.

- **보스턴진** BostonGene(미국)

암 의학을 발전시키는 인공지능 기반 계산 플랫폼을 제공하는 기업. 분자 및 면역 프로파일링을 통해 종양 유전체학과 치료 효과 간의 상관관계 발견. 종양학 전문의로서 임상 경험을 바탕으로 설립. 100개 이상의 병원 및 의료기관과 협력. Tumor Portrait™ 검사의 R&D 및 국제적 확장에 주력.

- **케어브리지** CareBridge(미국)

가치 기반 케어 스타트업으로 임상 지원 솔루션과 화상 진료 서비스 제공. 태블릿을 통해 임상 지원을 제공. Aspire Health CEO 출신, CMMI 이사 경력. 11개 주에서 활동하며, 약 10만 명의 환자에게 서비스 제공. 환자 및 가족의 NPS 점수 84점.

• 셀레스티아 Celestia (리히텐슈타인)

모듈식 블록체인 네트워크 기업으로, 블록체인의 확장성과 유연성을 높임. 데이터 가용성과 실행 레이어를 분리하여 블록체인의 효율성 증대. 체인스페이스 Chainspace와 레이지레저 LazyLedger의 공동 설립자. 30개 이상의 파트너 블록체인 프로젝트와 협업. 다양한 탈중앙화 애플리케이션 DApps과 블록체인 네트워크와 통합.

• 캐릭터.AI Character.AI (미국)

인공지능 기반 캐릭터 생성 및 관리 솔루션을 제공하는 기업. 맞춤형 캐릭터 생성 및 콘텐츠 제작 기술 제공. 구글 딥러닝 개발자 출신. 월간 활성 사용자 1억 명, 하루 평균 사용 시간 2시간. 최근 '캐릭터콜' 서비스 출시: 인공지능 캐릭터와의 음성 통화 기능.

• 커머스IQ CommerceIQ (미국)

전자상거래와 디지털 마케팅 최적화를 위한 인공지능 기반 플랫폼 제공. 전자상거래 성과를 분석하고 최적화하는 인공지능 기술. 아마존 출신 전자상거래 및 데이터 분석 전문가. 2,200여 개의 브랜드와 협력. 확보한 자금을 통해 인공지능 및 머신러닝 기능을 강화할 계획.

• 데이터스니퍼 DataSnipper (네덜란드)

지능형 자동화 플랫폼으로, 감사 및 재무 업무를 효율화. 감사 작업의 90% 자동화 및 비용 절감. Marqeta의 COO 및 Mulesoft의 마케팅 책임자 출신. Deloitte, KPMG, PwC 포함 125개국에서 50만 명의 감사원 확보. 빅 4 기업 모두 활용.

- **딥엘** DeepL (독일)

인공지능 기반 번역 서비스 제공 기업. 심층 학습 기술로 뛰어난 번역 품질과 빠른 처리 속도 제공. 기계학습 및 자연어 처리 전문가. 매일 100억 개 이상의 번역 처리. 26개 이상의 언어 지원.

- **다이버전트3D** Divergent 3D (미국)

인공지능 기반 3D 프린터를 활용하여 자동차 및 항공우주 제품 제조. 인공지능 기반 설계 소프트웨어로 시간 및 비용 절감, 높은 성능 제공. 예일대 로스쿨 졸업. 애스턴마틴 Aston Martin, 메르세데스-AMG Mercedes-AMG 등 7개 주요 자동차 고객과 협력, 미국 정부와 항공우주 계약.

- **에코바디스** EcoVadis (프랑스)

지속가능성 평가 서비스 제공 기업으로, 기업의 총체적 지속 가능성을 평가. 평가기관으로서 명성을 확보, 평가뿐 아니라 실행 가능한 피드백 제공. 비즈니스 개발 분야에서 15년 이상의 경력을 가진 CEO. 5만 개 이상의 거래 업체 평가, 185개국에서 매달 2,300곳 신규 고객 확보. SaaS 플랫폼을 활용하여 글로벌 비교 가능 등급 부여, 한국에 3,000곳의 고객사 보유.

- **일렉트릭** Electric (미국)

기업 IT 및 기술 지원을 제공하는 관리형 서비스 제공업체. IT 지원 간소화 및 신속한 기술적 문제 대응. IT 및 스타트업 분야 경험 보유. 수천 개의 기업 고객 보유, 나양한 산업에 걸쳐 서비스 제공. 서비스와 기술 플랫폼 확장 및 맞춤형 IT 솔루션 제공 계획.

• 일렉트릭하이드로젠 Electric Hydrogen (미국)

그린 수소 생산에 필수적인 전해조를 저비용으로 생산하는 기업. 대량 생산을 통해 규모의 경제 달성, 수소 생산 비용 절감. 미국 태양광 패널 제조기업 퍼스트솔라의 최고기술책임자. 1.2기가와트급 생산시설 설립 중. 매일 50톤의 그린 수소 생산 가능. 킬로그램당 1.5달러 목표. 그린 수소 업계 최초로 유니콘 기업 도달.

• 엠플로이어다이렉트헬스케어 EmployerDirect Healthcare (미국)

고용주를 위한 의료 솔루션 회사로 건강보험을 직접 관리하는 기업. 의료 제공자와의 직접 계약을 통해 비용 절감 및 우수한 공급업체를 확보. 창업자는 JP 모건 투자은행 부사장 출신. 500만 명 이상의 사용자를 확보하고 있으며, 500개 이상의 시설에서 수천 명의 전문의를 제공. 지난 12년 동안 4만 3,000건 이상의 수술 여행을 지원했으며, 회원의 재정적 부담을 평균 4,000달러 줄임.

• 팩토리얼 Factorial (스페인)

인사 관리 소프트웨어를 제공하는 스페인 기반 기업. 직관적인 인터페이스와 중소기업의 인사 관리 효율성 향상. 레드부스 Redbooth의 제품 및 엔지니어링 부사장 출신. 75개국 이상에서 7만 5,000명 이상의 사용자 확보. 유럽에서 가장 빠르게 성장하는 HR 테크놀로지 기업.

• 플래시 FLASH (미국)

스마트 주차 및 이동성 솔루션을 제공하여 도시의 교통 및 이동성을 혁신하는 기업. 클라우드 기반 통합 주차 관리 솔루션으로 주차 운영 효율성 극대화. 주차 기술 및 모빌리티 솔루션 분야 경험 보유. 초당 10건 이상의 거래, 디지털 트랜스포메이션 140% 효율성. 미국 내 더 많은 도시와 주차 시설에 서비스 제공 및 글로벌 시장 진출 검토.

• 플래시봇츠 Flashbots(케이맨 제도)

이더리움의 중앙화된 MEV 문제를 완화하는 이더리움 연구 개발 회사. 블록체인 트랜잭션의 순서와 실행 최적화 기술 보유. 블록체인 기술과 컴퓨터 과학 분야의 전문 지식 보유. 매일 수천 건의 블록체인 트랜잭션 처리. 투명하고 효율적인 MEV 추출을 위해 채굴자와 검색자에게 초점.

• 플렉스 Flexe(미국)

물류센터 중개 전문 플랫폼. 유연한 창고 인프라 제공, 라스트마일 비용 절감 가능. 광고기술회사 애드레디 AdReady CEO 출신. 700개 이상의 창고 보유. 팬데믹과 미들마일 플레이어인 콘보이 Convoy의 폐업으로 인한 시장의 리스크 존재.

• 플로우 Flow(미국)

주거용 부동산 회사로, 임차인에게 컨시어지 서비스를 제공하고 부동산과 제3자 임대인에게 관리 서비스를 제공. 임차인을 위한 고급 서비스와 부동산 관리 서비스 제공. 위워크 WeWork의 전 CEO인 애덤 뉴먼 Adam Neumann이 설립. 애틀랜타, 마이애미, 포트로더데일에서 3,000개의 아파트 운영. 사업 계획은 아직 공개되지 않았으며, 운영 시작 전 라이프스타일 매거진 웨일본 Whalebone을 인수.

• 포카이츠 FourKites(미국)

물류 공급망 솔루션 제공업체. 가장 큰 공급망 데이터 네트워크를 활용해 정확한 ETA(도착 예정 시간) 분석 제공. Oracle Corp 및 i2 Tech/JDA 엔터프라이즈 소프트웨어 분야 근무 경험자. 매일 320만 건의 배송 추적, 640,000개 이상의 운송업체와 전 세계 해상 교통의 98% 포함. 페덱스 FedEx의 투자로 네트워크, 항공기, 창고 데이터에 접근 가능.

• 지니스 Genies(미국)

디지털 아바타와 소셜 미디어 표현 중심의 플랫폼. 높은 수준의 디지털 표현 기술과 다양한 브랜드와의 협업을 통한 콘텐츠 확장. 미시간대학교 출신으로, Humans와 Blend 창업 경험 보유. 연예인 아바타 시장 점유율 99% 확보. 전 디즈니 CEO 밥 아이거 Bob Iger가 사내 이사로 참여.

• 글리아 Glia(미국)

금융 서비스 산업에서 고객 경험을 향상시키기 위한 디지털 커뮤니케이션 플랫폼 제공. 다양한 디지털 채널(채팅, 비디오, 음성 등)을 통합하여 고객과의 상호작용을 효율적으로 관리할 수 있는 플랫폼 제공. 포춘 50 소매업체 성장 컨설턴트 출신. 수백 개의 기업 고객 보유, 특히 금융 서비스 관련 주요 고객 포함. 플랫폼 기능 확장 및 새로운 디지털 커뮤니케이션 기능 추가 예정.

• 고 Go(일본)

일본의 택시 예약 서비스로, 카카오T와 유사한 기능 제공. 우버와 디디 Didi가 진입하지 못한 일본 시장에서 인공지능 기반 수요 예측을 통해 예약 관리. 디엔에이 DeNA의 택시 앱 CEO 출신. 10만 대의 택시 네트워크 운영, 일본 모빌리티 시장 70% 점유, 1,400만 회 이상 다운로드. 향후 IPO 목표.

• 그래디언트 Gradiant(미국)

물과 에너지 산업에서 혁신적인 해결책을 제공하는 기술 기업. 고급 수처리 기술과 신재생 에너지 솔루션 개발로 환경 보호 및 에너지 효율성 증대. MIT 기계공학 박사, 담수처리 관련 전문 지식 보유. 4,800만 개 이상 가정 관리, 90개 이상 국가 진출. 인공지능과 데이터 분석을 활용해 지속 가능한 솔루션 제공.

• 그로버 Grover(독일)

기술 대여 분야의 글로벌 리더로, 다양한 기술 제품을 월별로 구독할 수 있도록 제공. 스마트폰, 노트북, VR 장비, 웨어러블 기기 등 다양한 기술 제품에 월별 대여 방식으로 접근 가능. 골드만삭스 출신으로, 금융 및 기술 분야 경험을 바탕으로 구독 서비스 모델 개발. 50만 개의 품목 보유. 순환형 전자제품 구독 서비스의 국제적 확장을 가속화하기 위해 자금 활용 예정.

• 하비 Habi(콜롬비아)

부동산 검색 및 임대 과정을 간소화하는 프롭테크 기업. 데이터가 제한적인 주택시장에서 유동성과 정보 접근성을 제공하며, 중개, 금융 서비스, 마켓플레이스 등 다양한 서비스 제공 가능. 골드만삭스 부동산 투자 및 매킨지 컨설턴트 출신. 10만 명이 주택 가격을 제공받음. 대출 서비스 제공 및 온라인 집 판매 후 10일 이내 대금 지급 가능.

• 할란 Halan(이집트)

이집트 기반의 트랜스포메이션 서비스 세공 기업으로 라이드헤일링과 마이크로 피난처 서비스를 운영. 이집트와 같은 신흥 시장에 적합한 혁신적인 모바일 플랫폼 제공. 라이드헤일링 및 모빌리티 분야 기업가 출신. 20만 명 이상의 운전자를 등록하고 수백만 명의 승객 서비스 제공. 모바일 앱을 통해 운전자와 승객 연결 및 피난처 서비스 제공.

• 헤드웨이 Headway(미국)

보험이 적용되는 정신 건강 서비스 제공자와 환자를 연결하는 스타트업. 사용자가 선호도에 맞는 치료사를 찾아 예약 가능하며, 가격 투명성 확보. 고객 기술 분야의 제품 엔지니어링 분야 경력 보유. 19개 보험 플랜과 2만 6,000명의 정신 건강 치료 서비스 제공자 확보, 매달 4만 4,000건 이상의 방문 서비스 제공(텍사스, 일리노이 기준). 50개 주와 컬럼비아 특별구에서 치료 서비스 제공 계획.

• 임뷰 Imbue(미국)

추론이 가능한 맞춤형 인공지능 에이전트 개발 회사. 의도 인식과 추론이 가능한 대규모 언어 모델 LLM 개발. 드롭박스와 머신러닝 스타트업 소서리스 Sourceress의 공동 창업자 출신. GPT-4o 제로샷보다 성능이 뛰어난 70B 매개변수 모델 사전 훈련 및 미세 조정. 자금 지원을 통해 추론 및 코딩 가능한 인공지능 시스템 개발 가속화.

• 이뮤타 Immuta(미국)

데이터 보안 플랫폼으로, 민감한 데이터 관리 및 접근 제어를 제공. 민감 데이터 관리, 보안 및 접근 제어, 사용 추적 시스템 제공. 미국 육군 정보 장교 출신. 필요한 정책 수를 75배 줄이고 데이터 액세스 속도 100배 증가. 메르세데스-벤츠 그룹, Blue Cross Blue Shield, S&P Global, Sony 등이 주요 고객.

• 주피터원 JupiterOne(미국)

사이버 자산에 대한 가시성과 보안 기능을 제공하는 SaaS 플랫폼. 5,000개 이상의 자산에 대한 가시성 제공 및 취약점 업데이트. IBM과 Fidelity 출신. 150%

공격 감소, Cisco, Robinhood, Reddit 등 유명 고객 확보. 2년 만에 유니콘 달성, 엔지니어링 투자 및 자산 인벤토리, 취약성 관리 자동화 솔루션 연구 개발에 투자금 사용 예정.

• 킨 Kin(미국)

디지털 기술과 데이터 분석을 활용하여 가정 및 소상공인을 위한 보험 상품을 제공하는 보험 기업. 보험 가입 과정 간소화 및 개인 맞춤형 보험 상품 제공. 금융 기술 스타트업 헌치 Hunch의 공동 창업자. 그루폰 Groupon 주요 경영진 출신. 사용자 평균 절감액 965달러, 평균 순추천점수 77점. 더 많은 고객에게 접근 가능한 보험 서비스 제공을 위해 시장 확장 계획.

• 코볼드메탈스 KoBold Metals(미국)

광물자원을 발굴, 조달하는 탐사 개발 업체. AI와 빅데이터 기술을 활용한 광물자원 탐사 방법. 지구과학 박사 학위 후 베인앤드컴퍼티 Bain&Co 컨설턴트 출신. 북미, 아프리카, 호주 등 4개 대륙의 약 60개 부지 탐사 중. 잠비아 구리-코발트 광산을 위해 1.5억 달러 투자. 빌 게이츠의 투자를 받음.

• 크루트림 Krutrim(인도)

2조 개 이상의 '토큰'으로 훈련된 대규모 언어 모델을 제공하는 기업. 인공지능 애플리케이션 구축 지원, 인공지능 클라우드 인프라 및 인공지능 전용 실리콘 제공. 인도의 승차 공유 시장을 선도하는 Ola 창업자. 22개 예약 언어 지원, 출시 한 달 만에 유니콘 달성, 음성 지원 대화형 인공지능 어시스턴트 출시 예성.

• 리드스퀘어드 LeadSquared(인도)

영업 및 마케팅 자동화 플랫폼. 교육, 의료, 금융, 부동산, 자동차 등 다양한 산업군에서 활용 가능. 10년간 영업 및 마케팅 분야 경험, Pronteans 창업자 출신. 아마존페이 **Amazon Pay**, Olx, Uni 등 2,000개 이상의 고객사 확보. 자금 조달을 통해 인도와 북미 성장 투자 확대, APAC/EMEA 구축, 새로운 포트폴리오 제품 추가 예정.

• 라인맨웡나이 LINE MAN Wongnai(태국)

태국의 온디맨드 플랫폼과 식당 리뷰 서비스를 결합한 스타트업. 강력한 로컬 파트너십과 방대한 사용자 기반, 통합된 서비스(배달, 리뷰, 결제 등)를 통한 고객 편의성 제공. 식당 리뷰 플랫폼 웡나이 **Wongnai**에서 시작, 파트너십을 통해 형성. 태국 내 5,000개 이상의 음식점과 제휴. 음식 배달, 소매점 배달, 차량 호출, 청소 서비스 등 다양한 온디맨드 서비스 제공.

• 메인테인엑스 MaintainX(미국)

작업 관리 및 유지 보수 소프트웨어 플랫폼. 간단하고 직관적인 사용자 인터페이스를 통해 작업 스케줄링, 할당 및 진행 상황 추적 용이. 주식 분석가로 활동하다 채팅 플랫폼 회사 엑시트 경험 보유. 6,500명 고객 확보. 계획되지 않은 가동 32% 중지. 평균 수리시간 38% 감소. 부품 재고 비용 34% 감소. 듀라셀 **Duracell**, 메리어트 **Marriott**, 볼보 **Volvo**, AB InBev, 맥도날드, 미국 농무부 투자 확보.

• 미닛미디어 Minute Media(미국)

스포츠 콘텐츠를 제작하고 배포하는 디지털 스포츠 미디어 회사. 세계적인 OCP 기술과 글로벌 스포츠 팬들 사이에서의 브랜드 네임밸류. Cisco 사업 개발 담당 출신. 전년 동기 대비 100% 성장, 500개 이상 퍼블리셔 및 광고 파트너. 북미 대표 스포츠 콘텐츠 유통업체 STN Video 인수.

- **넥스헬스** NexHealth **(미국)**

환자 경험 디지털화 플랫폼. 예약, 연락, 결제, 보험 적격성 확인까지 디지털 Flow 제공. 뉴욕시립대 졸업 후 치과 접수원으로 일한 경험을 바탕으로 창업. 월 단위 계약 서비스, 출시 이후 6,800만 건 이상의 환자 기록 관리. 범용 API를 통해 헬스케어 기록 시스템 접근성 확대 중.

- **오픈** Open **(인도)**

인도 최대의 비즈니스 결제 플랫폼. B2B 결제 타겟, 기업의 결제 및 조정 과정 간소화 및 효율화. PayU Lead Engineer 출신. 연간 30억 달러 이상 처리, 수동 결제 작업 80% 감소, 조정 작업 25% 감소. 개발자 대상 뱅킹·지불 비즈니스 통합 API 제공.

- **오픈** Opn **(일본)**

모바일 결제 게이트웨이 기업. 동남아(태국) 시장 진출. OMG 네트워크 COO 및 공동 창립자 출신. 거래액 1억 달러 이상 소화, 장기적으로 36개국 확장 목표. 미국 '머천트 E' 인수 후 미국, 유럽, 남미 시장 확장 계획.

- **오이스터** Oyster **(미국)**

원격 근무자 고용 글로벌 HR 플랫폼. 온보딩 시간과 비용 절감 효과 제공, 다양한 인재풀 보유. CpaaS 공급업체 Nexmo(현 Vonage)의 CEO 출신. 180개 이상 국가 인재 보유, 2027년까지 10만 구직자 고용 목표. 출시 후 2년도 채 되지 않아 유니콘 등극.

- **페이스탠드** Paystand **(미국)**

블록체인 기술을 기반으로 하는 B2B 결제회사. 수수료 없는 네트워크 거래, 은행 영업일 기준 1일 이내 결제 및 스마트 AR/AP 회계 도구 제공. 엔지니어링 기업 나노테크 Nanotech 출신. 현금화 시간 단축 및 DSO 60% 감소. 멕시코 외상 매입금 스타트업 Yaydoo 인수.

- **퍼피오스** Perfios**(인도)**

디지털 금융 솔루션을 제공하는 인도의 금융 기술 회사. 클라우드 호스팅 기반의 완전 자동화 금융 기술을 활용한 금융 데이터 분석 및 자동화 솔루션 제공. 아즈텍소프트 Aztecsoft의 공동 창립자, DEC와 IBM에서 데이터베이스 기술 산업에서 경력 보유. 매년 금융기관에 82억 개의 데이터 포인트 제공, 연간 17억 건의 거래 처리 및 AUM 360억 달러. 동남아시아, 중동, 아프리카 시장으로 확장 계획.

- **큐아이테크** QI Tech **(브라질)**

금융, 신용, 뱅킹 및 사기 방지 솔루션을 제공하는 금융 인프라 플랫폼. 브라질 중앙은행에서 부여한 SCD 및 DTVM 라이선스를 통해 고객과 파트너에게 금융 인프라 제공. Quata Investimentos 창립자. Vivo, 99 등 400개 이상의 고객사 보유, 2024년 매출 목표 1.3만 달러 돌파. IPO 기회가 생기면 준비할 계획.

- **래피드API** RapidAPI **(미국)**

API 개발자와 사용자 간의 연결을 지원하는 플랫폼. API 제공자와 소비자 간의 연결을 원활히 하여, 개발자들이 필요한 API를 쉽게 찾고 통합 가능. 스타트업의 CFO, COO, VC로서 30년 이상 경험. 3만 5,000개 이상의 API 제공, 400만 명 이상의 개발자 가입. API 탐색 및 통합 기능 확장 계획.

- **리마커블** ReMarkable **(노르웨이)**

종이에 글을 쓰는 듯한 경험을 제공하는 태블릿 스타트업. 종이와 디지털의 특징을 결합한 태블릿, 집중을 위한 미니멀한 디자인. 하버드대 졸업생이 노트북 작업 집중의 어려움을 깨닫고 창업. 200만 대 이상 판매. 2024년 하반기 ReMarkable 3 출시 예정.

- **레스토랑365** Restaurant365 **(미국)**

레스토랑 및 호스피탈리티 업종을 위한 통합된 클라우드 기반 경영 솔루션 제공. 식음료 산업 전용 종합 재무, 인사, 운영 관리 솔루션 제공으로 비즈니스 운영 최적화. 소프트웨어 개발과 호스피탈리티 관리 분야에서 각각 15년 이상의 경력 보유. 레스토랑 500개 이상 보유, 회계 처리 비용 20% 감소. 2024년 5월 1.8억 달러 투자 및 학습 관리 시스템 익스팬드셰어 ExpandShare 인수.

- **로키드** Rokid **(중국)**

증강현실 및 인공지능 기술을 접목한 스마트 안경 개발 기업. AR 기술과 사용자 인터페이스 설계, 실내 내비게이션 및 확장현실 기능, 인공지능 기반 음성 및 제스처 인식 기능 제공. 휘슬러 공과대학 컴퓨터 공학 전공. 로키드에어 Rokid Air는 80개국 이상에서 판매. 로키드에어, 로키드맥스AR Rokid Max AR, 로키드스테이션 Rokid Station 등 제품 보유 및 넷드래건 NetDragon의 전략적 투자.

- **사티스페이** Satispay **(이탈리아)**

간편한 결세 및 송금을 지원하는 디지털 결제 플랫폼. 사용자 친화적인 인터페이스와 높은 보안성, 낮은 거래 수수료, 소상공인과의 강력한 파트너십 제공. IBM 소프트웨어 개발자. 4만 개 이상 상점, 100만 명 이상의 사용자와 500만 유로 이상의 자금 확보. 이탈리아를 시작으로 유럽 시장으로 확장 계획.

• 실버포트 Silverfort (이스라엘)

기업 보안을 강화하는 통합 다중 계정 인증 및 접근 제어 솔루션 제공 기업. 멀티 클라우드 환경에서 모든 사용자, 리소스, 프로토콜에 보안 인증을 적용하는 기술을 보유. 이스라엘 방위군의 8200 엘리트 사이버 부대 출신 창업자가 설립. ARR 100% 이상 성장하며, 분기마다 100명 이상의 신규 고객을 확보. 엔드투엔드 신원 보호 솔루션 확장을 위한 플랫폼에 투자할 예정.

• 싱글스토어 SingleStore (미국)

실시간 분석 데이터베이스를 제공하는 기업. ANSI SQL 지원이 특징인 분산형 관계형 SQL 데이터베이스 관리 시스템 RDBMS으로, 빠른 데이터 수집 및 쿼리 처리 속도를 자랑. 메타에서 페이스북 플랫폼에 대한 파트너십 개발 엔지니어가 창업. 훌루 Hulu, 우버, 컴캐스트 Comcast 등 300개 고객사를 확보했으며, 연간 반복 수익은 1억 달러. 신규 고객 수 300% 증가, 클라우드 수익 150% 증가.

• 스태빌리티AI Stability AI (영국)

혁신적인 인공지능 모델을 개발하는 스타트업. 최신 연구 결과를 바탕으로 다양한 분야와 산업에 적용 가능한 강력한 인공지능 솔루션을 제공. 캐피탈그룹 분석가로 근무하고 다양한 기술 스타트업에서 전략적 역할을 수행한 창업자가 설립. 오픈소스 인공지능 모델을 제공하여 최신 인공지능 기술을 연구자와 개발자들이 활용할 수 있도록 지원.

• 신테시아 Synthesia (영국)

인공지능 기술을 활용하여 실제 인물의 얼굴과 움직임을 이용해 가상의 비디오를 생성하는 플랫폼. 생성형 인공지능 기술을 사용해 카메라, 마이크, 스튜디오 없이 비디오 제작 가능. UCLA, 스탠퍼드대학교, 뮌헨공과대학교, 케임브리지대학교의 인공지능 연구원 및 기업가 팀에 의해 설립. 10만 개 이상의 비디오를 생성하며, 제작 시간을 95% 절감.

• 타마라 Tamara(사우디아라비아)

사우디 기반의 금융 기술 및 결제 솔루션 제공 핀테크 기업. 사우디중앙은행 SAMA으로부터 BNPL 서비스 허가를 받아 결제를 간소화. 디지털 식료품 쇼핑 플랫폼 Nana와 주문형 하이퍼로컬 배달 서비스 Habli 창업자가 설립. 1,000만 명 이상의 사용자와 3만 개 이상의 파트너 상인을 보유하고 있으며, 2년 내 매출이 6배 성장. 사우디 최초의 핀테크 유니콘.

• 타라나와이어리스 Tarana Wireless(미국)

혁신적인 무선 네트워크 솔루션을 제공하는 기업. 비구형 고속 인터넷 솔루션을 통해 광대역 네트워크 구축이 어려운 지역에서도 안정적 인터넷 접속 가능. 노키아의 IP/광 네트워크 부문 사장 출신이 창업. 23개국에서 200개 이상의 거래처 확보. 북미 및 유럽 중심으로 활동하며, 아시아 및 기타 신흥 시장으로 확장 계획.

• 택스픽스 Taxfix(독일)

모바일 세금 신고앱 서비스 제공. 복잡한 세금 신고 프로세스를 간소화. smallPDF 공동창립자가 설립. 2024년 기준으로 30유로 이상의 세금 신고 및 회수 지원. 독일, 프랑스, 이탈리아, 스페인으로 확장.

• 테크멧 TechMet(아일랜드)

금속 및 광물자원에 대한 포괄적 접근과 글로벌 공급망에서의 강력한 입지를 보유. 25년 경력의 금속 및 광산 프로젝트 운영자가 창립. 주요 광물 회사에

1.8억 달러 투자. 흑연, 바나듐, 희토류 원소 등의 광물 조달에서 중국 의존도를 줄이는 프로젝트 개발에 자금 사용.

- **트랜스퍼메이트** TransferMate**(아일랜드)**

글로벌 국경 간 B2B 결제 플랫폼 제공. 자체 기술과 글로벌 라이선스 네트워크 결합으로 빠르고 저렴한 결제를 제공. Taxback.com 설립 및 CluneTech(모회사) 운영자가 창립. 201개국, 141개 통화 지원. 글로벌 팀 확장 및 제품 기술 투자 계획.

- **턴타이드테크놀로지스** Turntide Technologies**(미국)**

전기 모터, 전력전자장치, 에너지 저장장치 포함 운송 에너지 솔루션 기업. 희토류 원소 없이 자석 없는 모터로 저렴한 생산 비용과 환경친화적. 제너럴 모터스의 전기 상용차 부문 CEO 출신이 창립. 150개 이상의 특허 보유. 2023년 8월 기업 가치 80% 이상 낮춘 채 신규 자본 유치.

- **타입페이스** Typeface**(미국)**

생성형 인공지능을 활용한 홍보 및 마케팅 콘텐츠 제작 도구. 텍스트, 시각자료, 오디오 등 다양한 유형의 진보된 인공지능 모델 제공. 마이크로소프트와 어도비 CTO 출신이 창립. 콘텐츠 제작 속도 10배 가속화. 세일즈포스 Salesforce, 구글과 전략적 파트너십 체결.

- **언스탑퍼블도메인즈** Unstoppable Domains**(미국)**

NFT 도메인 구매 및 관리 서비스 제공 업체. 기존 연간 구매 방식에서 이용 시 지불하는 방식으로 변경. 2개 창업 경험 및 Talkable 어드바이저 경력 보유. 도메인 390만 개, 파트너 1000명 이상을 확보. 암호화폐 및 법정화폐로 결제 가능하며, 자동갱신 기능으로 도메인 손실 위험 제거.

• **업사이드푸드** UPSIDE Foods (미국)

동물세포 배양육을 생산하는 기업. 다양한 제품 라인 보유(닭고기, 소고기, 오리) 및 FDA 승인을 받은 세계 최초 배양육 제공. 심장내과 전문의 출신. 연간 최대 5만 파운드의 배양육 생산, 19개의 특허 보유. 유명 레스토랑과 협업하여 판매 중이며, 생산 및 공급 인프라를 확장해 규모의 경제를 달성하고 가격 경쟁력 확보가 목표.

• **바이야르** Vayyar (이스라엘)

4차원 이미지 레이더 센서 제조업체. 무선주파수 기술로 사생활 침해 없이 벽과 물체 투시, 환경 매핑, 실시간 움직임 추정 가능한 4D 이미지 레이더 솔루션 개발. 인텔 전 부사장 및 Alcarion Tech R&D 부사장 출신이 창립. 71개국 진출, 아마존 알렉사와 협업. 유방암 조기 발견 칩 솔루션을 다양한 산업(자동차, 스마트홈, 노인케어, 보안, 의료)으로 확장.

• **베스트웰** Vestwell (미국)

디지털 금융 플랫폼을 통해 기업의 연금 및 장기 저축 계획을 관리하는 기업. 사용자 친화적인 인터페이스와 기업 맞춤형 디지털 연금 솔루션 제공. 폴리오 다이내믹스 FolioDynamix 창업자가 설립. 117만 명의 저축자 및 5만 개 기업 고객 확보. 중소기업 및 개인을 위한 모든 세금 우대 저축 프로그램 지원을 목표로 함.

• **벌컨폼스** VulcanForms (미국)

금속 적층 제조를 위한 확장 가능한 산업 공정을 제공하는 업체. 3D 프린팅 기술로 복잡한 금속 부품 대량 생산 가능. MIT 제조학과 대학원생과 교수가 설립. 일반 공장 에너지의 절반, 재료의 10분의 1을 사용해 부품 제조 가능. 의료, 방위, 반도체, 항공우주 산업의 부품 생산.

• 재너두 Xanadu(캐나다)

양자 컴퓨터 및 양자 기계학습 솔루션 개발 기업. 포톤 기반 양자 컴퓨팅 기술로 다양한 양자 알고리즘과 기계학습 알고리즘 개발. 양자 정보 이론과 응용에 대한 권위자. 100명 이상의 직원 보유. 양자 컴퓨팅 기술의 상업적 이용을 목표로 함.

• 엑스리얼 Xreal(중국)

증강현실 글라스 회사. 영상품질 확보를 위한 자체 광학 엔진 개발 및 설계. 엔비디아에서 소프트웨어 엔지니어로 근무한 경력 보유. 50% 시장 점유율, 35만 대의 증강현실 안경 출하, 2023년 첫 9개월 매출 전년 대비 320% 증가. 투자금을 활용하여 증강현실 안경의 핵심 구성 요소인 독점 광학 엔진 개발 계획.

• 제벡 Zebec(미국)

지속적 결제 시스템을 통해 비즈니스와 개인 간의 재무 거래를 자동화하는 블록체인 기반 플랫폼. 달러와 1:1 상환 가능한 디지털 통화 USDC 개발. 블록체인 기술 활용 스타트업 및 프로젝트 참여. 일일사용자 5만 명, 138 국가 진입. 자동화된 지속적 결제를 가능하게 하여 기업의 운영 효율성을 높이고, 블록체인 기술을 통해 보안성과 투명성을 강화.

• 지푸AI Zhipu AI (중국)

인공지능 통합교통서비스 플랫폼 제공. 최첨단의 대규모 언어 및 멀티모달 모델을 개발하고, 고정밀 10억 규모의 지식 그래프를 구축함. 칭화대학교 컴퓨터과학부에서 발전. 4개의 모델 보유(GLM-130B: 1,300억 개 매개변수를 가진 이중언어 모델, CodeGeeX: 2,000만 줄 이상의 코드 작성 지원). GPT-4와 긴밀히 일치하는 성능 수준을 달성한 최신 기초 모델인 GLM-4 출시.

주석

Chapter 1

1 안희경, '2050년, 우리 문명은 이제 30년 남았다', 〈한겨레신문〉, 2021.7.24.

2 유발 하라리, 'EBS 위대한 수업, 그레이트 마인즈-유발하라리에게 듣는다', EBS, 2022.1.3~6.

3 Yelim Oh, Kayla Orta, 'The Road Ahead for South Korea-Southeast Asia Relations', Wilson Center, 2024.3.27.

4 Geetha Govindasamy, 'Republic of Korea and ASEAN Relations: From the Centre to the Peripheral', Australian Institute of International Affairs, 2023.7.21.

Chapter 2

1 김소은(KIEP 세계지역연구센터 동남아대양주팀 연구원), '[동향세미나] 동티모르, 아세안 정식 가입 확정 및 시사점', 대외경제정책연구원(KIEP), 2023.2.6

2 주아세안 대한민국 대표부, 《아세안 알기》, 2014.8.

3 배보람, '전쟁의 플라스틱, 플라스틱과의 전쟁', 전쟁 없는 세상, 2021.3.21.

4 류현정, '[정보화 리더십 탐구] ⑤ 이각범 한국미래연구원 원장 … 정보화는 전자정부 넘어 국가성장전략 돼야', 조선비즈, 2016.6.27.

5 김지은(하노이무역관), '베트남 스타트업 관련 기술 및 투자 생태계 동향', KOTRA 해외 시장 뉴스, 2022.10.18.

6 강민재, '말레이시아 스타트업, 이제 실리콘밸리 모델은 잊어야 한다', 아세안 익스프레스, 2024.5.10.

Chapter 3

1 최화준, '글로벌 스타트업이 사랑하는 나라 싱가포르, 그 이유는', 이코노미스트, 2023.12.23.
2 윤진표, '[이슈 트렌드] 베트남', EMERiCs, 2024년 견고한 경제 성장 예상, 2024.1.4.
3 박준식, '대한민국 4대 교역국 베트남… 과학기술 개발 혁신 이끈 응우옌푸쫑 주목', 한국경제TV, 2022.10.28.
4 '[이슈트렌드] 말레이시아 총리, 디지털부 신설 등 대대적인 개각 단행'. 대외경제정책연구원, 2023.12.11.
5 '한국이 영향력을 발휘하는 태국 스타트업 생태계', 〈전자신문〉, 2020.2.23.
6 정보통신산업진흥원, '국가별 ICT 시장 동향: 브루나이', 2024.4.12.

Chapter 4

1 김행수, '한국 교육이 세계 2위? 내용보니 창피하다', 〈오마이뉴스〉, 2012.12.5.
2 김대유, '[교육부장관 그들은 누구인가] "임명 대통령 따라 울고 웃었다"… 61명 대한민국 교육부장관들', 교육플러스, 2021.5.30.
3 'Professor Rohit Verma, Provost, VinUniversity', VINUniversity, 2021.5.3.
4 이수연, '대졸 학위 없어도 채용하는 회사들 급속 확산 성인의 62% 학사 학위 없어', ARK(애틀란타 라디오 코리아), 2024.2.21.
5 모건 하우절, 《불변의 법칙》, 서삼독, 2024.2. 유튜브 〈선명한 지구인〉 @Clear-sighted_Earthling.

미지의 늑대

2025년 2월 17일 초판 1쇄 발행

지은이 김영록
펴낸이 이원주

책임편집 고정용 **디자인** 진미나
기획개발실 강소라, 김유경, 강동욱, 박인애, 류지혜, 이채은, 조아라, 최연서
마케팅실 양근모, 권금숙, 양봉호, 이도경 **온라인홍보팀** 신하은, 현나래, 최혜빈
디자인실 윤민지, 정은예 **디지털콘텐츠팀** 최은정 **해외기획팀** 우정민, 배혜림, 정혜인
경영지원실 강신우, 김현우, 이윤재 **제작팀** 이진영
펴낸곳 (주)쌤앤파커스 **출판신고** 2006년 9월 25일 제406-2006-000210호
주소 서울시 마포구 월드컵북로 396 누리꿈스퀘어 비즈니스타워 18층
전화 02-6712-9800 **팩스** 02-6712-9810 **이메일** info@smpk.kr

쌤앤파커스(Sam&Parkers)는 독자 여러분의 책에 관한 아이디어와 원고 투고를 설레는 마음으로 기다리고 있습니다. 책으로 엮기를 원하는 아이디어가 있으신 분은 이메일 book@smpk.kr로 간단한 개요와 취지, 연락처 등을 보내주세요. 머뭇거리지 말고 문을 두드리세요. 길이 열립니다.